Der Sportverein im Vereins- und Steuerrecht

Europäische Hochschulschriften

European University Studies

Publications Universitaires Européennes

Reihe II **Rechtswissenschaft**

Series II Law

Série II Droit

Band/Volume **5714**

Morten Dibbert

Der Sportverein im Vereins- und Steuerrecht

Die Folgen des Bestehens einer Profisportabteilung innerhalb eines eingetragenen Vereins aus vereinsrechtlicher und steuerrechtlicher Sicht am Beispiel des Profifußballs

PL ACADEMIC RESEARCH

Bibliografische Information der Deutschen Nationalbibliothek
Die Deutsche Nationalbibliothek verzeichnet diese Publikation in der Deutschen Nationalbibliografie; detaillierte bibliografische Daten sind im Internet über http://dnb.d-nb.de abrufbar.

Zugl.: Passau, Univ., Diss., 2015

D 739
ISSN 0531-7312
ISBN 978-3-631-66104-8 (Print)
E-ISBN 978-3-653-05560-3 (E-Book)
DOI 10.3726/ 978-3-653-05560-3

PL Academic Research ist ein Imprint der Peter Lang GmbH.
Peter Lang – Frankfurt am Main · Bern · Bruxelles · New York · Oxford · Warszawa · Wien

Diese Publikation wurde begutachtet.

www.peterlang.com

Vorwort

Die vorliegende Arbeit entstand während meiner Tätigkeit als externer Doktorand am Lehrstuhl für Staats- und Verwaltungsrecht, insbesondere Finanz- und Steuerrecht der Universität Passau und wurde von der Juristischen Fakultät der Universität Passau im Wintersemester 2014/15 als Dissertation angenommen.

Für die Betreuung und Begutachtung der Arbeit möchte ich mich herzlichst bei Herrn Prof. Dr. Rainer Wernsmann bedanken, der mir mit hilfreichen Hinweisen bei der Fertigstellung der Arbeit geholfen hat. Für die Erstellung des Zweitgutachtens danke ich sehr herzlich Frau Prof. Dr. Dörte Poelzig.

Bedanken möchte ich mich bei Herrn Dr. Jochen Bahns, Flick Gocke Schaumburg, der mir durch Gespräche und Ratschläge bei der Anfertigung sehr geholfen hat.

Ganz besonderer Dank gilt meinen Eltern, die mich auf meinem bisherigen Lebensweg immer unterstützt und begleitet haben.

Den größten Dank schulde ich meiner Freundin Nora Bender, die so viel zum Gelingen der Arbeit beigetragen hat. Die mir in schwierigen Phasen immer Mut gemacht hat und mich immer wieder angetrieben hat, die Arbeit zu beenden.

Inhaltsverzeichnis

Literaturverzeichnis

Aufsätze

Aha, Christof: Einzel- oder Gesamtrechtsnachfolge bei der Ausgliederung?, AG 1997, 345–357

Alvermann, Jörg: Umsatzsteuer auf Vereinsbeiträge?, SpuRt 2011, 108–109

Arnold, Arnd: Gemeinnützigkeit von Vereinen und Beteiligung an Gesellschaften, DStR 2005, 581–585

Balzer, Peter: Die Umwandlung von Vereinen der Fußball-Bundesligen in Kapitalgesellschaften, ZIP 2001, 175–184

Becker, Alexander: Der Wegfall des gemeinnützigkeitsrechtlichen Status - Eine Bestandsaufnahme und Hilfestellung für die Praxis, DStR 2010, 953–960

Brete, Raik/Thomsen, Michael: Praxisrelevante Hinweise für Amateurfußballvereine zum Gemeinnützigkeitsrecht, SpuRt 2008, 11–17

Bungert, Hartwin: Ausgliederungen durch Einzelrechtsübertragung und analoge Anwendung des UmwG – Anmerkungen zu LG Karlsruhe Beschl. v. 6.11.1997 - O 43/97 KfH –, NZG 1998, 367–370

Dippel, Martin: Aktuelle Probleme der Bilanzierung von Spielervermögen im Lizenzfußball, SpuRt 2010, 137–142

Döring, Steffen/Fischer, Matthias: Steuer- und gemeinnützigkeitsrechtliche Behandlung von Gewinnausschüttungen unter Beteiligung gemeinnütziger Körperschaften am Beispiel eines Krankenhauskonzerns, DB 2007, 1831–1836

Englisch, Joachim: Die negative Konkurrentenklage im Unternehmenssteuerrecht, StuW 2008, 43–61

Englisch, Jörg: (Fußball-)Spielbetriebskapitalgesellschaften in der Fußballregionalliga, SpuRt 2005, 46–50

Fischer, Peter: Grundfragen der Bewahrung und einer Reform des Gemeinnützigkeitsrechts, FR 2006, 1001–1011

Förster, Guido/Wendland, Jan: Einbringung von Unternehmensanteilen in Kapitalgesellschaften, BB 2007, 631–639

Fross, Ingo: Transferentschädigung und entgeltlicher Erwerb, FR 2012, 193–205

Füllgraf, Lutz: Wieviel wirtschaftliche Betätigung im Idealverein? - dargestellt am bundesdeutschen Lizenzfußball, DB 1981, 2267–2268

Gersch, Eva-Maria: Neue Verwaltungsregelungen zur Gemeinnützigkeit - Neuregelungen und Präzisierungen durch Änderungen des AEAO, AO-StB 2012, 176–181

Havemann, Nils: Die Bundesliga als Objekt wirtschafts- und kulturgeschichtlicher Betrachtungen - Essay, www.das-parlament.de/2013/27-28/Beilage/004.html

Heckelmann, Dieter: Der Idealverein als Unternehmer? AcP 179 (1979), 1–56

Heermann, Peter W.: Die Ausgliederung von Vereinen auf Kapitalgesellschaften, ZIP 1998, 1249–1260

Heermann, Peter W./ Schießl, Harald: Der Idealverein als Konzernspitze – Konzern-, vereins-, verbands-, und steuerrechtliche Problemfelder bei der Konzernbildung durch Ausgliederung –, unter: www.Sportrecht.org/Publikationen/Heermann-Schie%DFl.pdf

Hemmerich, Hannelore: Die Ausgliederung bei Idealvereinen, BB 1983, 26–32

Herbert, Ulrich: Die Mittel- und Vermögensbindung gemeinnütziger Körperschaften, BB 1991, 178–190

Herrnkind, Ulrich: Die steuerliche Behandlung von Freizeitvereinen aufgrund des Gutachtens der Gemeinnützigkeitskommission, DStZ 1988, 547–554; 581–588

Hoffmann, Wolf-Dieter: Die Bilanzierung von Fußballprofis, BC 2006, 129–132

Hölzer, Volkmar-Alexander: Verdeckte Gewinnausschüttungen durch die dauerdefizitäre Tätigkeit kommunaler Unternehmen?, DB 2003, 2090–2093

Hopt, Klaus J.: Aktiengesellschaft im Berufsfußball, BB 1991, 778–784

Hüttemann, Rainer: Der neue Anwendungserlass zum Gemeinnützigkeitsrecht (§§ 51–68 AO), FR 2002, 1337–1347

Das Buchwertprivileg bei Sachspenden nach § 6 I Nr. 4 S. 5 EStG, DB 2008, 1590–1595

Der neue Anwendungserlass zum Abschnitt „Steuerbegünstigte Zwecke“, DB 2012, 250–257

Jansen, Rudolf: Sind die Voraussetzungen für eine Aktivierung nach § 5 Abs. 2 EStG erfüllt, wenn beim Vereinswechsel eines Spielers der Fußball-Bundesliga der aufnehmende Verein an den abgebenden Verein eine Abfindung zahlt?, FR 2007, 837–838

Kalwarowskyj, Bohdan: Kommunale Dauerverlustbetriebe und verdeckte Gewinnausschüttung, DB 2005, 2260–2269

Nochamls: Einkommensermittlung von Betrieben gewerblicher Art mit strukturellen Dauerverlusten, DB 2006, 1809–1812

Kirberger, Wolfgang: Zur Notwendigkeit eines Vorstandsbeschlusses für die Vertretung eines eingetragenen Vereins und zum Verhältnis zwischen Geschäftsführung und Vereinsvorstand, NJW 1978, 415–416

Kirch, Heinz: Zur Besteuerung von Fußballbundesligavereinen, StBp 1990, 255–258

Knauth, Klaus Wilhelm: Die Ermittlung des Hauptzwecks bei eingetragenen Vereinen, JZ 1978, 339–344

Koch, Stefan: Mitwirkungsrechte der Kommanditaktionäre bei der GmbH & Co. KGaA: Grenzen satzungsmäßiger Einschränkung, DB 2002, 1701–1704

Koether, Jürgen: Nochmals: Ablösezahlungen und Spieler-Vermittler-Provision im Fußball, FR 2012, 631–634

Krebbers, Michael: Abgrenzung zwischen wirtschaftlichem Geschäftsbetrieb und Vermögensverwaltung - Eine wichtige Frage im Gemeinnützigkeitsrecht, AO-StB 2012, 242–246

Kußmaul, Heinz/ Zabel, Michael: Die steuerliche Behandlung der Ausgliederung der Lizenzspielerabteilung eines (Fußball-)Vereins auf eine Kapitalgesellschaft, StuB 2003, 824–829

Lang, Joachim/ Seer, Roman: Der Betriebsausgabenabzug im Rahmen eines wirtschaftlichen Geschäftsbetriebes gemeinnütziger Körperschaften, FR 1994, 521–535

Lehr, Helmut: Wenn „Fördervereine" weniger fördern sollen… Die Auslegung des Selbstlosigkeitsgebots durch die Finanzverwaltung ist nicht haltbar, DStR 2010, 795–797

Lenel, Otto: Der 63. Band der Entscheidungen des Reichsgerichts in Zivilsachen, DJZ 1907, 453–458

Lex, Peter: Die Mehrheitsbeteiligung einer steuerbegünstigten Körperschaft an einer Kapitalgesellschaft - Vermögensverwaltung oder wirtschaftlicher Geschäftsbetrieb?, DB 1997, 349–352

Littkemann, Jörn/ Schaarschmidt, Peter: Probleme der bilanziellen Behandlung von Transferentschädigungen nach Handels- und Steuerrecht, StuB 2002, 372–380

Lüdenbach, Norbert/ Anzinger, Wolf-Dieter: „Der Ball bleibt rund" – Der Profifußball als Anwendungsfeld der IFRS Rechnungslegung, DB 2004, 1442–1447

Mueller-Thuns, Thomas/ Jehke, Christian: Gefährdung der Steuerbefreiung von Berufsverbänden gemäß § 5 Abs. 1 Nr. 5 KStG durch Beteiligung an Kapitalgesellschaften, DStR 2010, 905–910

Musil, Andreas: Reformbedarf bei der wirtschaftlichen Betätigung gemeinnütziger Körperschaften, DStR 2009, 2453–2459

Orth, Manfred: Einbringung eines wirtschaftlichen Geschäftsbetriebs oder eines Betriebs gewerblicher Art in eine Kapitalgesellschaft nach dem UmwStG i.d.F. des SEStEG, DB 2007, 419–427

Verluste gemeinnütziger Stiftungen aus Vermögensverwaltung, DStR 2009, 1397–1405

Reuter, Dieter: Rechtliche Grenzen ausgegliederter Wirtschaftstätigkeit von Idealvereinen, ZIP 1984, 1052–1064

Die Reform des Vereinsrechts - Zum Referentenentwurf zur Änderung des Vereinsrechtsrechts vom 25.08.2004, NZG 2005, 738–746

Das Verhältnis der Vereinsklassenabgrenzung zu den Grenzen wirtschaftlicher Betätigung nach Gemeinnützigkeitsrecht, NZG 2008, 881–887

Rogall, Matthias: Wesentliche Aspekte des neuen Umwandlungssteuererlasses, NZG 2011, 810–816

Roolf, Willy J.: Die Beteiligungen einer gemeinnützigen Körperschaft an Personen- und Kapitalgesellschaften und der wirtschaftliche Geschäftsbetrieb, DB 1985, 1156–1159

Sack, Rolf: Der „vollkaufmännische Idealverein" - Zum Verhaältnis der Begriffe „wirtschaftlicher Geschäftsbetrieb" i.S.d. §§ 21, 22 BGB und „Handelsgewerbe" i.S.d. §§ 105, 161 HGB, ZGR 1974, 179–207

Schad, Peter: Eingetragener Verein oder Wirtschaftsverein?, NJW 1998, 2411–2413

Schauhoff, Stephan: Verlust der Gemeinnützigkeit durch Verluste?, DStR 1998, 701–706

Schauhoff, Stephan/ Kirchhain, Christian: Was bringt der neue AO-Anwendungserlass für gemeinnützige Körperschaften?, DStR 2012, 261–266

Steuer- und zivilrechtliche Neuerungen für gemeinnützige Körperschaften und deren Förderer, FR 2013, 301–314

Schießl, Harald: Die Ausgliederung von Abteilungen aus Idealvereinen auf Kapitalgesellschaften – Umwandlungssteuerrechtliche und gemeinnützigkeitsrechtliche Fragen, DStZ 2007, 494–503

Schmidt, Karsten: Zur Abgrenzung der beiden Vereinsklassen – Bestandsaufnahme, Kritik und Neuorientierung, RPfleger 1972, 286–294, 343–353

Der bürgerlich-rechtliche Verein mit wirtschaftlicher Tätigkeit, AcP 182 (1982), 1–59

Systemfragen des Vereinsrechts, ZHR 147 (1983), 43–68

Wirtschaftstätigkeit von „Idealvereinen" durch Auslagerung auf Handelsgesellschaften Bemerkungen zum ADAC-Urteil des BGH, NJW 1983, 543–544

Schröder, Friedrich: Ausgliederung aus gemeinnützigen Organisationen auf gemeinnützige und steuerpflichtige Kapitalgesellschaften, DStR 2001, 1415–1422

Die steuerpflichtige und steuerbegünstigte GmbH im Gemeinnützigkeitsrecht, DStR 2008, 1069–1077

Schülke, Thilo: Aktivierbarkeit von Lizenzspielern vor dem Hintergrund divergierender Bilanzierungszwecke im Profifußball, DStR 2012, 45–50

Schultz, Dietrich: Die Tätigkeit der ADAC-Rechtsschutzversicherungs-AG aus wettbewerbsrechtlicher und vereinsrechtlicher Sicht, JZ 1984, 90–93

Schumacher, Andreas/ Neitz-Hackstein, Claudia: Verschmelzung und Spaltung zwischen inländischen Kapitalgesellschaften, Ubg 2011, 409–419

Seer, Roman: Entnahme zum Buchwert bei unentgeltlicher Übertragung von Wirtschaftsgütern auf eine gemeinnützige GmbH oder Stiftung - Zur Reichweite des sog. Buchwertprivilegs des § 6 Abs. 1 Nr. 4 Satz 5 EStG, GmbHR 2008, 785–791

Seifert, Karl-Heinz: Das neue Vereinsgesetz, DÖV 1964, 685–690

Seltmann, Werner: Rechtsfolgen der wirtschaftlichen Betätigung von Idealvereinen - Bemerkungen zur Kolpingwerk-Entscheidung des BGH vom 10.12.2007, II ZR 239/05, DStR 2008, 1443–1446

Sinewe, Patrick/ Frase, Henning: Die Praxis der steuerrechtlichen Konkurrentenklage, BB 2011, 1567–1571

Steinbeck, Anja/ Menke, Thomas: Bundesliga an die Börse, NJW 1998, 2169–2171

Stephan, Klaus-Dieter: Zum Stand des Vertragskonzenrechts, Der Konzern 2014, 1–28

Strahl, Martin: Gemeinnützigkeit im Forschungsbereich - Chance und Korsett, FR 2006, 1012–1017

Thiel, Jochen: Betriebsausgaben im wirtschaftlichen Geschäftsbetrieb gemeinnütziger Körperschaften, DB 1993, 1208–1211

Thiel, Jochen/ Eversberg, Horst: Zur Reichweite des Gebots der zeitnahen Mittelverwendung im Gemeinnützigkeitsrecht, DB 2007, 191–196

Tönnes, Wolf/ Wewel, Thomas: Ausgliederung wirtschaftlicher Geschäftsbetriebe durch steuerbefreite Einrichtungen, DStR 1998, 274–280

Trzaskalik, Christoph: Die steuerliche Förderung des Sports, StuW 1986, 219–231

Vöpel, Henning: Wirtschaftsmacht Fußball, www.bpb.de/apuz/163808/wirtschaftsmacht.bundesliga

Wagner, Gerhard: Bundesliga Going Public: Traumpass oder Eigentor?, NZG 1999, 469–478

Wagner, Wilfried: Anmerkung zu EuGH-Urteil v. 21.03.2002 - Rs. C-174/00 - Kennemer Golf & Country Club, UVR 2002, 158–161

Wallenhorst, Rolf: Gemeinnützigkeit: Ist die Geprägetheorie überholt?, DStR 2009, 717–721

Die Nachversteuerung in § 61 III AO bei Verstößen gegen die Vermögensbindung durch die tatsächliche Geschäftsführung - Konsequenzen aus dem Urteil des BFH vom 12.10.2010, DStR 2011, 698–702

Wernsmann, Rainer: Klagearten und Klagebefugnis im Konkurrentenrechtsstreit, Die Verwaltung 2003, 67–103

Winheller, Stefan: Idealverein oder Wirtschaftsverein? Kita-Vereine zwischen Eintragungsfähigkeit und Rechtsformverfehlung, DStR 2013, 2009–2014

Kommentare

Bamberger, Heinz Georg/ Roth, Herbert: Beckscher Onlinekommentar BGB *(zitiert: BeckOK, BGB, § Rn.)*

Baumbach, Adolf/ Hopt, Klaus: HGB, 36. Auflage, 2014, München, *(zitiert: Autor in: Baumbach/Hopt, HGB, § Rn.)*

Beermann, Albert/ Gosch, Dietmar: AO/FGO, 109. Ergänzungslieferung, Juni 2014, Bonn *(zitiert: Autor in: Beermann/Gosch, AO, § Rn.)*

Blümich, Walter: EStG KStG GewStG Ertragsteuerliche Nebengesetze, 123. Ergänzungslieferung, Juni 2014, München, Franz Vahlen Verlag *(zitiert: Autor in: Blümich, UmwStG 2006, § Rn.)*

Calliess, Christian/ Ruffert, Matthias: EUV/AEUV, 4. Auflage, 2011, München *(zitiert: Autor in: Callies/Ruffert, AEUV, Art. Rn.)*

Dauner-Lieb, Barbara/ Simon, Stefan: Kölner Kommentar zum Umwandlungsrecht, 1. Auflage, 2009, Köln *(zitiert: Autor in: KK-UmwG, § Rn.)*

Dötsch, Ewald/ Patt, Joachim/ Pung, Alexandra/ Möhlenbrock, Rolf: Umwandlungssteuerrecht, 7. Auflage, 2012, Stuttgart *(zitiert: Autor in: Dötsch/Patt/Pung/Möhlenbrock, UmwStG,§ Rn.)*

Dötsch, Ewald/ Pung, Alexandra/ Möhlenbrock, Rolf: Die Körperschaftsteuer, Kommentar zum KStG, 81. Ergänzungslieferung, August 2014, Stuttgart *(zitiert: Autor in: Dötsch/Pung/Möhlenbrock, KStG, § Rn.)*

Erbs, Georg/ Kohlhaas, Max: Strafrechtliche Nebengesetze, 197. Ergänzungslieferung, Februar 2014, München

Erle, Bernd/ Sauter, Thomas: KStG - Die Besteuerung der Kapitalgesellschaft und ihrer Anteilseigner, 3. Auflage, 2010, Heidelberg *(zitiert: Autor in: Erle/Sauter, KStG, § Rn.)*

Ermann, Walter: BGB, 13. Auflage, 2011, Köln *(zitiert: Autor in: Erman, BGB, § Rn.)*

ERNST & YOUNG: KStG, 102. Ergänzungslieferung, Mai 2014, Bonn, Berlin *(zitiert Autor in: ERNST & YOUNG, KStG, § Rn.)*

FGS/BDI: Der Umwandlungssteuer-Erlass 2011, 2012, Bonn

Gosch, Dietmar: KStG, 2. Auflage, 2009, München *(zitiert: Autor in: Gosch, KStG, § Rn.)*

von der Groeben, Hans/ Schwarze, Jürgen: Kommentar zum Vertrag über die Europäische Union und zur Gründung der Europäischen Gemeinschaft, 6. Auflage, 2003, Baden-Baden, Nomos Verlagsgesellschaft *(zitiert: Autor in: von der Groeben/Schwarze, EU-/EG-Vertrag, Art. Rn.)*

Haritz, Detlef/ Menner, Stefan: UmwStG, 3. Auflage, 2010, München *(zitiert: Autor in: Haritz/Menner,UmwStG, § Rn.)*

Heidel, Thomas/ Hüßtege, Rainer/ Mansel, Heinz-Peter/ Noack, Ulrich: Anwalt-Kommentar BGB, 2005, Bonn *(zitiert: Autor in: AnwaltKommentar, BGB, § Rn.)*

Hermann, Carl/ Heuer, Gerhard/ Raupach, Arndt: EStG, 264. Ergänzungslieferung, Juni 2014, Köln *(zitiert: Autor in: Hermann/Heuer/Raupach, EStG/KStG, § Rn.)*

Hübschmann, Walter/ Hepp, Ernst/ Spitaler, Armin: AO/FGO, 228. Ergänzungslieferung, Juni 2014, Köln *(zitiert: Autor in: Hübschmann/Hepp/Spitaler, AO, § Rn.)*

Hüffer, Uwe: AktG, 11. Auflage, 2014, München *(zitiert: Autor in: Hüfner, AktG, § Rn.)*

Kirchhof, Paul: EStG, 13. Auflage, 2014, Köln *(zitiert: Autor in: Kirchhof, EStG, § Rn.)*

Kirchhof, Paul/ Söhn, Hartmut/ Mellinghoff, Rudolf: EStG, 248. Ergänzungslieferung, Juni 2014, Heidelberg *(zitiert: Autor in: Kirchhof/Söhn/Mellinghoff, EStG, § Rn.)*

Klein, Franz: AO, 12. Auflage, 2014, München *(zitiert: Autor in: Klein, AO, § Rn.)*

Koch, Karl/ Scholtz, Rolf-Detlev: AO/FGO, 5. Auflage, 1996, Köln *(zitiert: Autor in: Koch/Scholtz, AO, § Rn.)*

Kühn, Rolf/ von Wedelstädt, Alexander: AO/FGO, 20. Auflage, 2011, Stuttgart, *(zitiert: Autor in: Kühn/von Wedelstädt, AO, § Rn.)*

Lenski, Edgar/ Steinberg, Wilhelm: GewStG, 110. Ergänzungslieferung, Juli 2014, Köln *(zitiert: Autor in: Lenski/Steinberg, GewStG, § Rn.)*

Lutter, Marcus: UmwG, 5. Auflage, 2014, Köln *(zitiert: Autor in: Lutter, UmwG, § Rn.)*

Münchener Kommentar zum AktG: Münchener Kommentar zum AktG, Band 3, 3. Auflage, 2013, München *(zitiert: Autor in: MüKo, AktG, § Rn.)*

Münchener Kommentar zum BGB: Münchener Kommentar zum BGB, Band 1, 6. Auflage, 2012, München (*zitiert: Autor in: MüKo, BGB, § Rn.*)

Münchener Kommentar zum HGB: Münchener Kommentar zum HGB, Band 1, 3. Auflage, 2010, München, *(zitiert: Autor in: MüKo, HGB, § Rn.)*

Münchener Kommentar StGB Nebenstrafrecht: Münchener Kommentar StGB, Band 6, 2. Auflage 2013, München *(zitiert: Autor in: MüKo, VereinsG, § Rn.)*

Pahlke, Armin/ Koenig, Ulrich: AO, 2. Auflage, 2009, München *(zitiert: Autor in: Pahlke/Koenig, AO, § Rn.)*

Palandt, Otto: BGB, 73. Auflage, 2014, München *(zitiert: Autor in: Palandt, BGB, §, Rn.)*

Pricewaterhouse-Coopers (PwC): Reform des Umwandlungssteuerrechts, 2007, Stuttgart

Rau, Günter/ Dürrwächter, Erich: UStG, 158. Ergänzungslieferung, April 2014, Köln *(zitert: Autor in: Rau/Dürrwächter, UStG, § Rn.)*

Roth, Günter/ Altmeppen, Holger: GmbHG, 7. Auflage, 2012, München *(zitiert: Autor in: Roth/Altmeppen, GmbHG, § Rn.)*

Rödder, Thomas/ Herlinghaus, Andreas/ van Lishaut, Ingo: Umwandlungssteuergesetz, 2. Auflage 2013, Köln *(zitiert: Autor in: Rödder/Herlinghaus/van Lishaut, UmwStG,§ Rn.)*

Schmidt, Karsten/ Lutter, Marcus: AktG, 2. Auflage, 2010, Köln *(zitiert: Autor in: K. Schmidt/Lutter, AktG, §, Rn.)*

Schmidt, Ludwig: EStG, 33. Auflage, 2014, München *(zitiert: Autor in: Schmidt, EStG, § Rn.)*

Schmitt, Joachim/ Hörtnagl, Robert/ Stratz, Rolf-Christian: UmwG/UmwStG, 5. Auflage, 2009, München *(zitiert: Autor in: Schmitt/Hörtnagl/Stratz, UmwG/ UmwStG, § Rn.)*

Schneider, Norbert/ Ruoff, Christian/ Sistermann, Christian: Umwandlungssteuer-Erlass 2011, 2012, Köln *(zitiert: Autor in: Schneider/Ruoff/Sistermann, § Rn.)*

Soergel, Theodor: BGB, Band 1, 13. Auflage, 2000, Stuttgart *(zitiert: Autor in: Soergel, BGB, § Rn.)*

Sölch, Otto/ Ringleb, Karl: UstG, 72. Ergänzungslieferung, April 2014, München *(zitiert: Autor in: Sölch/Ringleb, UStG, § Rn.)*

von Staudinger, Julius: BGB, Buch 1 Allgemeiner Teil 2, 2005, Berlin *(zitiert: Autor in: Staudinger, BGB, § Rn.)*

Tipke, Klaus/ Kruse, Wilhelm: AO/FGO, 136. Ergänzungslieferung, Mai 2014, Köln *(zitiert: Autor in: Tipke/Kruse, AO, § Rn.)*

Wachter, Thomas: AktG, 2. Auflage, 2014, Köln *(zitiert: Autor in: Wachter, AktG, § Rn.)*

Widmann, Siegfried/ Mayer, Dieter: Umwandlungsrecht, 145. Aktualisierung, Juli 2014, Bonn, Berlin, *(zitiert: Autor in: Widmann/Mayer, UmwG/UmwStG, § Rn.)*

Lehr- und Handbücher

Brähler, Gernot: Umwandlungssteuerrecht, 7. Auflage, 2013, Wiesbaden (*zitiert: Brähler, S.*)

Buchna, Johannes/ Seeger, Andreas/ Brox, Wilhelm: Gemeinnützigkeit im Steuerrecht, 2010, Achim bei Bremen *(zitiert: Buchna/Seeger/Brox, S.)*

Emmerich, Volker/ Habersack, Mathias: Aktien- und GmbH-Konzernrecht, 7. Auflage, 2013, München *(zitiert: Autor in: Emmerich/Habersack, § Rn.)*

Flume, Werner: Allgemeiner Teil des Bürgerlichen Rechts, Erster Band, Zweiter Teil, Die juristische Person, 1983, Berlin Heidelberg New York Tokyo

Fritzweiler, Jochen/ Pfister, Bernhard/ Summerer, Thomas: Praxishandbuch Sportrecht, 1998, München

Ganske, Joachim: Umwandlungsrecht, 1. Auflage, 1994, Düsseldorf

Hilpert, Horst: Die Geschichte des Sportrechts, 2011, Stuttgart

Hüttemann, Rainer: Wirtschaftliche Betätigung und steuerliche Gemeinnützigkei, 1991, Köln

Die Besteuerung der öffentlichen Hand, 1991, Köln,

Gemeinnützigkeits- und Spendenrecht 2. Auflage, 2012, Köln *(zitiert: Hüttemann, § Rn.)*

Knobbe-Keuk, Brigitte: Bilanz- und Unternehmenssteuerrecht, 9. Auflage, 1993, Köln

Kögler, Peter: Arbeiterbewegung und Vereinsrecht, 1974, Berlin

Raiser, Thomas/ Veil, Rüdiger: Recht der Kapitalgesellschaften, 5. Auflage, 2010, München

Reichert, Bernhard: Handbuch Vereins- und Verbandsrecht, 12. Auflage, 2010, Köln

Sagasser, Bernd/ Bula, Thomas/ Brünger, Thomas: Umwandlungen: Verschmelzung – Spaltung – Formwechsel – Vermögensübertragung, 4. Auflage, 2011, München

Sauter, Eugen/ Schweyer, Gerhard/ Waldner, Wolfram: Der eingetragene Verein, 19. Auflage, 2010, München *(zitiert: Autor in: Sauter/Schweyer/Waldner, S.)*

Schauhoff, Stephan: Handbuch der Gemeinnützigkeit, 3. Auflage, 2010, München *(zitiert: Autor in: Schauhoff, § Rn.)*

Schleder, Herbert: Steuerrecht der Vereine, 9. Auflage, 2009, Herne/Berlin

Schmidt, Karsten: Gesellschaftsrecht, 4. Auflage, 2002, Köln Verbandszweck und Rechtsfähigkeit im Vereinsrecht: Eine Studie über Erwerb und Verlust der Rechtsfähigkeit nichtwirtschaftlicher und wirtschaftlicher Vereine, 1984, Heidelberg

Sigloch, Jochen/ Klimmer, Christian: Unternehmen Profifußball - Vom Sportverein zum Kapitalunternehmen -, 2001, Wiesbaden

Stöber, Kurt/ Otto, Dirk-Ulrich: Handbuch zum Vereinsrecht, 10. Auflage, 2012, Köln

Tipke, Klaus: Die Steuerrechtsordnung, Band 2, 2. Auflage, 2003, Köln

Die Steuerrechtsordnung, Band 3, 2. Auflage, 2012, Köln

Tipke, Klaus/ Lang, Joachim: Steuerrecht, 21. Auflage, 2013, Köln

Vormbaum, Thomas: Die Rechtsfähigkeit der Vereine im 19. Jahrhundert, 1976, Berlin

Wallenhorst, Rolf/ Halaczinsky, Raymond: Die Besteuerung gemeinnütziger Vereine, Stiftungen und der juristischen Person des öffentlichen Rechts, 6. Auflage, 2009, München *(zitiert: Autor in: Wallenhorst/Halaczinsky, S.)*

Waltz, Rainer W./ Kötz, Hein/ Rawert, Peter/ Schmidt, Karsten: Non Profit Law Yearbook 2004, Köln

Wilhelm, Jan: Kapitalgesellschaftsrecht, 3. Auflage, 2009, Berlin

Zöllner, Wolfgang: Die Schranken mitgliedschaftlicher Stimmrechtsmacht bei den privatrechtlichen Personenverbänden, 1963, München

Festschriftenbeiträge

Eversberg, Horst: Gemeinnützigkeit und Vermögensverwaltung: Abgrenzungsfragen und Problembereiche, 1272–1285, in: Festschrift für Sebastian Spiegelberger zum 70. Geburtstag, hrsg. von Wachter, 2009, Bonn

Mayer, Dieter: Die Umstrukturierung von Bundesligavereinen zur Vorbereitung des Börsengangs, 67–87, in: Festschrift für Siegfrid Widmann zum 65. Geburtstag, hrsg. von Wassermeyer/Mayer/Rieger, 2000, Bonn, Berlin

Reinhardt, Rudolf: Die Abgrenzung zwischen Vereinigungen mit oder ohne „wirtschaftlichen Geschäftsbetrieb, 3–15, in: Festschrift für Heinz Paulick zum 65. Geburtstag, hrsg. von Kruse, 1973, Köln

Strobl-Haarmann, Elisabeth: Der Teilbetrieb der Fusionsrichtlinie und seine Umsetzung im deutschen Recht, 553–567, in: Festschrift für Siegfrid Widmann zum 65. Geburtstag, hrsg. von Wassermeyer/Mayer/Rieger, 2000, Bonn, Berlin

Monografien

Aldermann, Sabine: Lizenzfußball und Nebenzweckprivileg, 1997, Bochum

Droege, Michael: Gemeinnützigkeit im offenen Steuerrecht, 2010, Tübingen

Grimm, Sebastian: Die negative Konkurrentenklage im Steuerrecht, 2011, Frankfurt am Main

Humberg, Andreas: Die Förderung des Hochleistungssports durch den Bund, 2006, Hamburg

Mummenhoff, Winfried: Gründungssysteme und Rechtsfähigkeit: Die staatliche Mitwirkung bei der Verselbstständigung des bürgerlichen Vereins, 1979, Köln

Schießl, Harald: Die Ausgliederung von Idealvereinen auf Kapitalgesellschaften – Umstrukturierungen im Schnittfeld von Vereins-, Gesellschafts- und Steuerrecht, 2003, Bayreuth

Schwierkus, Fredy: Der rechtsfähige ideelle und wirtschaftliche Verein (§§ 21, 22 BGB), 1981, Berlin

Wernsmann, Rainer: Verhaltenslenkung in einem rationalen Steuersystem, 2005, Tübingen

Schriftenreihen

Jachmann, Monika (Hrsg.): Gemeinnützigkeit, 27. Jahrestagung der Deutschen Steuerjuristischen Gesellschaft e.V., Köln (*zitiert: Autor, DStJG 26 (2003), S.*)

Mugdan: Die gesammelten Materialien zum Bürgerlichen Gesetzbuch für das Deutsche Reich, 1899, Berlin

Schriftenreihe des Bundesministerium der Finanzen: Heft 40, Gutachten der Unabhängigen Sachverständigenkommission zur Prüfung des Gemeinnützigkeits- und Spendenrechts, 1988, Bonn

Studien

Deutsche Fußballliga (DFL): Bundesligareport 2014, abrufbar unter:. https://www.bundesliga.de/media/native/dokument/dt_DFL_BL_Wirtschaftssituation_2014_72dpi.pdf

KPMG: Der Fußballtransfermarkt, 2006

Internetseiten

DFB: http://www.dfb.de/?id=500154

FAZ: http://www.faz.net/aktuell/wirtschaft/unternehmen/fussball-bundesliga-die-allianz-steigt-bei-bayern-muenchen-ein-12797135.html

http://www.faz.net/aktuell/sport/fussball/bundesliga/hsv-mitglieder-stimmen-fuer-profi-ausgliederung-12957468.html

Hamburger Abendblatt: http://www.abendblatt.de/sport/fussball/hsv/article1928057/Weit-mehr-als-elf-Maenner-in-Trikots.html

http://www.abendblatt.de/sport/fussball/hsv/article124570650/HSV-Abstiegskampf-ist-auch-fuer-die-Stadt-ein-Millionenspiel.html

http://www.abendblatt.de/sport/fussball/hsv/article964103/HSV-Vorstand-verdient-2-51-Millionen-Euro.html

Handelsblatt: http://www.handelsblatt.com/sport/fussball/nachrichten/thema-ausgliederung-beim-hsv-vorerst-vom-tisch/2519026.html

HSV Supporters: http://www.hsv-sc.de/ueber-uns/mitglieder-faq.html

Kicker: http://www.kicker.de/news/fussball/intligen/startseite/574513/2/slideshow_die-top-ten-der-spitzenverdiener.html

Statista: http://de.statista.com/statistik/daten/studie/171085/umfrage/bekanntheit-des-fussballvereins-hamburger-sv/

Die Welt: http://www.welt.de/multimedia/archive/00940/Schalke_DW_Sport_Be_940953a.jpg

Kapitel 1 Einleitung und Gang der Untersuchung

Derzeit gibt es viele Berichte und Diskussionen über die immer größer werdenden wirtschaftlichen Ausmaße des Fußballs im Allgemeinen und der Bundesliga in Deutschland im Speziellen. Nach jeder Saison kann die Deutsche Fußball Liga (DFL) neue Rekordzahlen beim Umsatz oder den Zuschauerzahlen vermelden. Vor diesem Hintergrund ist es erstaunlich, dass einige an der Bundesliga teilnehmende Klubs noch immer als eingetragene Vereine organisiert sind. Wie das Beispiel des Hamburger SV (HSV) oder des VfB Stuttgart zeigt, gibt es Bestrebungen die Rechtsform der Lizenzspielerabteilung zu ändern.[1] Diese Änderung der Rechtsform wird in den genannten Fällen häufig mit finanziellen Aspekten begründet, jedoch existieren auch zwingende gesetzliche Gründe für diesen Schritt. Der eingetragene Verein ist nach der in dieser Arbeit vertretenen Ansicht nicht mehr die zeitgemäße Rechtsform für Sportvereine mit Umsätzen im zwei- oder dreistelligen Millionenbereich.

I. Entwicklung des Vereinsrechts

Die heutige Formulierung des § 21 BGB beinhaltete das BGB schon bei seinem Inkrafttreten am 01.01.1900.[2] Darüber hinaus gab es auch damals die Abgrenzung zwischen nichtwirtschaftlichen und wirtschaftlichen Vereinen (§§ 21, 22 BGB). Bis zum heutigen Tag hat sich weder an der Formulierung des § 21 BGB noch an der Unterteilung in zwei Vereinsklassen etwas geändert. Auf Basis des § 21 BGB in der im Reichsgesetzblatt 1896 veröffentlichten Fassung wurden viele Vereine der Bundesliga gegründet[3], wenn sie nicht schon vorher aufgrund von Landesrecht bestanden. Somit hat sich an der rechtlichen Grundlage für die Vereine seit über einem Jahrhundert nichts geändert.

---

1 Vgl. http://www.faz.net/aktuell/sport/fussball/bundesliga/hsv-mitglieder-stimmen-fuer-profi-ausgliederung-12957468.html (Abrufdatum: 19.08.2014).

2 RGBl. 1896, S. 195, Nr. 21.

3 Sehr viele Vereine der Bundesliga wurden um 1900 herum gegründet, etwa der FC Bayern München(27.02.1900), Borussia Dortmund (18.12.1909) oder der FC Schalke 04 (04.05.1904).

II. Entwicklung der Gemeinnützigkeit[4]

Die erste gesetzliche Regelung des heutigen steuerlichen Gemeinnützigkeitsrechts fand sich in der zweiten Hälfte des 19. Jahrhunderts.[5] So befreite etwa § 6 Nr. 10 des Sächsischen Staatseinkommensgesetzes von 1878 juristische Personen von der Einkommensteuer, wenn diese ausschließlich kirchlichen, gemeinnützigen, wohltätigen Besoldungs- und Pensionszwecken dienten.[6] Diese Steuerbefreiung war eine Antwort auf die Ausdehnung der Einkommensteuer auf juristische Personen.[7] Im Jahre 1934, noch vor dem Zweiten Weltkrieg, wurde der allgemeine Teil des Gemeinnützigkeitsrechts in den §§ 17 – 19 des Steueranpassungsgesetzes geregelt.[8] Zur Erläuterung erging 1941 die Gemeinnützigkeitsverordnung[9], die nach Ende des Krieges und Gründung der Bundesrepublik Deutschland 1953[10] angepasst wurde. Durch Inkrafttreten der Abgabenordnung 1977 wurden die Regelungen des Gemeinnützigkeitsrechts vereinigt.[11] Eine Veränderung des Gemeinnützigkeitsrechts, die auch die Sportvereine betroffen hätte, hatte sich 1988 angedeutet. Das Gutachten der unabhängigen Sachverständigenkommission[12] schlug vor das Gemeinnützigkeitsrecht dahingehend zu reformieren, dass reine Freizeitaktivitäten nicht mehr unter den Gemeinnützigkeitskatalog fallen sollten.[13] Dies hätte zur Folge gehabt, dass Sportvereine in Deutschland ihren Status als gemeinnützige Körperschaften verloren hätten. Der Gesetzgeber hat sich dem Vorschlag der Kommission jedoch nicht angeschlossen, sondern den Katalog noch erweitert.[14]

Die rechtspolitische Einordnung des Sports als gemeinnützig ist umstritten. Als Rechtfertigung werden die Tradition und insbesondere die Förderung der

---

4 Vgl. hierzu ausführlicher *Hammer*, StuW 2001, 19 ff.; *Droege*, Gemeinnützigkeit im offenen Steuerstaat, S. 25 ff.; *Wallenhorst* in: Wallenhorst/Halaczinsky, S. 86 ff.

5 *Vgl. Wallenhorst* in: Wallenhorst/Halaczinsky, S. 86; *Hammer*, StuW 2001, 19, 20.

6 Vgl. *Hüttemann*, § 1 Rn. 14.

7 *Buchna/Seeger/Brox*, S. 20; *Hüttemann*, § 1 Rn. 14.

8 StAnpG v. 16.10.1934, RGBl. I 1934, 925.

9 GemVO v. 16.12.1941, RStBl. 1941, 937.

10 GemVO v. 24.12.1953, RGBl. I 1953, 1592.

11 Vgl. *Hammer*, StuW 2001, 19, 22; *Wallenhorst* in: Wallenhorst/Halaczinsky, S. 86.

12 Schriftenreihe des BMF v. 24.03.1988, Heft 40.

13 Vgl. *Droege*, Gemeinnützigkeit im offenen Steuerstaat, S. 64; *Herrenkind*, DStZ 1988, 547, 581; *Buchna/Seeger/Brox*, S. 21.

14 Vgl. *Wallenhorst* in: Wallenhorst/Halaczinsky, S. 87.

Volksgesundheit, die Folge einer körperlichen Ertüchtigung ist, angeführt.[15] Die Kritik bezieht sich vermehrt auf die Freizeit- und Unterhaltungsfunktion des Sports.[16] Das Gemeinnützigkeitsrecht hat sich wie das Vereinsrecht im letzten Jahrhundert kaum geändert und basiert noch immer auf den Grundsätzen, die vor dem Zweiten Weltkrieg entwickelt wurden und sich im Steueranpassungsgesetz vom 16.10.1934 wiederfanden.[17]

III. Entwicklung der Fußballvereine

Organisierte Personenvereinigungen zur Erreichung eines gemeinsamen Zwecks gab es schon im Altertum. Der erste Sportverein im heutigen Sinne gründete sich in Deutschland im Jahre 1836 in Hamburg, der Hamburger Ruder-Club. Der erste deutsche Rasensportverein wurde 1878 in Hannover gegründet und nannte sich Deutscher Fußballverein 1878 Hannover. Allerdings wurde dort ausschließlich Rugby gespielt. Die ersten „echten" Fußballvereine in Deutschland waren die im Jahre 1880 gegründeten Bremer Football Club und Germania in Frankfurt am Main.[18] Von den in der Saison 2013/14 an der Bundesliga teilnehmenden Klubs ist der HSV der älteste. Er wurde am 29.09.1887 gegründet. Der jüngste Verein ist der VfL Wolfsburg, der am 12.09.1945 gegründet wurde. Der Deutsche Fußball Bund (DFB), Dachverband sämtlicher Fußballvereine in Deutschland, wurde am 28.01.1900 in der Leipziger Gaststätte „Mariengarten" gegründet.[19] Bis zur Gründung einer gesamtdeutschen Bundesliga und der Einführung des Profitums im deutschen Fußball dauerte es aber noch mehr als ein halbes Jahrhundert. Im Jahre 1963 wurde die Bundesliga ins Leben gerufen. Zwar gab es schon im Jahre 1908 eine Diskussion über die Möglichkeit eines Berufsspielertums, jedoch wurde dieses abgelehnt.[20] Die Spieler von Schalke 04 wurden im Jahr 1930 zu Berufsspielern erklärt und der Verein deshalb aus dem Westdeutschen Fußball-Verband ausgeschlossen.[21] Der in Bezug auf den heutigen Profifußball, gerade in wirtschaftlicher Hinsicht, wichtigste Schritt erfolgte am 30.09.2000, als die Verselbstständigung

---

15 BT-Drucks. 11/8459, 11; *Leisner-Egensperger* in: Hübschmann/Hepp/Spitaler, AO, § 52 Rn. 189.

16 Vgl. *Seer* in: Tipke/Kruse, § 52 Rn. 44; *Herrenkind*, DStZ 1988, 547, 554; *Jachmann* in: Beermann/Gosch, AO, § 52 Rn. 105.

17 StAnpG v. 16.10.1934, RGBl. I 1934, 925.

18 Vgl. www.dfb.de/?id=500154.

19 Vgl. zur Geschichte des DFB www.dfb.de/?id=500154 (Abrufdatum: 19.08.2014).

20 Vgl. www.dfb.de/?id=500154 (Abrufdatum: 19.08.2014).

21 Vgl. www.dfb.de/?id=500154 (Abrufdatum: 19.08.2014).

des Profifußballs beschlossen wurde. 2001 wurde der Ligaverband gegründet, der mit der DFL als operative Einheit seitdem unabhängig agiert und für den Profifußball in Deutschland zuständig ist. Nach dieser „Verselbständigung" des Profifußballs war es den Vereinen auch erlaubt ihre Lizenzspielerabteilung auf eine Kapitalgesellschaft auszugliedern. Voraussetzung für die Erteilung einer Lizenz zur Teilnahme am Spielbetrieb ist allerdings, dass der Verein weiterhin eine Mehrheit der Stimmen an der Kapitalgesellschaft hält.[22] Von den 18 Klubs, die in der Saison 2013/14 in der Bundesliga spielten, haben 12 ihre Lizenzspielerabteilung bereits ausgegliedert.[23] Der HSV und der VfB Stuttgart planten einen solchen Schritt, wobei der HSV ihn in der Sommerpause umgesetzt hat.

Seit der Gründung der Bundesliga hat sich der Profifußball fast komplett geändert und stellt heutzutage einen signifikanten Wirtschaftsfaktor in Deutschland dar. Die Umsatzerlöse der Bundesliga steigen von Jahr zu Jahr an. In der Saison 2012/13 haben die 18 teilnehmenden Klubs zusammen einen Umsatz von 2,17 Mrd. € erzielt.[24] Die Steuern und Abgaben betrugen 711 Mio. €.[25] Auch die Spieler profitieren von der immer größer werdenden wirtschaftlichen Kraft der Bundesliga. Haben die Halbprofis zu Beginn der Bundesliga 1963 aus heutiger Sicht nur sehr geringe Beträge erhalten[26], verdienen heute schon eher mittelmäßige Profis Millionenbeträge und die Topstars der Bundesliga zweistellige Millionenbeträge im Jahr.[27] In der Saison 2012/13 betrug der Personalaufwand der 18 Bundesligaklubs für die Spieler 847 Mio. €.[28] Genauso wie die

---

22 Vgl. § 8 der Satzung des Ligaverbands.

23 Neben dem HSV und dem VfB Stuttgart waren es der FC Schalke 04, der 1. FSV Mainz 05, der SC Freiburg und der 1. FC Nürnberg. In der 2. Bundeliga war das Verhältnis genau umgekehrt. Dort nahmen am Spielbetrieb 12 Klubs teil, die ihren Lizenzspielerbetrieb noch nicht ausgegliedert hatten und dementsprechend 6, die diesen bereits auf eine Kapitalgesellschaft ausgegliedert hatten. Ihre Lizenzspielerabteilung nicht ausgegliedert hatten: SC Paderborn 07, 1. FC Kaiserslautern, Karlsruher SC, Fortuna Düsseldorf, FC St. Pauli, 1. FC Union Berlin, VfR Aalen, SV Sandhausen, FC Erzgebirge Aue, VfL Bochum, Dynamo Dresden und FC Energie Cottbus.

24 Vgl. Bundesligareport 2014.

25 Vgl. Bundesligareport 2014.

26 Vgl. *Havemann*, Die Bundesliga als Objekt wirtschafts- und kulturgeschichtlicher Betrachtungen – Essay, abrufbar unter www.das-parlament.de/2013/27-28/Beilage/004.html.

27 Vgl. http://www.kicker.de/news/fussball/intligen/startseite/574513/2/slideshow_die-top-ten-der-spitzenverdiener.html (Abrufdatum: 19.08.2014).

28 Vgl. Bundesligareport 2014.

Spielergehälter angestiegen sind, sind auch die Transferausgaben gestiegen. Im Jahr 1976 wechselte Roger van Gool für die damalige Rekordablöse von 1 Mio. DM vom FC Brügge zum 1. FC Köln. Heutzutage klingt dieser Betrag wie Peanuts im Fußballgeschäft. Während im internationalen Bereich Real Madrid mit dem Transfer des Walisers Gareth Bale fast die 100 Mio. € Marke geknackt hat, liegt der Rekordtransfer der Saison 2013/14 bei 37,5 Mio. €.[29] Nicht geändert hat sich über die Jahre die Begeisterung der Fans für den Fußball. Durch die enorme Strahlkraft war und ist der Fußball auch eine Konkurrenz zur Unterhaltungsindustrie. Die Zuschauerzahlen steigen fast jedes Jahr an, wobei deren Gesamtsumme davon abhängig ist, welche Klubs auf- bzw. absteigen, da die Stadien teilweise große Kapazitätsunterschiede aufweisen.[30] In der Saison 2012/13 schauten 13.309.831 Zuschauer die 306 Spiele live im Stadion. In der Saison 1963/64 waren es 6.626.374 Zuschauer bei 240 Spielen.

Welche wirtschaftliche Bedeutung der Fußball für eine Stadt haben kann, zeigte in der Saison 2013/14 der Fastabstieg des HSV in die 2. Bundesliga. Der Nettoeinkommenszufluss für die Region Hamburg und das Umland durch den HSV beträgt etwa 90 Mio. € im Jahr.[31]

Die wirtschaftlichen Dimensionen des Profifußballs haben aber auch negative Seiten. So sind viele Klubs durch falsche Entscheidungen und schlechtes Management in finanzielle Schwierigkeiten geraten. Den HSV drücken etwa 100 Mio. € Verbindlichkeiten, die wohl nur durch den Einstieg eines Investors ausgeglichen werden können. Diese Probleme haben einige Klubs in Deutschland und speziell in Europa. Die Verbindlichkeiten der 18 Klubs der Saison 2013/14 beliefen sich auf 690 Mio. €. In Spanien, Italien oder England ist dieser Wert noch höher. Die Verbindlichkeiten aller europäischen Erstligaklubs beliefen sich im Jahre 2011 auf 18,5 Mrd. €.[32]

---

29 Soviel Geld zahlte der FC Bayern München für die Verpflichtung von Mario Götze von Borussia Dortmund.

30 In der Saison 2013/14 hatte Eintracht Braunschweig mit einem Fassungsvermögen von 23.325 das kleinste Stadion und Borussia Dortmund mit 80.645 das größte.

31 Vgl. www.abendblatt.de/sport/fussball/hsv/article124570650/HSV-Abstiegskampf-ist-auch-fuer-die-Stadt-ein-Millionenspiel.html (Abrufdatum: 19.08.2014).

32 Vgl. *Vöpel*, Wirtschaftsmacht Fußball, abrufbar unter www.bpb.de/apuz/163808/wirtschaftsmacht.bundesliga (Abrufdatum: 19.08.2014).

IV. Problemstellung und Gang der Untersuchung

Die Entwicklung des Profifußballs in den letzten Jahren offenbart, dass es sich nicht mehr nur um eine reine Freizeitangelegenheit handelt, wie dies wohl bei der Gründung der Vereine der Fall war. Die an der Bundesliga teilnehmenden Klubs stellen aufgrund ihrer wirtschaftlichen Stärke Unternehmen dar. Es stellt sich diesbezüglich die Frage, ob sie dann noch, wie es etwa beim HSV der Fall war, unter dem Dach eines eingetragenen Vereins agieren können oder ob sie nicht eine andere Rechtsform annehmen müssen. Diese Frage stellt sich gerade vor dem Hintergrund, dass sowohl das Vereinsrecht als auch das Gemeinnützigkeitsrecht ihre Wurzeln im 19. Jahrhundert haben und seit den Anfängen des 20. Jahrhunderts die Grundsätze, auf denen sie basieren, nicht mehr geändert wurden. Die Fußballvereine haben sich in dieser Zeit aber in einer Art und Weise verändert, die damals noch gar nicht absehbar war.

Es ist zweifelhaft, ob der Grundgedanke des eingetragenen und gemeinnützigen Vereins mit dem Bild übereinstimmt, welches die Klubs der Bundesliga abgeben. Die Mitglieder des HSV haben am 25.05.2014 darüber abgestimmt, ob die Lizenzspielerabteilung auf eine Kapitalgesellschaft ausgegliedert werden soll. Eine Umsetzung erfolgte im Juli 2014. Dieses Vorhaben erfolgte u.a. aufgrund der schlechten Saison 2013/14, hauptsächlich jedoch wegen der angespannten finanziellen Lage. Durch die Ausgliederung erhofft man sich professionellere Strukturen und durch den Einstieg eines oder mehrerer Investoren eine deutliche finanzielle Verbesserung. 24,9 % der Anteile an der HSV AG sollen mittelfristig von Investoren gehalten werden. Vorbild ist der FC Bayern München, der seine Lizenzspielerabteilung im Jahre 2002 ausgegliedert hat und mit der Adidas AG, der Audi AG und der Allianz SE drei Investoren gefunden hat.

Bei der Diskussion über die Ausgliederung beim HSV kam aber nie zur Sprache, dass diese eventuell sogar zwingend sein könnte, weil die bisherige Organisationstruktur des Vereins gegen geltendes Recht verstieß. Der HSV entsprach aufgrund der Ausmaße der Lizenzspielerabteilung nicht mehr dem Bild des Vereins, der § 21 BGB zugrunde liegt und auch nicht mehr dem eines gemeinnützigen Vereins gem. §§ 51 ff.

Im Rahmen der Arbeit wird die Einordnung eines Vereins mit einer Lizenzspielerabteilung aus vereinsrechtlicher und steuerrechtlicher Sicht beleuchtet und werden die bestehenden Probleme und Gesetzesverstöße durch den Betrieb der Lizenzspielerabteilung im Rahmen eines eingetragene Vereins aufgezeigt. Es wird dabei insbesondere auf die steuerrechtliche Behandlung im Hinblick auf die Steuerbefreiung einer gemeinnützigen Körperschaft eingegangen. Anschließend wird die Möglichkeit einer Umwandlung des Vereins aus gesellschaftsrechtlicher und steuerrechtlicher Perspektive untersucht. Dabei wird insbesondere die Möglichkeit einer steuerneutralen Übertragung geprüft. Abschließend wird untersucht, ob die vorgeschlagene Lösung zur Beseitigung der Gesetzesverstöße führen kann. Als Beispiel dient der HSV, wobei die Strukturen aufgezeigt werden, die vor der Ausgliederung der Lizenzspielerabteilung auf eine AG im Juli 2014 existierten. Bei der in dieser Arbeit angesprochenen Satzung des HSV handelt es sich um die vor der Ausgliederung gültigen Satzung in Neufassung vom 27.01.2008.

Kapitel 2 Der Sportverein im Vereinsrecht des BGB

Das Vereinsrecht des BGB unterscheidet zwei verschiedene Arten von Vereinen, den nichtwirtschaftlichen (§ 21 BGB) und den wirtschaftlichen (§ 22 BGB) Verein. Sie grenzen sich dadurch voneinander ab, dass sie unterschiedliche Zwecke verfolgen. Während der nichtwirtschaftliche Verein auf die Verfolgung ideeller Zwecke angelegt ist, dient der wirtschaftliche Verein einer wirtschaftlichen Betätigung. Inwieweit ein Bundesligaverein mit einer Lizenzspielerabteilung unter den einen oder anderen Vereinstyp zu subsumieren ist und welche Konsequenzen dies hat, wird im Folgenden untersucht.

I. Vereinsbegriff nach dem BGB

Das BGB enthält keine Definition des Vereinsbegriffs. Er wird lediglich in den für den Verein relevanten Vorschriften (§§ 21–79 BGB) vorausgesetzt. Somit wurde die Definition des Vereinsbegriffs der Rechtsprechung und der Literatur überlassen. Im Anschluss an die gemeinrechtliche Diskussion bestimmten Rechtsprechung und Literatur den Verein als

> *„einen auf Dauer angelegten, körperschaftlich organisierten Zusammenschluss von Personen, die einen gemeinsamen Zweck verfolgen“.*[33]

Die körperschaftliche Organisation äußert sich in einem Gesamtnamen, in der Vertretung durch einen Vorstand und in der Unabhängigkeit von der Person der Mitglieder.[34] Aufgrund dieser Unabhängigkeit von der Person der Mitglieder ist der Verein der Prototyp der Körperschaft.

Eine Definition des Vereinsbegriffs liefert zwar § 2 VereinsG. Allerdings spielt diese Definition des Vereins keine Rolle für den Verein im Sinne des BGB.[35] Der öffentlich-rechtliche Vereinsbegriff geht weit über den Vereinsbegriff des BGB hinaus.[36] Das VereinsG bezieht sich nicht auf das materielle Vereinsrecht, sondern

---

33 RG v. 18.01.1934 – IV 369/33, RGZ 143, 212, 214; *Kögler*, Arbeiterbewegung und Vereinsrecht, 1974, S. 75; *Vormbaum*, Die Rechtsfähigkeit der Vereine im 19. Jahrhundert, 1976, S. 16.

34 Grundlegend RG v. 02.02.1905 – VI 153/04, RGZ 60, 94, 96; RG v. 18.01.1934 – IV 369/33, 143, 212, 213; RG v. 29.10.1940 – VII 44/40, RGZ 165, 140, 143.

35 *Reuter* in: MüKo, BGB, § 22 Rn. 2.

36 *Wache* in: Erbs/Kohlhaas, VereinsG, § 2 Rn. 3.

auf das formelle und regelt die Durchführung von Vereinsverboten. Es ist daher Ordnungsrecht und dem Polizeirecht zuzuordnen.[37] Somit ist der Regelungszweck des § 2 VereinsG ein anderer als der der §§ 21, 22 BGB.

II. Abgrenzung nichtwirtschaftlicher und wirtschaftlicher Verein

Die Unterscheidung zwischen einem nichtwirtschaftlichen und einem wirtschaftlichen Verein in § 21 und § 22 BGB ist eine der umstrittensten Fragen des Vereinsrechts und hat zugleich erhebliche praktische Bedeutung.[38]

Diese Abgrenzung ist insbesondere für die Erlangung und Erhaltung der Rechtsfähigkeit von Bedeutung und kann auch im Steuerrecht für die Anwendbarkeit der Vorschriften zur Gemeinnützigkeit der §§ 51 ff. AO Bedeutung erlangen.

Rechtsfähigkeit als eingetragener Verein erlangt nach § 21 BGB nur ein *„Verein, dessen Zweck nicht auf einen wirtschaftlichen Geschäftsbetrieb gerichtet ist"*. Ist bei einem Verein dagegen der Zweck auf die Führung eines wirtschaftlichen Geschäftsbetriebs gerichtet, so erlangt ein solcher Verein nach § 22 BGB Rechtsfähigkeit nur durch staatliche Verleihung und dies auch nur *„in Ermangelung besonderer bundesgesetzlicher Vorschriften"*.

Die Gesetzesformulierung ist ein wenig missverständlich, da der Zweck die Zielsetzung des Vereins ist und die Unterhaltung eines wirtschaftlichen Geschäftsbetriebes nicht den Zweck des Vereins darstellt, sondern lediglich ein Mittel zur Zweckverfolgung ist.[39] Der wirtschaftliche Verein soll lediglich in Ausnahmefällen zugelassen werden, da Rechtsformen wie die GmbH oder AG existieren, die durch ihre spezialgesetzlichen Regelungen für die Sicherheit des Rechtsverkehrs und dem Gläubigerschutz besser geeignet sind.

Entwickelt sich ein Idealverein aber im Laufe der Zeit zu einem wirtschaftlichen Verein, so kann er nach § 395 FamFG[40] aus dem Vereinsregister gelöscht werden und verliert dadurch seine Rechtsfähigkeit.

---

37 *Seifert*, DÖV 1964, 685; *Heinrich* in: MüKo, VereinsG, Vorbem. Rn. 2.

38 Vgl. etwa *H.P. Westermann* in: Erman, BGB, § 21 Rn. 2; *Hadding* in: Soergel, BGB, §§ 21, 22 Rn. 19; *Reuter* in: MüKo, BGB, § 22 Rn. 4 ff.

39 Vgl. *Hadding* in: Soergel, BGB, §§ 21, 22 Rn. 19.

40 Durch die Vereinsrechtsreform von 2009 wurde der Meinungsstreit hinfällig, ob § 395 FamFG (§§ 159, 142 FGG a.F.) auch die verdeckte Rechtsformverfehlung umfasst. Dies ist durch die Streichung des § 43 Abs. 2 BGB auch gesetzlich normiert, vgl. hierzu *Reuter* in: MüKo, BGB, § 44 Rn. 2.

Diese Abgrenzung ist für die noch als Verein organisierten Bundesligaklubs sowohl im Hinblick auf eine mögliche Rechtsformverfehlung als auch in steuerrechtlicher Sicht von erheblicher Bedeutung.[41]

1. Der nichtwirtschaftliche Verein (Idealverein)

Der Gesetzgeber hat es in § 21 BGB vermieden eine positive Definition des Idealvereins einzuführen. Vielmehr bediente er sich einer negativen Abgrenzung zum wirtschaftlichen Verein. So liegt ein Idealverein vor, wenn *„dessen Zweck nicht auf einen wirtschaftlichen Geschäftsbetrieb gerichtet ist"*.

Wann der Zweck nicht auf einen wirtschaftlichen Geschäftsbetrieb gerichtet ist und welche Zwecke ein Idealverein dagegen verfolgen darf, ist dem Gesetz nicht explizit zu entnehmen. Unter einem wirtschaftlichen Geschäftsbetrieb ist

> *„das planmäßige und auf Dauer angelegte Auftreten des Vereins am Markt in unternehmerischer Funktion durch Einschaltung in wirtschaftliche Umsatzprozesse mit einer regelmäßig entgeltlichen Tätigkeit"* zu verstehen.[42]

Ein Idealverein im Sinne des § 21 BGB muss seiner Satzung nach ideelle Zwecke verfolgen. Bei der Bestimmung der ideellen Zwecke können die für das Steuerrecht entwickelten Grundsätze zur Gemeinnützigkeit herangezogen werden, da nach der Rechtsprechung ein gemeinnütziger Zweck eines Vereins grundsätzlich nicht auf einen wirtschaftlichen Geschäftsbetrieb ausgerichtet ist.[43] Zu den gemeinnützigen Zwecken des Steuerrechts gehört auch die Förderung des Sports gem. § 52 Abs. 2 Satz 1 Nr. 21 AO, jedoch sind die jeweiligen Besonderheiten zu beachten. Da es sich aber kaum vermeiden lässt, dass sich ein Sportverein auch wirtschaftlich betätigt, ist in der Praxis eine Mischung aus ideeller und wirtschaftlicher Tätigkeit der Regelfall. Aufgrund dessen ist es gerade in Bezug auf die großen Vereine der Fußballbundesliga nicht unumstritten, welche Vereinsform letztendlich vorliegt, da das Vorhandensein eines wirtschaftlichen Geschäftsbetriebes der Rechtsfähigkeit eines Idealvereins nicht zwangsläufig schaden soll.[44]

---

41 In steuerrechtlicher Sicht sind die §§ 51 ff. AO von Interesse, auf die später eingegangen wird.

42 Vgl. LG Frankfurt v. 17.06.1994 – 2/9 T 214/94, NJW 1996, 2039, 2040.

43 *Stöber/Otto*, Handbuch zum Vereinsrecht, Rn. 76; *H.P. Westermann* in: Erman, BGB, § 21 Rn. 2a.

44 Dies wird unter dem Stichwort Nebenzweck- bzw. Nebentätigkeitsprivileg diskutiert. Hierauf wird später eingegangen (S. 17).

2. Der wirtschaftliche Verein

Ein wirtschaftlicher Verein liegt nach § 22 BGB vor, wenn dessen Zweck auf einen wirtschaftlichen Geschäftsbetrieb gerichtet ist. Im Gegensatz zum nichtwirtschaftlichen Verein kann ein wirtschaftlicher Verein nicht ins Vereinsregister eingetragen werden. Der Grund dafür liegt insbesondere in dem Ziel, die Sicherheit des Rechtsverkehrs und den Gläubigerschutz zu gewährleisten.[45] § 22 BGB sei daher ein Instrument des Rechtsformzwangs.[46]

Das Vereinsrecht enthält keine besonderen Vorschriften zur Sicherung der Kapitalaufbringung und -erhaltung sowie keine privatrechtlichen Bilanzierungsvorschriften. Ein eingetragener Verein soll nicht in einer Weise am Rechtsverkehr teilnehmen, die vor dem Hintergrund des Gläubigerschutzes ein Handeln mit unbeschränkter Haftung oder einen Betrieb in der Rechtsform einer Kapitalgesellschaft bzw. einer Genossenschaft erfordert.[47]

Die Hauptaufgabe des § 22 BGB ist es, wirtschaftlich tätige Vereinigungen den Vorschriften des Aktiengesetzes, des GmbH-Gesetzes oder des Genossenschaftsgesetzes zu unterstellen und auf diesem Wege einen ausreichenden Gläubigerschutz herzustellen. Aufgrund dieser strengen Subsidiaritätsklausel gibt es kaum Gründungen wirtschaftlicher Vereine in Deutschland.[48] Nur wenn für die Vereinigung aus besonderen Umständen die zur Verfügung gestellte Sonderrechtsform wirtschaftlicher Zusammenschlüsse unzumutbar ist oder wenn die Rechtsform des wirtschaftlichen Vereins durch eine gesetzliche Sonderreglung ausdrücklich zugelassen wurde, ist der Verein als Rechtsform möglich.

---

45 Vgl. BGH v. 14.07.1966 – II ZB 2/66, BGHZ 45, 395 ff.; BGH v. 29.09.1982 – I ZR 88/80, BGHZ 85, 84 ff.; OLG Schleswig v. 18.09.2012 – 2 W 152/11, ZStV 2013, 142; *Schad*, NJW 1998, 2411, 2412.

46 Grundlegend hierzu *Lenel*, Der 63. Band der Entscheidungen des Reichsgerichts in Zivilsachen, DJZ 1907, 453.

47 OLG Schleswig v. 22.6.2010 – 2 W 42/10, Rpfleger 2010, 669 f.

48 Bestehende wirtschaftliche Vereine sind etwa: urheberrechtliche Verwertungsvereine wie die GEMA, die Lohnsteuerhilfevereine, forstbetriebliche Zusammenschlüsse nach dem Bundeswaldgesetz, Sparkassen, die aber in den letzten Jahren in AGs umgewandelt wurden oder aber die Wissenschaftliche Buchgesellschaft Darmstadt und die Winter- und Lohnausgleichskasse des Berliner Baugewerbes, die von einer großzügigen Konzessionierungspraxis profitierten. Vgl. *Weick* in: Staudinger, BGB, § 22 Rn. 12; eine Aufzählung findet sich bei *Stöber/Otto*, a.a.O., Rn. 80.

3. Die Abgrenzungstheorien

Die Abgrenzung der beiden Vereinsformen des BGB war lange Gegenstand juristischer Diskussionen. Dadurch dass auch nichtwirtschaftliche Vereine häufiger in gewissen Grenzen wirtschaftliche Geschäftsbetriebe unterhalten, damit sie eine zusätzliche Einnahmequelle haben, können sich die beiden Formen der Vereine des BGB überschneiden. Allerdings bedarf es wegen der bereits erwähnten Sicherheit des Rechtsverkehrs und des Gläubigerschutzes einer klaren Abgrenzung der beiden Vereinsklassen.

Der Gesetzeswortlaut kann für die Abgrenzung nicht herangezogen werden, da in den §§ 21, 22 BGB der fast identische Wortlaut einmal negativ und einmal positiv formuliert wird. Aus diesem Grund wurden in der Literatur mehrere Theorien zur Abgrenzung entwickelt.

a) Subjektive Theorie

Nach der subjektiven Theorie wird für die Beurteilung, ob ein wirtschaftlicher Verein oder ein Idealverein vorliegt, allein auf den Endzweck des Vereins abgestellt.[49] Es steht somit nicht die Tätigkeit des Vereins im Vordergrund, sondern allein der Vereinszweck. Ist dieser nicht unmittelbar auf die Erzielung eines wirtschaftlichen Vorteils gerichtet, liegt ein Idealverein vor.

Die Schwäche dieser Theorie ist nicht zu verkennen: Ein bloßes Abstellen auf den in der Satzung genannten Endzweck des Vereins hätte zur Folge, dass der Verein in erheblichem Maße erwerbswirtschaftlich tätig sein könnte, ohne dass sich das negativ auf die Eigenschaft als Idealverein auswirkt. Das durch den Geschäftsbetrieb Erwirtschaftete müsste lediglich für den ideellen Zweck verwendet werden. Aus diesem Grund hat sich die subjektive Theorie auch nicht durchsetzen können.

b) Objektive Theorie

Die objektive Theorie lässt, anders als die subjektive, den Endzweck des Vereins völlig außer Acht und stellt nur auf das Vorhandensein eines Geschäftsbetriebes ab. Liegt ein solcher Geschäftsbetrieb vor, so handele es sich stets um einen wirtschaftlichen Verein.[50]

---

49 Vgl. *H.P. Westermann* in: Erman, BGB, § 21 Rn. 3; *Winheller*, DStR 2013, 2009, 2010 m.w.N.

50 Vgl. *Reinhardt*, FS Paulick, 1973, S. 3, 7 ff.; *Schöpfflin* in: Bamberger/Roth, BeckOK, BGB, § 21 Rn. 91.

Diese Theorie nimmt jedoch keine Rücksicht auf die Materialien zur Entstehung des § 21 BGB und den Sinn und Zweck der Regelung. Aus den Materialien geht eindeutig hervor, dass ein wirtschaftlicher Geschäftsbetrieb der Eintragung als Idealverein nicht zwingend entgegensteht.[51] Auch die Rechtsprechung hat sich gegen diese Theorie ausgesprochen und lässt insbesondere bei Sportvereinen einen wirtschaftlichen Geschäftsbetrieb neben dem ideellen Zweck zu.[52] Lediglich die Frage der Größe des Geschäftsbetriebs ist bislang ungeklärt.

Die objektive Theorie ist mit ihrem Ansatz, nur auf das Vorliegen eines wirtschaftlichen Geschäftsbetriebes abzustellen, nicht mit den Gegebenheiten in der Praxis vereinbar. Fast jeder Verein wird, wenn auch möglicherweise nur in sehr geringen Umfang, einen wirtschaftlichen Geschäftsbetrieb unterhalten. Es kann dazu schon der Verkauf von Getränken in einem Vereinshaus ausreichen. Die Folge der objektiven Theorie wäre wohl, dass es kaum nichtwirtschaftliche, sondern fast ausschließlich wirtschaftliche Vereine gäbe. Dies würde aber der Gesetzessystematik widersprechen, die die wirtschaftlichen Vereine lediglich als Ausnahme zulässt, und ließe sich somit nicht rechtfertigen.

c) Gemischt subjektiv-objektive Theorie

Wegen der Schwächen, die sowohl die subjektive als auch die objektive Theorie aufwiesen, entwickelte sich eine subjektiv-objektive Theorie, die die Stärken der beiden Theorien verbinden wollte.[53]

Ein wirtschaftlicher Verein kann nach der gemischt subjektiv-objektiven Theorie nur vorliegen, wenn ein wirtschaftlicher Geschäftsbetrieb unterhalten wird und dieser in den Dienst eines wirtschaftlichen Hauptzwecks gestellt ist.[54] Wird er hingegen mit dem ideellen Hauptzweck des Vereins verbunden, dann kann auch ein nichtwirtschaftlicher Verein vorliegen.[55] Die Anwendung der gemischt subjektiv-objektiven Theorie führte zu einer Ausdehnung des Idealvereins zu Lasten des wirtschaftlichen Vereins und wurde letztendlich von der

---

51 Vgl. die Aussage von *von* Strombeck, Mugdan, S. 982 ff, 997.

52 Statt vieler BGH v. 30.11.1954 – I ZR 147/53, BGHZ 15, 315, 319; BGH v. 14.07.1966 – II ZB 2/66, BGHZ 45, 395, 397; BGH v. 29.09.1982 – I ZR 88/80, BGHZ 85, 84, 89; BayObLG v. 27.10.1976 – 2 Z 40/76, Rpfleger 1977, 19 f.; OLG Schleswig v. 04.01.2001 – 2 W 130/00, NJW-RR 2001, 1478.

53 Vgl. etwa RG v. 30.10.1913 – IV B 3/13, RGZ 83, 231, 233 ff.; RG v. 26.04.1937 – IV B 9/37, RGZ 154, 343, 351; BGH v. 30.11.1954 – I ZR 147/53, BGHZ 15, 315, 319 f.

54 BGH v. 30.11.1954 – I ZR 147/53, BGHZ 15, 315, 319 f.; AG Stuttgart v. 09.11.1964 – GR 21683-84/64, DB 1964, 1735.

55 *Reuter* in: MüKo, BGB, § 22 Rn. 5.

Rechtsprechung des RG und des BGH Schritt für Schritt nicht mehr für die Abgrenzung von wirtschaftlichem und nichtwirtschaftlichem Verein nicht mehr herangezogen.[56]

Bei der gemischt subjektiv-objektiven Theorie bleibt unklar, ob nun der Hauptzweck des Vereins, wie es auch die subjektive Theorie möchte, entscheiden soll oder aber, ob es auf eine nicht wirtschaftliche Haupttätigkeit des Vereins ankommen soll. Die gemischte Theorie versuchte zwar die beiden vorgenannten Theorien zu vereinen und so eine befriedigende Lösung zu finden, jedoch kann sie gerade in Zweifelsfällen keine wirkliche Lösung anbieten und dadurch ebenfalls nicht überzeugen.

d) Typenbildung

K. Schmidt sprach sich schon früh gegen die o.a. Theorien aus und verfolgte einen teleologischen Ansatz, der auf eine Typenbildung abzielte,[57] der sich letztendlich auch die h.M. in der Literatur angeschlossen hat.[58] Wegen der Schwierigkeiten, eine einheitliche Theorie zu entwickeln, seien aus den sich ergebenden Fallgruppen Typen wirtschaftlicher Vereine im Sinne des § 22 BGB zu bilden. Lässt sich ein Verein nicht einer dieser Typen zuordnen, so liegt ein nichtwirtschaftlicher Verein nach § 21 BGB vor.

K. Schmidt knüpft mit seinem teleologischen Ansatz an die Funktion des § 22 BGB, den Gläubigerschutz, an.[59] Der wirtschaftliche Verein soll nur in Ausnahmefällen gewählt werden und wirtschaftlich tätige Vereine auf die Rechtsformen des HGB angewiesen sein.

Es werden drei Grundtypen unterschieden:

aa) Der „Volltypus des unternehmerischen Vereins"

Ein unternehmerischer Verein liege vor, wenn er an einem äußeren Markt planmäßig und dauerhaft Leistungen gegen Entgelt anbietet. Auf das Erwerbsstreben des Vereins oder seiner Mitglieder komme es nicht an.[60]

56 Vgl. etwa RG v. 30.10.1913 – IV B 3/13, RGZ 83, 231; RG v. 22.06.1916 – IV 93/16, RGZ 88, 332, 333; BGH v. 14.07.1966 – II ZB 2/66, BGHZ 45, 395.

57 *K. Schmidt*, Rpfleger 1972, 286, 343; *ders*, AcP 182, 1, 16 ff.

58 Vgl. etwa *Ellenberger* in: Palandt, BGB, § 21 Rn. 3 ff.; *Reuter* in: MüKo, BGB, § 22 Rn. 27 ff.; *Winheller*, DStR 2013, 2009.

59 K. *Schmidt*, AcP 182, 1, 13 f.

60 So *K. Schmidt*, AcP 182, 1, 16.

Der Verein selbst müsse eine Leistung am Markt anbieten. Eine bloß nachfragende Tätigkeit kann, entgegen vereinzelter Stimmen im Schrifttum[61], nicht zur Annahme eines Volltypus führen. Wer am Markt bloß durch Nachfrage auftritt, begibt sich lediglich in die Rolle eines Konsumenten, dessen Tätigkeit sich ausschließlich nach seinen eigenen Bedürfnissen richtet. Diese Rolle ist aber nicht mit der eines Anbieters auf einem Markt zu vergleichen. Es entfällt schon das Risiko, an das in etwa die Beteiligung der Gesellschafter durch Einzahlung des Grund- bzw. Stammkapitals anknüpft.[62]

Die dauerhafte, planmäßige Erbringung von Leistungen beinhaltet das „Prognostisch-Wagnishafte", das unternehmerisches Handeln grundsätzlich kennzeichnet.[63] Bei lediglich gelegentlicher Anbietertätigkeit kommt eine Risikobeteiligung nicht in dem Maße zu tragen, dass es zu einer gesteigerten Gläubigergefährdung kommen könne.[64]

Die Entgeltlichkeit impliziert das unternehmerische Risiko, welches bei Unentgeltlichkeit von Tätigkeiten ausgeschlossen ist. Nur bei entgeltlicher Tätigkeit bedarf es eines besonderen Gläubigerschutzes, wie es AktG und GmbHG bietet.

Die letzte Voraussetzung für einen Volltypus, die Tätigkeit am Markt, ist m.E. schon in den anderen Voraussetzungen enthalten. Wer etwas dauerhaft, planmäßig und gegen Entgelt anbietet, kann dies nur an einem Markt machen. Durch das Auftreten am Markt setzt sich der Verein den üblichen Marktrisiken, wie schwankender Nachfrage oder Leistungsfähigkeit der Konkurrenz, aus. Wendet sich der Verein hingegen von vornherein nur an bestimmte Interessenten, weil ihm an deren Förderung gelegen ist, so treten diese Risiken nicht auf und ein Auftreten am Markt, welches zur Einstufung als Volltypus führen würde, wäre nicht gegeben. Das Auftreten an einem äußeren Markt führt automatisch dazu, dass Gläubiger gefährdet werden können. Schon aus diesem Grund sollte dieser Vereinstypus als wirtschaftlicher Verein zu qualifizieren sein.

---

61 So etwa *Mummenhoff*, Gründungssysteme und Rechtsfähigkeit, S. 112; *Flume*, Die juristische Person, S. 108; dagegen *Heckelmann*, AcP 179, 1, 29; *K. Schmidt*, ZHR 1983, 43, 60.

62 *Reuter* in: MüKo, BGB, § 22 Rn. 28.

63 *Reuter* in: MüKo, BGB, § 22 Rn. 29; *Heckelmann*, AcP 179, 1, 39; *Mummenhoff*, Gründungssysteme und Rechtsfähigkeit, S. 109.

64 *Reuter* in: MüKo, BGB, § 22 Rn. 29.

bb) Der „Verein mit unternehmerischer Tätigkeit an einem inneren Markt"

Der „Verein mit unternehmerischer Tätigkeit an einem inneren Markt" ist durch eine auf Dauer angelegte, planmäßige und entgeltliche Tätigkeit an einem inneren Markt gekennzeichnet.[65] Den inneren Markt bilden die Mitglieder des Vereins selbst. Das Mitglied tritt bei diesem Vereinstypus dem Verein als Kunde gegenüber und erhält eine Leistung, die auch an einem äußeren Markt gegen Entgelt angeboten werden könnte.[66]

cc) Der Typus der „genossenschaftlichen Kooperation"

Die Vereinsmitglieder einer „genossenschaftlichen Kooperation" sind selbst wirtschaftlich tätig und der Verein nimmt lediglich auf ihn ausgelagerte Teilbereiche der Unternehmen wahr. Eine nach außen gerichtete Tätigkeit wird nicht verlangt, da die wirtschaftliche Betätigung des Vereins seinen Mitgliedern zugerechnet wird.[67]

dd) Rechtsfolgen bei Einteilung

Fällt eine Vereinigung unter einen dieser drei entwickelten Vereinstypen, so ist die Eigenschaft eines Idealverein zu verneinen mit der Folge, dass entweder eine Eintragung nicht möglich ist oder aber eine Rechtsformverfehlung vorliegt und der Verein gem. § 395 FamFG aus dem Vereinsregister gelöscht werden müsste.

4. Das Nebentätigkeitsprivileg

Die sofortige Entziehung der Rechtsfähigkeit kann in vielen Fällen aber eine nicht zu rechtfertigende Härte darstellen.

Betreibt ein kleiner nichtwirtschaftlicher Verein nebenbei einen Gaststättenbetrieb im Vereinshaus, so könnte diese Tätigkeit schon die Folgen des § 395 FamFG auslösen, da er am Markt tätig wird und dadurch dem „Volltypus des unternehmerischen Verein" entsprechen könnte. Eine solch strenge Handhabung kann aber nicht Sinn und Zweck der Regelung des § 395 FamFG und der Typenbildung von *K. Schmidt* sein.

---

65 *K. Schmidt*, AcP 182, 1, 17.

66 *K. Schmidt*, AcP 182, 1, 17.

67 Beispiele für Genossenschaften sind etwa Banken wie die Raiffeisenbank oder Sparda Bank und die Eigentümer von EDEKA, bei denen sich Einzelhändler zusammengetan haben.

Damit solche in der Praxis häufig vorkommenden Vermischungen aus ideeller und marktanbietender Tätigkeit unter dem Dach eines nichtwirtschaftlichen Vereins keine negativen Konsequenzen für den Verein haben, wurde das sog. Nebenzweck- oder Nebentätigkeitsprivileg entwickelt.[68] Dies soll es den Vereinen ermöglichen, die Vorteile eines Idealvereins zu erhalten und trotzdem in gewissen Umfang am wirtschaftlichen Verkehr teilzuhaben. Nach dem Nebentätigkeitsprivileg soll nur ein wirtschaftlicher Hauptzweck eintragungsschädlich sein.[69] Die Kriterien des Nebentätigkeitsprivilegs sind aber noch nicht abschließend geklärt.[70] Während es bei kleineren Sportvereinen keinen Zweifel darüber geben kann, dass ein Verein, der bei einer Sportveranstaltung an eine geringe Anzahl von Zuschauern Getränke und Speisen verkauft, nicht durch diese geringfügige wirtschaftliche Betätigung die Eigenschaft als nichtwirtschaftlicher Verein verliert, ist es bei größeren Sportvereinen nicht einfach abzugrenzen, wann eine wirtschaftliche Nebenbetätigung nicht mehr zulässig ist. Es wird kaum möglich sein, eine allgemeine Regelung aufzustellen, die in der Lage wäre, die zulässige von der unzulässigen wirtschaftlichen Nebenbetätigung eindeutig abzugrenzen. Eine Entscheidung, ob ein Verein noch ein nichtwirtschaftlicher ist oder aber die Grenzen der Nichtwirtschaftlichkeit aufgrund der wirtschaftlichen Betätigung überschritten hat, ist nur im jeweiligen Einzelfall eindeutig zu beantworten. Es können m.E. lediglich Kriterien entwickelt werden, an denen man sich bei der Entscheidung orientieren kann. Jedoch ist es noch immer umstritten, welche Kriterien man anzulegen hat, um eine klare Differenzierung zwischen schädlicher und unschädlicher Nebentätigkeit zu ermöglichen.

a) Quantitative Kriterien

Einige Autoren versuchten quantitative Kriterien zu entwickeln, um mit deren Hilfe eine unschädliche wirtschaftliche Tätigkeit von einer schädlichen abzugrenzen.

Heckelmann entwickelte einen quantitativen Ansatz dahingehend, dass ein wirtschaftlicher Geschäftsbetrieb nur dann unter das Nebentätigkeitsprivileg

68 Viele Vereine im Amateursportbereiche können allein durch die Mitgliederbeiträge nicht überleben und betreiben eine Gastronomie oder nehmen geringe Eintrittspreise für Sportveranstaltungen, um die Unkosten decken zu können.

69 Vgl. etwa *Reuter*, NZG 2008, 881, 884; *K. Schmidt*, NJW 1983, 543, 546; Heidel/ *Lochner* in: AnwaltKommentar, BGB, § 21 Rn. 23; *H.P. Westermann* in: Erman, BGB, § 21 Rn. 4.

70 Vgl. hierzu *Reuter* in: MüKo, BGB, § 22 Rn. 19 ff.; *K. Schmidt*, AcP 182, 1, 18 f.; *H.P. Westermann* in: Erman, BGB, § 21, Rn. 3.

falle, wenn er nur eine absolut geringe Größenordnung einnimmt und zumindest mittelbar den ideellen Hauptzweck fördert.[71]

Unterstützt wurde dieser Ansatz durch die Aussage von *von Strombeck* im Rahmen der Beratungen zum Vereinsrecht:

> *„Es wird ... festgestellt, dass der Gesetzgeber solche Vereine aufgrund des § 21 hat zulassen wollen, dass sie infolge eines solchen nebensächlichen, geringfügigen wirtschaftlichen Geschäftsbetriebs nicht etwa unter ... § 21a fallen.“*[72]

Dieser Ansatz konnte sich wegen seiner offensichtlichen Schwächen aber nicht durchsetzen. Der Begriff „absolut geringe Größenordnung“ ist für eine exakte Abgrenzung nicht konkret genug. Es bedürfte weiterer Kriterien, an denen sich die geringe Größenordnung festmachen ließe.[73] Auch der Bezug zu den Äußerungen von *von Strombeck* ändert nichts daran, dass dieser Ansatz für eine Konkretisierung des Nebenzweckprivilegs nicht geeignet ist. Bei der Entstehung des § 21 BGB war noch nicht abzusehen, in welche Richtung sich insbesondere Sportvereine entwickeln würden. Es ist davon auszugehen, dass wohl eher an einen kleinen geselligen Verein gedacht war, als an einen mehrere tausend Mitglieder umfassenden Verein, der jährlich Millionen umsetzt.

Andere Autoren versuchten die fehlende Konkretisierung dadurch zu beheben, dass sie Grenzen aus Spezialgesetzen auf das Vereinsrecht übertrugen.[74]

Nach *Mummenhoff* ist eine wirtschaftliche Betätigung erst dann nicht vom Nebenzweckprivileg gedeckt, wenn eine bestimmte konkrete Gefährdung der Gläubiger erreicht ist. Hierbei orientiert er sich bei Vereinen mit einem Binnenmarkt an § 53 Abs. 1 Satz 2 GenG, womit eine Bilanzsumme von 2 Mio. Euro eine konkrete Gefährdung hervorriefe.[75] Handelt es sich um einen Verein, der am Außenmarkt teilnimmt, so kommt es in Anlehnung an § 1 Abs. 2 HGB auf Art und Umfang des Geschäftsbetriebes an.[76]

Auch *Schwierkus* versucht durch die Einbeziehung von Spezialvorschriften die objektiven Grenzen zu konkretisieren. Ausgeschlossen vom Nebentätigkeitsprivileg seien zunächst Vereine, deren wirtschaftlicher Betrieb sich im Rahmen

---

71 *Heckelmann*, AcP 179, 1, 23 ff.

72 *von Strombeck* äußerte sich zu den nichtwirtschaftlichen Vereinen i.S.d. § 21 BGB 1896, Mugdan, S. 982 ff., 997.

73 *K. Schmidt*, AcP 182, 1, 28; *Reuter* in: MüKo, BGB, § 22 Rn. 24 ff.; *Reichert*, Handbuch Vereins- und Verbandsrecht, Rn. 160 ff.

74 So etwa *Mummenhoff*, Gründungssysteme und Rechtsfähigkeit, S. 134 ff.; *Schwierkus*, Der rechtsfähige ideelle und wirtschaftliche Verein, S. 240 ff.

75 *Mummenhoff* hält auch die rein nachfragende Tätigkeit für eintragungsschädlich.

76 *Mummenhoff*, Gründungssysteme und Rechtsfähigkeit, S. 110, 150.

des ideellen Hauptzweckes auf Versicherungsgeschäfte oder vollkaufmännische Handelsgewerbe beziehe. Ist dies nicht der Fall, so sei ein wirtschaftlicher Geschäftsbetrieb analog § 157a VAG dann unschädlich, wenn er in den Grenzen einer Gemeinde liege und keinen höheren Umsatz als 10.000 DM erziele. Dieser Geschäftsbetrieb müsse, so wie es § 65 Nr. 1 AO fordere, zusätzlich noch dazu dienen, die ideellen Aufgaben des Vereins selbstlos zu fördern.[77]

Diese starren Grenzen haben den großen Nachteil, dass größere Sportvereine benachteiligt werden. Hat ein Sportverein mehrere Sportbereiche, wird er sehr viel schneller die Größenkriterien erreichen. Eine Folge daraus wäre, dass sich Vereine überlegen müssten, ob sie mehrere verschiedene Sportarten anbieten oder ob sie auf einige Sportarten verzichten, um nicht Gefahr zu laufen, die starren Grenzen zu übersteigen.

Knauth will demgegenüber auf das Verhältnis der Einnahmenverwendung zwischen Hauptzweckverfolgung und Nebentätigkeit abstellen.[78] Die Ausgaben für das ideelle Engagement müssen diejenigen für die unternehmerische Aktivität überwiegen. Dies hätte den positiven Effekt, dass eine Ausweitung der unternehmerischen Tätigkeit gleichzeitig eine Stärkung der ideellen Förderung nach sich ziehen würde.

Dieser Ansatz sieht sich aber dem Vorwurf der mangelnden Praktikabilität ausgesetzt.[79] Beim registergerichtlichen Eintragungsverfahren kann für die Zukunft nur eine Prognose abgegeben werden, ob die Ausgaben für den ideellen Bereich immer höher sein werden, als die für die wirtschaftliche Tätigkeit. Die tatsächlichen Ausgaben des ideellen Bereiches werden kaum zu ermitteln sein, da in einem Verein viele Arbeiten von Mitgliedern ehrenamtlich ausgeführt werden.[80] Den Wert dieser Tätigkeiten wird man kaum wirtschaftlich darstellen können, was dazu führt, dass eine Gegenüberstellung der Ausgaben für den wirtschaftlichen und den ideellen Bereich nicht praktikabel ist.

b) Funktionale Kriterien

Die wohl h.M. in der Literatur stellt aufgrund der Schwächen der quantitativen Ansätze hingegen auf eine Zweck-Mittel-Relation ab.[81] Entscheidend für die

---

77 *Schwierkus*, Der rechtsfähige ideelle und wirtschaftliche Verein, S. 176 ff., 240, 243 ff.

78 *Knauth*, JZ 1978, 342 f.

79 Vgl. *K. Schmidt*, AcP 182, 1, 28; *Füllgraf*, DB 1981, 2267 f.

80 *Schwarz van Berk*, Münchener Handbuch des Gesellschaftsrechts, Band 5, § 3, Rn. 37.

81 Statt vieler *Reuter* in: MüKo, BGB, § 22, Rn. 19 ff.; *K. Schmidt*, Gesellschaftsrecht, S. 675; *H.P. Westermann* in: Erman, BGB, § 22 Rn. 3 ff.; *Ellenberger* in: Palandt, BGB, § 21 Rn. 7; *Hadding* in: Soergel, BGB, §§ 21, 22 Rn. 33 ff.

Bestimmung des Nebentätigkeitsprivilegs sei das Verhältnis zwischen der wirtschaftlichen und der ideellen Aktivität und welche Bedeutung der wirtschaftlichen im Verein zukommt.[82] Nur wenn diese lediglich eine untergeordnete Bedeutung einnimmt und die ideelle Zweckverfolgung dem Verein das Gepräge gibt, sind die Grenzen des Nebentätigkeitsprivilegs eingehalten.[83]

So hat sich auch der BGH in seinem ADAC-Urteil geäußert:

> *„Ein Verein kann (...) ein nichtwirtschaftlicher auch dann sein, wenn er zur Erreichung seiner idealen Ziele unternehmerische Tätigkeiten entfaltet, sofern diese dem nichtwirtschaftlichem Hauptzweck zu- und untergeordnet sind.“*[84]

Umstritten im Rahmen der funktionalen Kriterien ist, ob eine strenge konditionelle Verknüpfung gefordert werden muss oder ob eine reine finale ausreicht.

Die Befürworter der konditionellen Verknüpfung verlangen eine sehr enge Auslegung des Nebentätigkeitsprivilegs.[85] In Anlehnung an die Ausführungen des BGH im ADAC-Urteil müsse die wirtschaftliche Tätigkeit zur Erhaltung eines zweckentsprechenden Vereinslebens erforderlich oder für die Verfolgung des nichtwirtschaftlichen Zweckes unentbehrlich sein. Nicht vom Nebentätigkeitsprivileg gedeckt sei dagegen eine wirtschaftliche Tätigkeit, die keine Verbindung zum ideellen Hauptzweck aufweist und nur der Finanzierung diene.[86]

Einer solch engen Auslegung des Nebentätigkeitsprivilegs ist nicht zu zustimmen.[87] Es gibt keine plausible Erklärung, warum einem Verein vorgeschrieben werden soll, mit Hilfe welcher Tätigkeit er seinen Hauptzweck finanzieren darf. Die Vereine würden in ihren Finanzierungsmöglichkeiten viel zu stark eingeschränkt. Einem Verein muss es daher freigestellt sein, den für seine Bedürfnisse passenden legalen wirtschaftlichen Tätigkeitsbereich selbst zu wählen. Dies gebietet schon die in Art. 9 GG verankerte Vereinigungsfreiheit, insbesondere in Verbindung mit der in Art. 12 und 14 GG verankerten Freiheit der wirtschaftlichen Betätigung.[88] Das GG schränkt durch Art. 9 Abs. 2 GG eine Vereinigung

82 Vgl. *Reuter* in: MüKo, BGB, § 22, Rn. 19 ff.; *K. Schmidt*, Gesellschaftsrecht, S. 675; *Ellenberger* in: Plandt, BGB, § 21 Rn. 7.

83 Vgl. *Reuter* in: MüKo, BGB, § 22, Rn. 19 ff.; *K. Schmidt*, Gesellschaftsrecht, S. 675; *H.P. Westermann* in: Erman, BGB, § 22 Rn. 3.

84 BGH v. 29.09.1982 – I ZR 88/80, BGHZ 85, 84, 93.

85 So etwa *Hadding* in: Soergel, BGB, §§ 21, 22 Rn. 36.

86 *Hadding* in: Soergel, BGB, §§ 21, 22 Rn. 36.

87 Auch der Referenten*entwurf eines Gesetzes zur Änderung des Vereinsrecht* vom BMJ vom 25.8.2004 sprach sich gegen diesen engen Zusammenhang aus. Vgl. zum Entwurf *Reuter*, NZG 2005, 738 ff.

88 *Scholz* in: Maunz/Dürig, GG, Art. 9 Rn. 39.

lediglich in der Verfolgung bestimmter Zwecke ein. Die Entscheidung, wie eine Vereinigung einen legitimen Zweck verfolgt und finanziert, sollte ihr überlassen sein. Dies gilt insbesondere dann, wenn der Vereinigungszweck und die Art und Weise der Verfolgung von anderen Freiheitsrechten erlaubt sind.[89] Aus diesem Grund muss es ausreichen, dass die wirtschaftliche Tätigkeit bloß der Finanzierung des ideellen Hauptzweckes dient.[90]

5. Zwischenergebnis

Ein wirtschaftlicher Geschäftsbetrieb des Vereins ist somit dann noch vom Nebentätigkeitsprivileg gedeckt, wenn er im Vergleich zum ideellen Hauptzweck eine untergeordnete Bedeutung einnimmt und der Finanzierung des Hauptzweckes dient.

6. Reformvorhaben

Im Jahr 2004 legte das Bundesministerium der Justiz einen Entwurf zur Neuregelung des Vereinsrechtes vor.[91] Unter anderem konzentrierte sich dieser Entwurf auf die Abgrenzung von nichtwirtschaftlichem und wirtschaftlichem Verein. Das Vereinsrecht sollte durch die vorgeschlagenen Änderungen moderner gestaltet und den heutigen Bedürfnissen angepasst werden. Der Entwurf sah vor, § 22 BGB ganz zu streichen und somit nur noch eine Vereinsform im BGB zuzulassen, die des ideellen Vereins. Auch der Problematik des Nebentätigkeitsprivilegs versuchte sich das BMJ anzunehmen und nahm es ausdrücklich in den neugefassten § 21 Abs. 1 BGB auf, der wie folgt lauten sollte:

> *„Ein Verein kann zu jedem nichtwirtschaftlichen Zweck gegründet werden. Dem steht ein eigener wirtschaftlicher Geschäftsbetrieb des Vereins nicht entgegen, soweit dieser als Hilfsmittel zur Erreichung des nichtwirtschaftlichen Vereinszwecks dienen und gegenüber der nichtwirtschaftlichen Vereinsbetätigung verhältnismäßig geringfügig sein soll; ein solcher Geschäftsbetrieb führt nicht zur Annahme eines nach Satz 1 unzulässigen wirtschaftlichen Zwecks."*

Der Entwurf brachte zwar keine großen Neuigkeiten im Rahmen der Abgrenzung von § 21 BGB und § 22 BGB und den Kriterien des Nebentätigkeitsprivilegs, jedoch wäre damit die in Literatur und Rechtsprechung vertretene herrschende Meinung ausdrücklich im Gesetz verankert worden. Es wäre somit klargestellt,

---

89 Vgl. *Scholz* in: Maunz/Dürig, GG, Art. 9 Rn. 39.

90 So auch *Reuter* in: MüKo, BGB, § 22, Rn. 26.

91 Ausführlich hierzu *Reuter*, NZG 2005, 738.

dass der wirtschaftliche Geschäftsbetrieb keinen engen Zusammenhang zum ideellen Hauptzweck vorweisen muss. Diese auf die Praxis zugeschnittene Gesetzeslösung wäre zu begrüßen gewesen. Ein Verein, der die Kriterien des neu angedachten § 21 BGB nicht erfüllt, wäre auf die Rechtsformen des Kapitalgesellschaftsrechts und des Genossenschaftsrechts angewiesen. Dies hätte somit auch eine deutliche Verbesserung der Positionen der Gläubiger mit sich gebracht. Wäre es einem Verein nicht möglich gewesen, eine Rechtsform des Kapitalgesellschaftsrechts oder des Genossenschaftsrechts anzunehmen, so sah die Entwurfsbegründung eine Zulassung des wirtschaftlichen Vereines in Spezialgesetzen vor.[92] Die Streichung des § 22 BGB wäre auch deshalb konsequent gewesen, weil in den letzten Jahren nur noch ganz wenige wirtschaftlichen Vereine i.S.d. § 22 BGB entstanden sind.[93]

Der Reformentwurf in Bezug auf die §§ 21, 22 BGB wurde aber leider nicht umgesetzt und es ist auch nicht zu erwarten, dass dies in naher Zukunft noch geschehen wird. Auch ist ein neues Reformvorhaben derzeit nicht in Sicht.

III. Bezug zu Profisportvereinen am Beispiel des Fußballs

Zu untersuchen ist nun, ob es sich bei großen Sportvereinen, die ihre Lizenzspielerabteilung noch nicht ausgegliedert haben, um nichtwirtschaftliche gem. § 21 BGB oder doch um wirtschaftliche Vereine nach § 22 BGB handelt. Um die Frage letztlich beantworten zu können, ob die Lizenzspielerabteilung eines Vereins der Fußballbundesliga dem ideellen Hauptzweck des Vereins untergeordnet ist oder nicht, ist zunächst zu klären, ob es sich bei der Lizenzspielerabteilung um einen wirtschaftlichen Geschäftsbetrieb handelt. Sodann ist die Struktur des Vereins zu untersuchen und abschließend die Frage zu klären, ob der Lizenzspielerbereich eine untergeordnete Bedeutung im Sinne des nichtwirtschaftlichen Vereins einnimmt oder nicht.

Da bis heute noch keinem Verein, als Konsequenz der möglichen Rechtsformverfehlung, die Rechtsfähigkeit entzogen wurde, könnte man durchaus davon ausgehen, dass diese Vereine in zulässiger Weise als nichtwirtschaftliche Vereine gem. § 21 BGB organisiert sind. Allerdings zeigt die Entwicklung etwas anderes, da in der Spielzeit 2013/14 nur noch sechs Klubs in der Bundesliga auch noch den Lizenzspielerbereich im Rahmen des eingetragenen Vereins unterhielten.

92 BMJ, Referentenentwurf eines Gesetzes zur Änderung des Vereinsrechts, S. 18 f.

93 Vgl. Fn. 48.

1. Die Lizenzspielerabteilung als wirtschaftlicher Geschäftsbetrieb

Wie bereits erwähnt, ist unter einem wirtschaftlichen Geschäftsbetrieb

> *„das planmäßige und auf Dauer angelegte Auftreten des Vereins am Markt in unternehmerischer Funktion durch Einschaltung in wirtschaftliche Umsatzprozesse mit einer regelmäßig entgeltlichen Tätigkeit zu verstehen“.*[94]

Die von der Rechtsprechung entwickelte Definition des wirtschaftlichen Geschäftsbetriebs ist dem von *K. Schmidt* entwickelten „Volltypus des unternehmerischen Vereins“ sehr ähnlich. Wenn die Voraussetzungen des „Volltypus des unternehmerischen Vereins“ bei der Lizenzspielerabteilung vorliegen würden, dann sollte sie einen wirtschaftlichen Geschäftsbetrieb darstellen.

Die Lizenzspielerabteilung eines Fußballbundesligavereines erfüllt die Voraussetzungen des „Volltypus des unternehmerischen Vereins“, da sie dauerhaft und planmäßig Leistungen am äußeren Markt gegen Entgelt anbietet.

Dies macht schon ein Blick auf die wirtschaftlichen Zahlen der Vereine deutlich. Wie schon in der Einleitung erläutert, setzen die Lizenzspielerabteilungen Millionen um, indem sie anbietend am Markt tätig werden. Die Umsatzgrenze von 100 Mio. € wird von einigen Vereinen deutlich übertroffen. Dabei steht nicht nur der Verkauf von Eintrittskarten im Vordergrund, sondern in erster Linie die Werbung und die mediale Verwertung und mit Abstrichen der Verkauf von Fanartikeln.[95]

Auch die Höhe des Personalaufwandes und der Steuerausgaben zeigt, dass die Eigenschaft als wirtschaftlicher Geschäftsbetrieb eindeutig gegeben sein sollte. Der Personalaufwand stellt den mit Abstand größten Posten im Bereich des Aufwands dar. In der Saison 2012/13 betrug dieser Posten im Lizenzfußball etwa 1 Mrd. € und stellte damit etwa 40 % des Gesamtaufwandes.[96] An Steuern und Abgaben wurden etwa 850 Mio. € abgeführt.[97] Bei einem solchen Umfang kann davon ausgegangen werden, dass ein wirtschaftlicher Geschäftsbetrieb vorliegt.

Im Bereich der Lizenzspielerabteilungen kann aufgrund der umfangreichen wirtschaftlichen Tätigkeit wohl nicht mehr davon ausgegangen werden, dass der Sport als ideeller Zweck im Vordergrund steht, sondern vielmehr der sportliche

94 Siehe Fn. 42.

95 Der Erlös der 18 Bundesligavereine in der Saison 2012/13 betrug im Bereich der Werbung ca. 578 Mio. €, bei der medialen Verwertung ebenfalls ca. 619 Mio. € und im Merchandising ca. 120 Mio. €. Diese drei Bereiche haben einen Anteil von etwa 60 % am Gesamterlös, vgl. Bundesligareport 2014 der DFL, S. 26.

96 Bundesligareport 2014 der DFL, S. 47.

97 Bundesligareport 2014 der DFL, S. 53.

und insbesondere der wirtschaftliche Erfolg, der durch das Auftreten der Vereine am Markt erzielt wird. Die aufgeführten Zahlen belegen eindrucksvoll, welche wirtschaftliche Bedeutung der Profifußball im Deutschland einnimmt.

An der Eigenschaft der Lizenzspielerabteilungen als wirtschaftlicher Geschäftsbetrieb bestehen daher keine Zweifel.[98]

2. Die Struktur der Vereine

Dass die Lizenzspielerabteilung als wirtschaftlicher Geschäftsbetrieb doch unter das Nebentätigkeitsprivileg fällt, wird, wie bereits erwähnt, teilweise mit der Struktur der Vereine begründet und dem Vorhandensein von anderen Sportabteilungen, die sich dem Amateursport widmen.[99]

a) Struktur

Die Struktur eines Vereins wird in der Regel in der Vereinssatzung festgelegt.

Als körperschaftlicher Zusammenschluss einer Vielzahl von Personen muss der Verein mindestens zwei Organe haben, die Mitgliederversammlung (§ 32 BGB) und den Vorstand (§ 26 BGB).[100] Es obliegt jedem Verein selbst, ob er neben den beiden gesetzlich vorgeschriebenen Organen weitere Organe installiert. Diese müssen dann in die Satzung aufgenommen werden.[101]

aa) Die Mitgliederversammlung

Die Mitgliederversammlung stellt nach dem Gesetz das oberste Organ des Vereins dar und muss daher den für den Verein relevanten Vorhaben grundsätzlich zustimmen. Dies ist insbesondere bei Satzungsänderungen zwingend, § 33 BGB. In der Mitgliederversammlung formt sich *„durch die Stimmabgabe der Mitglieder der Gesamtwille des Vereins"*.[102] Es ist jedoch möglich, dass Regelungen in der Satzung die Rechte der Mitgliederversammlung weitgehend einschränken.[103] Nach § 32 Abs. 1 Satz 1 BGB werden die Angelegenheiten des Vereins, soweit

---

98 *Summerer* spricht im Zusammenhang mit Lizenzspielerabteilungen der Fußballbundesligavereine gar vom wirtschaftlichen Geschäftsbetrieb „par excellence", *Fritzweiler/Pfister/*Summerer, Praxishandbuch Sportrecht, S. 123; Vgl. auch *Schad*, NJW 1998, 2411, 2413.

99 Vgl. *Ellenberger* in: Palandt, § 21 Rn. 7.

100 *Waldner/Wörle-Himmel* in: Sauter/Schweyer/Waldner, Rn. 308.

101 *Waldner/Wörle-Himmel* in: Sauter/Schwayer/Waldner, Rn. 313 m.w.N.

102 *Zöllner*, Die Schranken mitgliedschaftlicher Stimmrechtsmacht bei den privatrechtlichen Personenverbänden, S. 11.

103 Vgl. OLG Celle v. 18.10.1994 - 20 W 20/94, NJW-RR, 1995, 1273.

sie nicht dem Vorstand oder einem anderen Organ des Vereins in der Satzung zugweisen sind, durch Beschlussfassung in einer Mitgliederversammlung geordnet. Der Mitgliederversammlung muss ein gewisses Maß an Verantwortung verbleiben. Die Satzung eines Vereins darf nicht so ausgestaltet sein, dass die Mitgliederversammlung zu einer reinen Informationsveranstaltung ohne Einflussnahmemöglichkeit verkommt.[104]

In der Regel wird die Mitgliederversammlung einmal im Jahr abgehalten. Auch wenn das Gesetz einen solchen Begriff nicht kennt, wird diese Mitgliederversammlung zumeist als „ordentliche" bezeichnet, während andere, neben dieser turnusmäßigen, als „außerordentliche" bezeichnet werden.

bb) Der Vorstand

Der Vorstand ist neben der Mitgliederversammlung das zweite zwingende Organ eines Vereins, § 26 Abs. 1 Satz 1 BGB. Eine juristische Person ist darauf angewiesen, dass eine oder mehrere natürlichen Personen für sie in rechtlichen Beziehungen nach außen auftreten. Der Vorstand nimmt gemäß § 26 BGB die Stellung eines gesetzlichen Vertreters ein. Ihm obliegt nach innen die Geschäftsführung und nach außen die Vertretungsmacht. Wie die genaue Rechtsstellung des Vorstands innerhalb eines Vereins ausgestaltet ist, bestimmt, wie bei der Mitgliederversammlung, die Satzung. Sie beinhaltet bei der Existenz von mehreren Vorstandsmitgliedern bspw. Regelungen zur Einzel- oder Gesamtvertretungsmacht und zur Form der Beschlussfassung innerhalb des Vorstands.[105]

cc) Weitere Vereinsorgane

Wie bereits erwähnt, ist es dem Verein vorbehalten, in der Satzung noch weitere Vereinsorgane zu installieren. Das Gesetz selbst nennt nur ein weiteres Organ, die besonderen Vertreter nach § 30 BGB. Sie müssen durch die Satzung bestimmt werden und sollen dieselbe Stellung wie der Vorstand haben, so dass sie ins Vereinsregister eingetragen werden müssen.[106] Auch die nicht im Gesetz erwähnten weiteren Vereinsorgane müssen in die Satzung aufgenommen werden und ihre Aufgaben eindeutig geregelt werden. Zu diesen weiteren Organen können etwa der Aufsichtsrat, ein Beirat, ein Ältestenrat oder ein Verwaltungsrat gehören.[107]

---

104 Vgl. *Waldner/Wörle-Himmel* in: Sauter/Schweyer/Waldner, Rn. 156; OLG Celle v. 18.10.1994 – 20 W 20/94, NJW-RR 1995, 1273.

105 BGH v. 19.09.1977 – II ZB 9/76, BGHZ 69, 250; *Kirberger*, NJW 1978, 415; *H.P. Westermann* in: Erman, BGB, § 26 Rn. 4.

106 So *Waldner/Wörle-Himmel* in: Sauter/Schwayer/Waldner, Rn. 313 m.w.N.

107 *van Randenborgh* in: Schauhoff, § 2 Rn. 161, 165; *Waldner/Wörle-Himmel* in: Sauter/Schweyer/Waldner, Rn. 308 ff.

b) *Unterabteilungen*

Bei den meisten Sportvereinen existieren mehrere Unterabteilungen. Sie bieten den Mitgliedern nicht nur eine Sportart an, die betrieben werden kann, sondern häufig mehrere. Der Bereich des Fußballs stellt dann nur eine Abteilung unter vielen dar. Hat der Verein mehrere Unterabteilungen, dann handelt es sich um einen sog. Universalverein. Diese Eigenschaft als Universalverein dient teilweise als Argument, warum die Vereine der Fußballbundesliga doch unter § 21 BGB fallen können.[108] So wird dies teilweise noch immer im Schrifttum vertreten.[109] Der Hauptzweck des Vereins läge nicht auf der Fußballabteilung, sondern insgesamt auf der Förderung des Sports.

c) *Darstellung am Beispiel des HSV*

Die meisten Vereine der Bundesliga haben neben der Fußballabteilung noch andere Abteilungen.[110] Bei diesen Abteilungen handelt es sich um Amateursportabteilungen, die unzweifelhaft zum ideellen Hauptzweck gehören.[111] Hier steht die Förderung und Pflege des Sports im Vordergrund, wie es der Vereinszweck in der Satzung des HSV in § 2 auch forderte. Die Struktur der Vereine der Bundesliga ist aber nicht auf den Amateursport, sondern auf den Profisport ausgerichtet. Dies soll am Beispiel des HSV verdeutlicht werden. Dabei wird auf die Satzung und die Struktur vor Ausgliederung der Lizenzspielerabteilung eingegangen.

Beim HSV handelt es sich aufgrund der vielen Sportabteilungen um einen Universalsportverein. Strukturell war der Verein aber eindeutig auf die zahlenmäßig größte und wirtschaftlich bedeutendste Abteilung, den Profifußball, ausgerichtet. Dies wurde zum einen durch einen Blick auf die Organe des Vereins und zum anderen durch die gesellschaftsrechtliche Struktur mit Tochtergesellschaften deutlich.

Die Satzung des HSV zählte 8 Organe auf.[112] Dies waren im Einzelnen die Mitgliederversammlung, der Aufsichtsrat, der Vorstand, der Amateurvorstand,

---

108 So etwa *Ellenberger* in: Palandt, § 21 Rn. 7; *K. Schmidt*, AcP 182, 1, 26 ff.; *Seltmann*, DStR 2008, 1443, 1445.

109 So etwa *Ellenberger* in: Palandt, § 21 Rn. 7.

110 Beim HSV existieren mehr als 20 weitere Abteilungen. Der HSV wird daher auch als Universalverein bezeichnet.

111 Beim HSV gehören zu diesen Abteilungen u.a. Baseball, Badminton, Kricket, Hockey, Rugby, Schwimmen und Tennis.

112 § 11 der Satzung des HSV.

der Ehrenrat, der Seniorenrat, die Abteilungsleitung Fördernde Mitglieder und die Rechnungsprüfer.

Als oberstes Beschlussorgan des Vereins wurde zwar in der Satzung die Mitgliederversammlung benannt,[113] jedoch war der Einfluss auf die Tätigkeiten des Vereins selbst sehr begrenzt. Die wichtigste Funktion war die Wahl und Abberufung der Mitglieder des Aufsichtsrates, wobei nur 8 der 11 Aufsichtsräte durch die Mitgliederversammlung in den Aufsichtsrat gewählt wurden.[114] Die Mitgliederversammlung wählte ein Mitglied des Vorstandes direkt. Das gewählte Vorstandsmitglied war für die Belange der Mitglieder des Vereins zuständig. Da der Vorstand aber aus mindestens drei Mitgliedern bestand, § 19 der Satzung des HSV, und bei der Beschlussfassung eine einfache Mehrheit ausreichte, § 22 der Satzung des HSV, hatte die Stimme des von der Mitgliederversammlung gewählten Vorstandsmitglieds kein großes Gewicht.

Der Aufsichtsrat bestellte den Vorstand im Übrigen, berief ihn ab und überwachte dessen Geschäftsführung. Bei einigen Geschäften des Vorstandes bedurfte es sogar der Zustimmung des Aufsichtsrates, wie Spielertransfers oder dem Erwerb von Grundstücken.[115]

Der Vorstand war für die Angelegenheiten des gesamten Vereins eigenverantwortlich tätig. Die Mitglieder des Vorstands, bis zur Ausgliederung waren es vier, waren hauptamtlich tätig.[116]

Auch wenn beim HSV ein Amateurvorstand existierte, so hatte dieser kaum Einfluss auf die Geschicke des Vereins. Er verabschiedete lediglich eine Amateurordnung, die die Zusammenarbeit des Amateurvorstandes mit den einzelnen Abteilungen einerseits und andererseits diejenige mit dem Vorstand des Vereins regelte. Diese Amateurordnung bedurfte aber der Zustimmung des Vorstandes.[117]

Die wichtigsten Organe des HSV und ihre Kompetenzen lassen den Schluss zu, dass die Struktur des Vereins auf die Lizenzspielerabteilung ausgerichtet war. Der Vorstand war für den gesamten Verein verantwortlich und konnte auch Entscheidungen in den Amateursportabteilungen des HSV treffen. Den Mitgliedern

---

113 § 12 der Satzung des HSV.

114 Die restlichen 3 Mitglieder des Aufsichtsrates werden entsandt von den Fördernden Mitgliedern, der Amateurabteilung und der Gemeinschaft der Senioren, § 17 der Satzung des HSV.

115 Vgl. § 20 Abs. 3 der Satzung des HSV.

116 Dies ist ein großer Unterschied zu Vereinen, die lediglich im Amateursport tätig sind. Hier sind die Vorstände lediglich ehrenamtlich tätig.

117 § 23 der Satzung des HSV.

des HSV und der Mitgliederversammlung standen keine tatsächlichen Kontrollrechte zu, um die Arbeit des Vorstandes zu überwachen. Dazu war lediglich der Aufsichtsrat befugt. Dieser wurde zwar von den Mitgliedern zum größten Teil gewählt, jedoch konnte man auch da nicht von einer tatsächlichen Kontrollmöglichkeit der Mitglieder sprechen. Dies deshalb nicht, weil die Mitglieder zwar die Aufsichtsräte wählten, anschließend aber keine Kontroll- oder Einflussmöglichkeiten in Bezug auf die Tätigkeit im Aufsichtsrat hatten.

Die Struktur des HSV bewegte sich zwar in den Grenzen der §§ 21 ff. BGB, jedoch erinnerte sie sehr stark an die einer AG. Allerdings besitzt die Hauptversammlung bei einer AG in einem wichtigen Bereich mehr Kompetenzen, da sie über die Verwendung des Gewinns entscheidet, §§ 119 Abs. 1 Nr. 2, 174 Abs. 1 Satz 1 AktG.

Diese Kompetenz stand beim HSV der Mitgliederversammlung nicht zu.

Neben der Ausgestaltung der bestehenden Organe und ihren Kompetenzen im Rahmen des Vereins zeigte auch das Vorhandensein von Tochtergesellschaften die Ausrichtung des Vereins auf den Lizenzspielerbereich. Der Verein hielt 100 % der Anteile an einer eigens gegründeten AG[118], die wiederum Anteile an zwei GmbH & Co. KG hielt. Diese AG diente als Dachgesellschaft für die Beteiligungen an anderen Tochtergesellschaften, darüber hinaus war sie nicht operativ tätig. Für den Verein von großer Bedeutung war die HSV-Arena GmbH & Co. KG, die Eigentümerin des Stadions ist. Der HSV baute sein Stadion im Jahr 1998 für etwa 100 Mio. € in eine reine Fußballarena um.[119] Zu diesem Zweck erwarb der Verein das Stadion für eine symbolische D-Mark von der bisherigen Eigentümerin, der Stadt Hamburg. Das Stadion war einer der wichtigsten Bestandteile des Anlagevermögens des HSV. Die HSV-Arena GmbH & Co. KG verwaltete das Stadion und über sie liefen die Werbeverträge und der Verkauf der Eintrittskarten. Aufgrund eines Gewinnabführvertrages zwischen der HSV-Arena GmbH & Co. KG und dem Verein wurde am Ende des Jahres der Überschuss der GmbH & Co. KG an den Verein abgeführt.

---

118 Anfang der 90er Jahre gründete der HSV die AG um die schlechte finanzielle Lage in den Griff zu bekommen. Investoren und Fans sollten sich an der AG beteiligen und auf diese Weise dem Verein helfen. Es wurden 36.000 Aktien zu je 1.000 € angeboten. Die Umsetzung misslang allerdings und die Aktionäre verloren ihr Geld, vgl. http://www.abendblatt.de/sport/fussball/hsv/article1928057/Weit-mehr-als-elf-Maenner-in-Trikots.html (Abfragedatum: 21.08.2014).

119 http://www.abendblatt.de/sport/fussball/hsv/article1928057/Weit-mehr-als-elf-Maenner-in-Trikots.html (Abfragedatum: 21.08.2014).

Durch diese Konstruktion hatten die Mitglieder keinen Einfluss auf Entscheidungen in Bezug auf das Stadion. Letztendlich ist das Stadion aus dem Vermögen des Vereins herausgenommen worden, da die Anteile an der GmbH & Co. KG nicht der Verein unmittelbar, sondern nur mittelbar über die Tochter-AG hielt, wurden auch diese nicht unmittelbar im Vermögen des Vereins berücksichtigt. Die Auslagerung des Stadions auf eine Tochtergesellschaft führte somit dazu, dass ein Hauptbestandteil des Vereinsvermögens nicht mehr dem Verein direkt zustand.

Im Ergebnis war die Struktur des Vereins doch sehr untypisch für einen „klassischen" Verein.

3. Einordnung der Lizenzspielerabteilung in den Verein

Es bleibt nun, da geklärt ist, dass es sich bei der Lizenzspielerabteilung um einen wirtschaftlichen Geschäftsbetrieb handelt, nur noch die Frage zu klären, ob dieser dem Hauptzweck des Vereins untergeordnet ist und damit der ideelle Bereich dem HSV das Gepräge gab oder aber der Profisportbereich. Durch das Aufzeigen der Strukturen eines Bundesligavereines anhand des Beispiels des HSV[120] könnte es schon fraglich sein, ob der Hauptzweck überhaupt noch die ideelle Förderung des Sportes ist oder nicht doch schon die wirtschaftliche Betätigung.[121]

Selbst wenn man nun davon ausginge, dass die ideelle Förderung des Sports noch der Hauptzweck der Vereine ist, so ist eine Unterordnung der Lizenzspielerabteilung – und damit des wirtschaftlichen Geschäftsbetriebs – eindeutig zu verneinen.

Auch wenn bei der Beurteilung, ob die Lizenzspielerabteilung dem ideellen Bereich des Vereins untergeordnet ist, die wirtschaftlichen Kennzahlen lediglich Indizwirkung haben, so ist es eindeutig, dass die Lizenzspielerabteilung dem Verein das Gepräge gibt.

---

120 Die Konstruktion, dass ein Verein ein oder mehrere Tochtergesellschaften hat, wird nicht nur beim HSV genutzt. Ein sehr anschauliches Beispiel für eine solche Konstruktion bietet der FC Schalke 04, der ebenfalls sein Stadion auf eine KG ausgelagert hat und über eine 100 %-ige Tochterholding noch an weiteren Tochtergesellschaften beteiligt ist, vgl. hierzu das Schaubild in der Welt v. 24.10.2009 http://www.welt.de/multimedia/archive/00940/Schalke_DW_Sport_Be_940953a.jpg (Abrufdatum: 07.09.2014).

121 Dies wäre insbesondere beim 1. FC Nürnberg anzudenken, der noch 8 weitere Sportabteilungen hat, wobei diese eigenständige Vereine sind.

Fraglich ist aber, welche Kriterien zur Hilfe zu nehmen sind, um die Frage der Unterordnung beantworten zu können. Für diese Beurteilung sollte man m.E. den Verein als Ganzes betrachten und nicht lediglich die einzelnen Abteilungen. Die Anzahl der Abteilungen kann bei der Frage der Unterordnung letztendlich keine entscheidende Rolle spielen. Wie bereits erwähnt gibt es beim HSV neben der Profifußballabteilung noch etwa 20 weitere Amateursportabteilungen. Der Amateursport und damit der ideelle Bereich sind zwar rein aufgrund der Anzahl der Abteilungen der Profisportabteilung überlegen, jedoch kann man nicht davon sprechen, dass dieser dem Verein als solchem das Gepräge gibt. Würde man die bloße Mehrheit von Amateursportabteilungen ausreichen lassen, so wäre es ein leichtes für die Vereine die Problematik der Rechtsformverfehlung zu umgehen, indem sie mehr Amateurabteilungen unterhalten als Profisportabteilungen. Unterhält ein Verein nur eine Profisportabteilung, dann würden schon zwei Amateurabteilungen ausreichen, um eine Rechtsformverfehlung zu verneinen.

Auch kann bei der Beurteilung der Unterordnung nicht allein auf die Anzahl der Mitglieder abgestellt werden. Es ist schon kaum zu ermitteln, ob die Mitglieder dem ideellen Bereich oder dem wirtschaftlichen Bereich der Profisportabteilung zuzuordnen sind, da sie allein Mitglieder des Gesamtvereins sind und nicht bloß einer Abteilung.[122]

Es bleiben m.E. als Kriterien letztendlich übrig die wirtschaftlichen Kennzahlen und die Wahrnehmung des Vereins durch Außenstehende.

Aufgrund der großen finanziellen Entwicklung des Fußballs in den letzten Jahrzehnten und damit einhergehend der wirtschaftlichen Bedeutung gibt die Lizenzspielerabteilung aus rein wirtschaftlicher Sicht dem Verein das Gepräge und steht somit im Vordergrund der Vereinstätigkeit. Von den Umsätzen, die der Verein pro Jahr generiert, entfallen etwa 90 % auf die Lizenzspielerabteilung und die ihm untergeordneten Bereiche. Schon dieser Wert zeigt eindeutig auf,

122 Eine der meinungsstärksten Gruppierungen beim HSV stellen die sog. „Supporters“ dar. Dies ist ein Zusammenschluss von Fans, die die Profimannschaft des HSV bei den Spielen stimmlich und durch Choreographien unterstützt. Bei den „Supporters“ handelt es sich um eine eigene Abteilung des Vereins. Die Mitglieder der „Supporters“ sind somit gleichzeitig auch Mitglieder des Vereins.

dass man nicht mehr von einer untergeordneten Rolle der Lizenzspielerabteilung sprechen kann.[123]

Und auch die Wahrnehmung eines Außenstehenden, als Indiz für die Bedeutung der Lizenzspielerabteilung in Bezug auf den Gesamtverein, kann kein anderes Ergebnis liefern, als dass eine untergeordnete Rolle vollkommen ausscheidet. Allein schon aufgrund der Medienpräsenz des Profisportbereiches wird ein Außenstehender zumeist nur diesen wahrnehmen.[124]

Ebenso lassen die Strukturen eines solchen Vereins keinen Zweifel zu, dass der Profisportbereich keine untergeordnete Rolle mehr spielt. Der ideelle Bereich, also der eigentliche Kernbereich des Vereins, wird durch die Lizenzspielerabteilung so stark verdrängt, dass er letztendlich nur noch eine untergeordnete Rolle einnimmt. Der wirtschaftliche Geschäftsbetrieb der Lizenzspielerabteilung fällt aufgrund seiner Größe und der Bedeutung für den Verein nicht mehr unter das Nebentätigkeitsprivileg.[125]

---

123 Vgl. *H.P. Westermann* in: Erman, BGB, § 21 Rn. 5; *Reuter* in: MüKo, BGB, § 22 Rn. 26; a.A. wohl *Ellenberger* in: Palandt, § 21 Rn. 7, der ohne Begründung annimmt, dass die wirtschaftliche Tätigkeit der Profisportvereine noch vom Nebentätigkeitsprivileg gedeckt ist.

124 Laut des Statistik-Portals „Statista" kannten 63,37 Mio. Menschen in Deutschland den HSV. Vgl. die Umfrage auf http://de.statista.com/statistik/daten/studie/171085/umfrage/bekanntheit-des-fussballvereins-hamburger-sv/ (Abrufdatum: 07.09.2014). Die Vermutung liegt nahe, dass diese Bekanntheit fast ausschließlich auf der Bundesligamannschaft beruht, die fast täglich in den landesweiten Medien präsent ist.

125 Einen durchaus interessanten und nachvollziehbaren Ansatz hatte *Aldermann* in ihrer Dissertation „Lizenzfußball und Nebenzweckprivileg" entwickelt. Die Lizenzspielerabteilung falle als wirtschaftlicher Geschäftsbetrieb aufgrund der strengen Regelungen des Lizensierungsverfahrens des DFB (damals war noch der DFB für die Lizensierung zuständig) noch unter das Nebentätigkeitsprivileg. Der Gläubigerschütz würde gewahrt, da die Lizensierungsregelungen vergleichbare Instrumente aufweisen wie das HGB, AktG oder GmbHG, „Lizenzfußball und Nebenzweckprivileg, S. 95 ff. Allerdings kann dies nicht dazu führen, dass die Lizenzspielerabteilungen und das Nebentätigkeitsprivileg fallen. Ein privater Sportverband kann keine Regelungen aufstellen, die letztendlich ein Bundesgesetz konkretisieren. Dies hätte zur Folge, dass neben die gesetzlich verankerten Regelungen eine neue private Gesetzgebung von Verbänden treten würde. Sie können lediglich die vom Gesetzgeber vorgegebenen Regelungen auf ihre speziellen Bedürfnisse anwenden. Eine andere Sichtweise hätte zur Folge, dass jeder einzelne Sportverband in Deutschland darüber entscheiden könnte, wer unter den § 21 BGB fällt und wer nicht.

Nicht zu folgen ist der Überlegung, dass die Lizenzspielerabteilung nur vorübergehend prägende Wirkung habe, weil sie bei einem sportlichen Misserfolg auch wieder an Bedeutung verlieren würde.[126] Es mag zwar in Ausnahmefällen möglich sein, dass ein Verein kurzfristigen sportlichen Erfolg hat und dadurch die Lizenzspielerabteilung noch mehr an Bedeutung gewinnt, jedoch sollte m.E. ein sportlicher Misserfolg nicht dazu führen, dass dadurch das Nebentätigkeitsprivileg noch erfüllt wird. Die Strukturen des Vereins werden sich meistens schon so geändert haben, dass sie auf den Profibereich ausgerichtet sind. Zu bedenken ist auch, dass sich die Beurteilung, ob eine schädliche wirtschaftliche Betätigung vorliegt, über einen längeren Zeitraum erstrecken wird. Kurzfristiger Erfolg wird dadurch nicht gleich zu einer Rechtsformverfehlung führen, wenn der Verein danach wieder absteigt und nur noch Amateursport betreiben lässt.[127] Das Argument von *H.P. Westermann* wirft auch die Gegenfrage auf, ob der sportliche Niedergang nicht nur temporärer Art ist und daher weiterhin von einer Prägung auszugehen ist.

4. Ergebnis

Aufgrund der Tatsache, dass die Lizenzspielerabteilung als wirtschaftlicher Geschäftsbetrieb nicht unter das Nebentätigkeitsprivileg fällt, liegt in Bezug auf den Verein eine Rechtsformverfehlung vor. Die Sportvereine mit einer solch prägenden Lizenzspielerabteilung stellen keine nichtwirtschaftlichen Vereine im Sinne des § 21 BGB dar.

5. Folgen der Rechtsformverfehlung

Für den Verein selbst hat die Rechtsformverfehlung zur Folge, dass ein Amtslöschungsverfahren durchgeführt werden müsste, § 395 FamFG, und er dadurch seine Rechtsfähigkeit verlieren würde. Im Zeitpunkt der Löschung entsteht ein wirtschaftlicher nichtrechtsfähiger Verein mit der Folge, dass die Mitglieder persönlich haften.[128] Die Problematik der Rechtsformverfehlung der als eingetragene

---

126 Vgl. *H.P. Westermann* in: Erman, BGB, § 21 Rn. 5.

127 Der Abstieg der Mannschaft müsste dann schon in die Regionalliga sein, da auch in der Dritten Liga Profisport betrieben wird.

128 Vgl. *Ellenberger* in: Palandt, BGB, § 43 Rn. 3; BT-Drucksache 16/12813, S. 43.

Vereine organisierten Fußballbundesligavereine ist hinlänglich bekannt, jedoch wurde noch keinem Verein die Rechtsfähigkeit entzogen oder darauf gedrängt, dass Maßnahmen getroffen werden müssten, um die Entziehung der Rechtsfähigkeit zu verhindern.[129]

129 Nicht erörtert werden soll im Rahmen der Arbeit, ob die Rechtsformverfehlung und deren fehlende Behebung auch Konsequenzen für die Mitglieder oder den Vorstand haben kann. So hat das OLG Dresden in einer Entscheidung eine persönliche Haftung der Mitglieder eines Idealvereins bei Rechtsformmissbrauch durch erhebliche wirtschaftliche Betätigungen angenommen, vgl. OLG Dresden v. 09.08.2005 – 2 U 897/04, ZIP 2005, 1680 ff. Diese Entscheidung wurde zwar vom BGH (BGH v. 10.12.2007 – II ZR 239/05, BGHZ 175, 12 ff.) aufgehoben, allerdings beinhaltet sie durchaus interessante Ansätze. Es ist zwar nicht der Fall, dass Mitglieder des HSV den Verein gegründet haben, um eine wirtschaftliche Betätigung in einer nicht dafür vorgesehenen Rechtsform auszuüben. Allerdings gibt sehr viele Mitglieder, die die mögliche Heilung der Rechtsformverfehlung durch ihr Abstimmungsverhalten verhindern. Der Vorstand versuchte bereits im Juni 2005 auf einer außerordentlichen Mitgliederversammlung sich die Genehmigung für eine Ausgliederung des Lizenzspielerbetriebes zu holen. Dies scheiterte aber, da die anwesenden Vereinsmitglieder gegen den Antrag des Vorstands stimmten, obwohl dieser die Rechtsfolgen der schon damals gegebenen Rechtsformverfehlung erläuterte und die Mitglieder daher Kenntnis von der Rechtslage hatten. Vgl. http://www.handelsblatt.com/sport/fussball/nachrichten/thema-ausgliederung-beim-hsv-vorerst-vom-tisch/2519026.html (Abrufdatum: 07.09.2014).

Kapitel 3 Sportvereine im Steuerrecht

Sportvereine nehmen aufgrund ihrer gesellschaftlichen Bedeutung eine besondere Rolle im Steuerrecht ein. Der Gesetzgeber hat in den §§ 51 ff. AO und einzelnen Spezialgesetzen, etwa dem KStG, eine Entscheidung dahingehend getroffen, dass die Förderung gewisser Zwecke durch Körperschaften dazu führen kann, dass diese Körperschaften steuerliche Vergünstigungen bekommen. Es handelt sich hierbei um das steuerliche Gemeinnützigkeitsrecht.[130]

Die §§ 51 ff. AO dienen als allgemeiner Teil des Gemeinnützigkeitsrechts.[131] Sie stellen die Voraussetzungen auf, die eine Körperschaft zu erfüllen hat, um in den Genuss der steuerlichen Vergünstigungen zu kommen. Die Einhaltung dieser Voraussetzungen wird durch die Finanzverwaltung geprüft und dann gesondert festgestellt, § 60a AO.

Der Gesetzgeber hat die Förderung des Sports ausdrücklich als gemeinnützigen Zweck angesehen und in den Katalog des § 52 Abs. 2 AO aufgenommen. Voraussetzung für den Erhalt des Gemeinnützigkeitsstatus ist allerdings die Förderung des Amateursports und nicht des bezahlten Profisports. Aus diesem Grund ist es fraglich, ob ein Sportverein, der eine Abteilung mit bezahlten Sportlern unterhält, überhaupt gemeinnützig sein kann, insbesondere dann, wenn es sich wie bei den Lizenzspielerabteilungen eigentlich um Unternehmen mit einem hohen Millionenumsatz handelt.

Dies wird im Folgenden untersucht werden, wobei sich die Untersuchung allein auf den gemeinnützigen Zweck der Förderung des Sports bezieht.

I. Gemeinnützigkeit

Nach § 52 Abs. 1 Satz 1 AO liegt die Verfolgung gemeinnütziger Zwecke dann vor, wenn die Allgemeinheit auf materiellem, geistigem oder sittlichem Gebiet selbstlos gefördert wird.

Bei der Gemeinnützigkeit kommt es folglich darauf an, dass die Allgemeinheit von einer bestimmten Tätigkeit profitiert. Grundsätzlich ist es die Aufgabe des Staates eine solche Förderung durchzuführen. Jedoch ist dies zum einen nicht

---

130 Der Begriff des Gemeinnützigkeitsrechts ist ein wenig unscharf, da die Verfolgung gemeinnütziger Zwecke nur eine Voraussetzung für die steuerlichen Vergünstigungen ist. Die Körperschaften können auch mildtätige oder kirchliche Zwecke, §§ 53, 54 AO, verfolgen um in den Genuss der Vergünstigungen zu kommen.

131 Vgl. *Seer* in: Tipke/Kruse, AO, Vor § 51 Rn. 1.

immer möglich und zum anderen sollen sich auch andere, natürliche oder juristische Personen des Privatrechts, an der Förderung der Allgemeinheit beteiligen. Die Bürger sollen vielfältige und nachhaltige Beiträge zum Gemeinwohl leisten, die für die Entwicklung und den Zusammenhalt der Gesellschaft wesentlich sind.[132] Damit sich möglichst viele Bürger daran beteiligen, muss der Staat einen gewissen Anreiz schaffen. Dies hat er durch die Einführung des Gemeinnützigkeitsrechts und die damit einhergehenden steuerlichen Vergünstigungen getan.[133]

Die Förderung des privaten Einsatzes für die Allgemeinheit geschieht im Steuerrecht grundsätzlich auf zwei Wegen: zum einen durch die Steuerbefreiung der Körperschaften, die sich gemeinnützig betätigen, nach § 5 Abs. 1 Nr. 9 KStG und zum anderen durch den Abzug von Spenden an solche Körperschaften von der Steuerbemessungsgrundlage, nach § 10b EStG; § 9 Abs. 1 Nr. 2 KStG. Gerechtfertigt werden die steuerlichen Vorteile damit, dass die gemeinnützigen Körperschaften Aufgaben übernehmen, die eigentlich im Bereich der Daseinsvorsorge vom Staat zu erfüllen wären.[134] Dieser Gedanke der Staatsentlastung wird aus dem Subsidiaritätsprinzip abgeleitet. Würden die gemeinnützig tätigen Körperschaften besteuert, so käme es lediglich zur Umleitung von Mitteln aus dem privaten in den staatlichen oder kommunalen Gemeinwohlsektor, der dann dieselbe Tätigkeit ausführen würde.[135] Grundsätzlich finanzieren die Bürger durch die abgeführten Steuern die Verwirklichung des Gemeinwohls durch den Staat.[136]

Bei den in den Spezialgesetzen geregelten Steuerbefreiungen bzw. reduzierten Steuersätzen handelt es sich um Steuervergünstigungen.[137] Der Gesetzgeber schafft steuerliche Erleichterungen auf einem Gebiet des Steuerrechts um einen Anreiz für den Steuerpflichtigen zu schaffen. Eine Besteuerung der für das Allgemeinwohl tätigen Körperschaften würde nämlich dazu führen, dass deren Mittel geschmälert würden und auf diese Weise die Bereitschaft zum selbstlosen Handeln für die Gemeinschaft beeinträchtigt werden würde.[138]

---

132 *Schauhoff* in: Schauhoff, Grundlegung Rn. 1.

133 Zur Entwicklung des Gemeinnützigkeitsrechts siehe die Einleitung.

134 Vgl. *Seer*, DStJG 26 (2003), S. 22; *Kirchhof*, DStJG 26 (2003), S. 4 ff.; *Wallenhorst* in: Wallenhorst/Halaczinsky, S. 88 m.w.N.; *Musil*, DStR 2009, 2453, 2454. Umfassend zur Rechtfertigung *Hüttemann*, S. 32 ff.

135 So auch *Seer* in: Tipke/Kruse, AO, Vor § 51 Rn. 4; *Jachmann* in: Beermann/Gosch, AO, Vor § 51 Rn. 105.

136 *Jachmann* in: Beermann/Gosch, AO, Vor § 51 Rn. 107.

137 Vgl. zu Steuervergünstigungen *Wernsmann*, Verhaltenslenkung in einem rationalen Steuersystem, S. 93; BVerfG v. 03.12.1997 – 2 BvR 882/97, BVerfGE 97, 67, 80.

138 Vgl. *Jachmann* in: Beermann/Gosch, AO, Vor § 51 Rn. 109.

Der Sport selbst hat positive Auswirkungen auf das Allgemeinwohl, so kann durch die sportliche Aktivität unter anderem die Gesundheit gefördert und mittelbar das Gesundheitssystem entlastet werden. Bei der Einstufung der Förderung des Sports als gemeinnütziger Zweck ist zu bedenken, dass bis auf Hamburg alle Bundesländer dies als Staatsziel in ihre Verfassungen aufgenommen haben und sogar Art. 39 des Einigungsvertrages eine Verpflichtung zur Förderung des Sports enthält.[139] Dem Staat liegt somit selbst etwas an der Förderung des Sports und der sportlichen Betätigung seiner Bürger.[140]

II. Voraussetzungen der Gemeinnützigkeit

Wie bereits erwähnt bilden die §§ 51 ff. AO den allgemeinen Teil des Gemeinnützigkeitsrechts, so dass die zu erfüllenden Voraussetzungen diesen Bestimmungen zu entnehmen sind. Welche Voraussetzungen für die Gewährung einer Steuervergünstigung genau zu erfüllen sind, ist in § 59 AO geregelt. Danach muss sich aus der Satzung ergeben, welchen Zweck die Körperschaft verfolgt, dass dieser den Anforderungen der §§ 52–55 AO entspricht und dass er ausschließlich, § 56 AO, und unmittelbar, § 57 AO, verfolgt wird. Darüber hinaus muss die tatsächliche Geschäftsführung, § 63 AO, den Satzungsbestimmungen entsprechen.

1. Begünstigter Rechtsträger, § 51 AO

Gemäß § 51 Abs. 1 Satz 1 AO können Steuergesetze Steuervergünstigungen wegen der Verfolgung eines gemeinnützigen Zweckes nur Körperschaften gewähren. Unter Körperschaften sind nach Satz 2 die Körperschaften, Personenvereinigungen und Vermögensmassen im Sinne des Körperschaftsteuergesetzes zu verstehen.

Die Körperschaften, die in den Genuss von bestimmten Steuervergünstigungen kommen können, sind in § 1 KStG aufgeführt. Gemäß § 1 Abs. 1 Nr. 4 KStG gehört auch der eingetragene Verein, § 21 BGB, als sonstige juristische Person des privaten Rechts zu den möglichen begünstigten Körperschaften. Sie stellen sogar die bedeutsamste Gruppe der in § 1 Abs. 1 Nr. 4 KStG genannten juristischen Personen dar.[141]

---

139 Näher dazu *Fischer*, FR 2006, 1001, 1010.

140 Kritisch zur Gemeinnützigkeit im Steuerrecht im Allgemeinen *Tipke*, Die Steuerrechtsordnung, S. 834 ff.

141 So *Lambrecht* in: Gosch, KStG, § 1 Rn. 81.

Die Tatsache, dass die steuerlichen Vergünstigungen nur für Körperschaften in Betracht kommen, liegt m.E. daran, dass nur bei Körperschaften die missbräuchliche Inanspruchnahme der Vergünstigungen ausgeschlossen werden kann, da bei natürlichen Personen und Personengesellschaften eine Kontrolle über die Verwendung der Mittel schwieriger zu handhaben ist.[142]

Die Steuervergünstigungen im Zuge der Gemeinnützigkeit einer Körperschaft stellen eine Ausnahme zur grundsätzlichen Steuerpflicht des Begünstigten dar. Sie knüpft an das selbstlose Handeln der Körperschaft an. Ein eigenwirtschaftliches Interesse auf Seiten des Steuerbegünstigten würde dazu führen, dass aufgrund der steuerlichen Gerechtigkeit keine Vergünstigungen gewährt werden dürften. Anders würde es zu einem nicht gerechtfertigten Wettbewerbsvorteil bzw. Steuergeschenk kommen. Bei natürlichen Personen und auch bei Personengesellschaften soll die Gefahr des Missbrauchs zu groß sein, so dass sie von den Steuervergünstigungen ausgeschlossen sind.[143]

Diese Differenzierung ist durchaus nachvollziehbar. Bei natürlichen Personen oder Personengesellschaften ist schon eine mögliche Trennung von privatem und für die Gemeinnützigkeit vorgesehenem Vermögen schwer durchzuführen.

Die Vermögensmassen überschneiden sich häufig, so dass eine wirksame Kontrolle kaum handhabbar ist. Auch kann ein wirtschaftliches Eigeninteresse einer natürlichen Person nur schwer ausgeschlossen werden. Es kommt durch die Vorgabe des § 51 Abs. 1 Satz 1 AO auch nicht zu einer Erschwerung der gemeinnützigen Tätigkeit von Bürgern, da etwa die Gründung eines eingetragen Vereins schnell durchführbar ist.

2. Der gemeinnützige Zweck, § 52 AO

Grundvoraussetzung der Gemeinnützigkeit einer Körperschaft ist die Verfolgung eines gemeinnützigen Zwecks. Dies ist gemäß § 52 Abs.1 Satz 1 AO dann der Fall, wenn die Tätigkeit darauf gerichtet ist, *„die Allgemeinheit auf materiellem, geistigem oder sittlichen Gebiet selbstlos zu fördern"*. Allerdings darf der geförderte Personenkreis nicht fest abgeschlossen sein, § 52 Abs. 1 Satz 2 AO.

---

142 So auch *Leisner-Egensperger* in: Hübschmann/Hepp/Spitaler, AO, § 51 Rn. 21; *Buchna/Seeger/Brox*, S. 17; *Koenig* in: Pahlke/Koenig, AO, § 51 Rn. 15; krit. *Seer* in: Tipke/Kruse, AO, Vor § 51 Rn. 2. Das Niedersächsische Finanzgericht v. 15.05.2003 – 5 K 6/01, EFG 2003, 1502 sieht die Begrenzung auf Körperschaften als verfassungsgemäß an.

143 Vgl. *Buchna/Seeger/Brox*, S. 17.

Der Gesetzgeber hat seit dem VZ 2007[144] in § 52 Abs. 2 AO einen abschließenden Katalog der Tätigkeiten aufgenommen, die er als Förderung der Allgemeinheit anerkennt.[145] Zu den gemeinnützigen Zwecken gehört nach § 52 Abs. 2 Satz 1 Nr. 21 AO auch die Förderung des Sports. Der Begriff „Sport" im Sinne des § 52 Abs. 2 Satz 1 Nr. 21 AO umfasst Betätigungen, die die allgemeine Definition des Sports[146] erfüllen und der körperlichen Ertüchtigung dienen. Erforderlich ist eine körperliche, über das ansonsten übliche Maß hinausgehende Aktivität, die durch äußerlich zu beobachtende Anstrengungen oder durch die einem persönlichen Können zurechenbare Kunstbewegung gekennzeichnet ist.[147]

Die Qualifizierung des Sports als gemeinnütziger Zweck war nicht unumstritten. So stufte etwa eine unabhängige Sachverständigenkommission zur Prüfung des Gemeinnützigkeits- und Spendenrechts im Jahre 1988 den Sport als Freizeitbetätigung ein, die der Geselligkeit diene und folglich aus dem Katalog des damaligen § 52 AG zu streiche sei.[148] Die kritischen Stimmen konnten sich bislang aber nicht durchsetzen, so dass der Sport weiterhin im Katalog des § 52 AO geführt wird.[149]

3. Selbstlosigkeit, § 55 AO

Die Förderung des gemeinnützigen Zwecks muss selbstlos geschehen. Dies ist gemäß § 55 Abs. 1 AO dann der Fall, wenn nicht in erster Linie eigenwirtschaftliche Zwecke verfolgt werden und die in § 55 Abs. 1 Nr. 1–5 AO aufgelisteten Voraussetzungen erfüllt sind. Das Gebot der Selbstlosigkeit stellt die zentrale Vorschrift des Gemeinnützigkeitsrechts dar.[150] Die gemeinnützige Körperschaft

---

144 Gesetz zur weiteren Stärkung des bürgerschaftlichen Engagements vom 10.10.2007, BGBl. 2007 I, 2332 ff.

145 Die Qualifizierung als abschließender Katalog lässt sich der Formulierung in § 52 Abs. 2 Satz 2 AO *„sofern der … Zweck nicht unter Satz 1 fällt, … kann dieser Zweck für gemeinnützig erklärt werden."* entnehmen, *Gersch* in: Klein, AO, § 52 Rn. 15.

146 Ausführlich zum Begriff des Sports *Humberg*, Die Förderung des Hochleistungssports durch den Bund, S. 38 ff.; *Hilpert*, Die Geschichte des Sportrechts, S. 32 ff.

147 Vgl. BFH v. 29.10.1997 - I R 13/97, BStBl. II 1998, 9.

148 Gutachten der Unabhängigen Sachverständigenkommission zur Prüfung des Gemeinnützigkeits- und Spendenrechts, BMF-Schriftenreihe Heft 40, S. 127.

149 Krit. *Tipke*, Die Steuerrechtsordnung, S. 834 ff; ebenso *Leisner-Egensperger* in: Hübschmann/Hepp/Spitaler, AO; Vor § 51 Rn. 42 ff.

150 *Leisner-Egensperger* in: Hübschmann/Hepp/Spitaler, AO, § 55 Rn. 15; *Wallenhorst* in: Wallenhorst/Halaczinsky, S. 108; *Jachmann/Unger* in: Beermann/Gosch, AO, § 55 Rn. 5 ff.; *Schleder*, Steuerrecht der Vereine, S. 94, Rn. 421.

soll ihre Tätigkeit so ausüben und ihre Mittel so verwenden, dass sie grundsätzlich nur dem verfolgten gemeinnützigen Zweck zugutekommen. Dies schließt es aber nicht aus, dass Geschäfte betrieben werden, mit denen die Körperschaft die Erzielung von Einnahmen verfolgt. Der Gesetzesformulierung ist gerade zu entnehmen, dass eine gemeinnützige Körperschaft durchaus eigenwirtschaftliche Zwecke verfolgen darf, diese aber nicht „in erster Linie". Die Verfolgung eigenwirtschaftlicher Zwecke liegt schon dann vor, wenn die Tätigkeit der Körperschaft darauf abzielt, eigenes Einkommen zu erwirtschaften und das eigene Vermögen zu mehren.[151] Folglich kann auch ein Verein in einem gewissen Rahmen wirtschaftlich tätig sein.

Aus dem Gesetzeswortlaut geht aber nicht hervor, wann ein gemeinnütziger Verein noch selbstlos handelt und wann er schon eigenwirtschaftliche Zwecke in erster Linie verfolgt. Diese Frage ist auch für Sportvereine mit einer Profiabteilung von Bedeutung. Da es keine eindeutigen Kriterien dafür gibt, wann „in erster Linie" eigenwirtschaftliche Zwecke verfolgt werden, hatte die Finanzverwaltung in AEAO zu § 55 Nr. 2 a.F. die sog. *„Geprägetheorie"* eingeführt. Danach sollte dann kein selbstloses Handeln mehr vorliegen, wenn ein wirtschaftlicher Geschäftsbetrieb, §§ 14, 64 AO, der Körperschaft das Gepräge gebe.[152]

Die Geprägetheorie sah sich schon lange Kritik in der Literatur ausgesetzt.[153] Auf diese Kritik hat die Finanzverwaltung nun reagiert und im Anwendungserlass vom 17.01.2012 zu § 55 AO die Nr. 2 gestrichen.[154]

In Bezug auf einen Sportverein mit Lizenzspielerbetrieb bedeutet der Grundsatz der Selbstlosigkeit, dass der Sportverein nicht in erster Linie seinen Lizenzspielerbetrieb mit bezahlten Sportlern fördern darf.

a) § 55 Abs. 1 Nr. 1 AO

Gemäß § 55 Abs. 1 Nr. 1 AO dürfen die Mittel der Körperschaft nur für den satzungsmäßigen Zweck verwendet werden. Ein Sportverein darf somit seine Mittel nur für die Förderung des Amateursports verwenden. Eine finanzielle Unterstützung der Profiabteilung mit gemeinnützigen Mitteln ist dem Verein

---

151 *Buchna/Seeger/Brox*, S. 123; *Leisner-Egensperger* in: Hübschmann/Hepp/Spitaler, AO, § 55 Rn. 25 ff.

152 Vgl. BMF-Schreiben v. 10.09.2002, BStBl. I 2002, 867.

153 Statt vieler *Wallenhorst*, DStR 2009, 717 ff.; *Gersch* in: Klein, AO, § 55 Rn. 2; *Lehr*, DStR 2010, 795 f.

154 BMF-Schreiben v. 17.01.2012, BStBl. I 2012, 83 ff.

folglich grundsätzlich untersagt.[155] Kommt es dennoch zu einer solchen Förderung, kann es negative Konsequenzen für den Verein sogar in der Hinsicht geben, dass der Verlust des Gemeinnützigkeitsstatus droht.

Unter den Begriff „Mittel" fallen sämtliche Vermögenswerte der Körperschaft und nicht bloß Einkünfte im technischen Sinn des Steuerrechts.[156] Unterhält ein Verein einen wirtschaftlichen Geschäftsbetrieb[157] und erzielt dieser einen Gewinn, so muss dieser Gewinn grundsätzlich ebenfalls für die Verfolgung des gemeinnützigen Zweckes eingesetzt werden.[158] Nach Rspr. des BFH werden aber nur solche Mittel erfasst, die bei vernünftiger kaufmännischer Beurteilung nicht zur Sicherung des wirtschaftlichen Erfolges des wirtschaftlichen Geschäftsbetriebes benötigt werden. Der Verein hat die Notwendigkeit zur Sicherung der Existenz des Geschäftsbetriebes nachzuweisen.[159]

Diese Rechtsprechung des BFH ist m.E. nur konsequent. Ein gemeinnütziger Verein ist für die Förderung seines Zweckes auch darauf angewiesen selbst Mittel zu erwirtschaften. Je mehr er erwirtschaften kann, desto mehr profitiert auch der geförderte Zweck. Es kann ihm aber nicht zugemutet werden, dass er einen wirtschaftlichen Geschäftsbetrieb, und mittelbar sich selbst, dadurch in finanzielle und eventuell existenzgefährdende Schwierigkeiten bringt, dass er sämtliche Gewinne für den gemeinnützigen Zweck verwenden müsste und so nicht für die nötige Kapitalausstattung des Geschäftsbetriebs sorgen könnte.

b) § 55 Abs. 1 Nr. 2 AO

Nach § 55 Abs. 1 Nr. 2 AO dürfen Mitglieder bei ihrem Ausscheiden oder bei Auflösung oder Aufhebung der Körperschaft nicht mehr als ihre eingezahlten Kapitalanteile und den gemeinen Wert ihrer geleisteten Sacheinlagen zurückzahlen.

§ 55 Abs. 1 Nr. 2 AO dürfte bei gemeinnützigen Sportvereinen keine große Rolle spielen, da die Vereinsmitglieder keine Kapitalanteile halten oder Sacheinlagen leisten. Durch die Zahlung des Mitgliedsbeitrages erwerben die Mitglieder keine Kapitalanteile an dem Verein, sondern lediglich das Nutzungsrecht von Sportanlagen.

---

155 Vgl. *Gersch* in: Klein, AO, § 55 Rn. 31, 32.

156 BFH v. 23.10.1991 – I R 19/91, BStBl. II 1992, 62; BFH v. 15.07.1998 – I R 156/94, BStBl. II 2002, 162; AEAO zu § 55 Nr. 3 Satz 1 und 2; *Gersch* in: Klein, AO, § 55 Rn. 4; *Jachmann/Unger* in: Beermann/Gosch, AO, § 55 Rn. 38.

157 Die Lizenzspielerabteilung stellt einen solchen dar, was unter V. in diesem Kapitel genauer dargestellt wird.

158 AEAO zu § 55 Nr. 2 Satz 2.

159 BFH v. 15.07.1998 – I R 156/94, BStBl. II 2002, 162.

c) § 55 Abs. 1 Nr. 3 AO

§ 55 Abs. 1 Nr. 3 AO dient der Verdeutlichung von speziellen Anwendungsfällen des § 55 Abs. 1 Nr. 1 AO. Auch in dieser Norm wird der gemeinnützigen Körperschaft vorgeschrieben, dass sie keine unverhältnismäßigen Ausgaben machen darf.

Bei einem Sportverein darf beispielsweise der Vorstand keine unverhältnismäßige Vergütung bekommen. Wann eine Vergütung noch angemessen ist, muss unter Berücksichtigung aller Umstände und Heranziehung von vergleichbaren Vereinbarungen bei nicht steuerbegünstigten Zwecken dienenden Körperschaften festgestellt werden.[160]

Die Bezahlung von Profifußballern wird wohl nicht erst gemäß § 55 Abs. 1 Nr. 3 AO, sondern schon nach § 55 Abs. 1 AO oder § 55 Abs. 1 Nr. 1 AO problematisch sein, da die Förderung des Berufssports kein anerkannter gemeinnütziger Zweck ist, der Verein somit schon nicht mehr selbstlos handelt oder aber gegen das Gebot der Mittelverwendung nur für den satzungsmäßigen Zweck verstößt.

d) § 55 Abs. 1 Nr. 4 AO

§ 55 Abs. 1 Nr. 4 AO enthält den Grundsatz der satzungsmäßigen Vermögensbindung, welcher in § 61 AO noch konkretisiert wird.

Es soll sichergestellt werden, dass auch nach Auflösung oder Aufhebung der Körperschaft oder bei Wegfall ihres Zweckes die eingesammelten Mittel nur für steuerbegünstigte Zwecke eingesetzt werden. Die Satzung eines Sportvereins muss somit lediglich einen Passus enthalten, in dem bestimmt wird, dass bei Auflösung oder Aufhebung der Körperschaft oder bei Wegfall ihres bisherigen Zwecks das Vermögen der Körperschaft, soweit es die eingezahlten Kapitalanteile der Mitglieder und den gemeinen Wert der von den Mitgliedern geleisteten Sacheinlagen übersteigt, nur für steuerbegünstigte Zwecke verwendet werden darf.

e) § 55 Abs. 1 Nr. 5 AO

Die Selbstlosigkeit ist nur gewahrt, wenn die Körperschaft ihre Mittel grundsätzlich zeitnah im Sinne des § 55 Abs. 1 Nr. 5 AO für ihre steuerbegünstigten Zwecke verwendet. Eine zeitnahe Mittelverwendung war ursprünglich gegeben,

---

160 *Blesinger* in: Kühn/von Wedelstädt, AO, § 55, Rn. 12; *Gersch* in: Klein, AO, § 55 Rn. 15; BFH v. 28.10.1987 – I R 110/83, BStBl. II 1988, 301; BFH v. 11.12.1991 – I R 152/90, BStBl. II 1992, 690.

wenn die Mittel spätestens in dem auf den Zufluss folgenden Kalender- oder Wirtschaftsjahr für die steuerbegünstigten satzungsmäßigen Zwecke verwendet werden, § 55 Abs. 1 Nr. 5 Satz 3 AO. Diese Verwendungsfrist hat der Gesetzgeber im Rahmen des *Gesetzes zur Stärkung des Ehrenamtes*[161] um ein weiteres Kalenderjahr verlängert.

In § 55 Abs. 1 Nr. 5 AO wird klargestellt, dass eine auf Vermögensbildung gerichtete Tätigkeit der gemeinnützigen Körperschaft grundsätzlich unzulässig ist.[162] Die Steuervergünstigung für die Körperschaft und die Gemeinwohlförderung durch sie sollen zeitlich nicht unbegrenzt auseinanderfallen.[163] Von diesem Grundsatz gibt es aber gewisse Ausnahmen. So hat der BFH entschieden, dass eine Thesaurierung des Gewinns eines wirtschaftlichen Geschäftsbetriebes, der grundsätzlich auch zeitnah verwendet werden muss, gestattet sein kann, wenn das Eigenkapital erhöht werden muss und so die langfristige Existenz des wirtschaftlichen Geschäftsbetriebes gesichert werden kann.[164]

f) Zwischenergebnis

An dieser Stelle bleibt zunächst festzuhalten, dass ein Sportverein grundsätzlich selbstlos gem. § 55 AO handelt, wenn er lediglich den satzungsmäßigen Zweck, die Förderung des Amateursports, verfolgt und die Vorgaben des § 55 Abs. 1 AO einhält.

Ein Verstoß dagegen kann dann vorliegen, wenn ein wirtschaftlicher Geschäftsbetrieb gegeben ist und dieser den eigentlichen Hauptzweck des Vereins darstellt. Der Verein würde dann seine Tätigkeit nicht mehr so ausüben und seine Mittel nicht mehr so verwenden, dass sie dem verfolgten gemeinnützigen Zweck zugutekommen. Der Zweck eines gemeinnützigen Sportvereins ist auf die Förderung des Amateursports gerichtet. Eine umfassende finanzielle Unterstützung des Profisports würde diesem Zweck zuwiderlaufen. Darüber hinaus darf der Vorstand oder andere für den Verein tätige Personen keine unangemessenen Vergütungen erhalten.

---

161 Gesetz zur Stärkung des Ehrenamtes (Ehrenamtsstärkungsgesetz) v. 21.03.2013, BGBl. I 2013, 556.

162 BFH v. 26.04.1989 – I R 209/85, BStBl. II 1989, 670; kritisch hierzu *Hüttemann*, § 5 Rn. 76 ff.

163 *Seer* in Tipke/Kruse, AO, § 55, Rn. 25.

164 Vgl. BFH v. 15.07.1998 – I R 156/94, BStBl. II 2002, 162, 163.

4. Ausschließlichkeit, § 56 AO

Ausschließlichkeit liegt nach § 56 AO vor, wenn eine Körperschaft nur ihre steuerbegünstigten satzungsmäßigen Zwecke verfolgt. Das Ziel einer steuerbegünstigten Körperschaft muss daher sein, alle Tätigkeiten auf die Erreichung des steuerbegünstigten Zwecks auszurichten.[165]

Der Grundsatz der Ausschließlichkeit scheint auf den ersten Blick die eigenwirtschaftliche Betätigung einer gemeinnützigen Körperschaft auszuschließen. Dies würde jedoch einen Widerspruch unter anderem zu § 55 Abs. 1 AO darstellen, der die Verfolgung eigenwirtschaftlicher Zwecke durchaus erlaubt. Aus diesem Grund ist § 56 AO dahingehend zu konkretisieren, dass Ausschließlichkeit auch dann vorliegt, wenn die eigenwirtschaftliche Betätigung eine untergeordnete Rolle spielt und lediglich der Mittelbeschaffung für den gemeinnützigen Zweck dient.[166] Der BFH stellte in einem Urteil klar, dass mit dem Ausschließlichkeitsgrundsatz auch solche Betätigungen vereinbar sind, die eine Förderung des Gemeinwohls vorbereiten und ermöglichen sollen.[167]

Hierbei handelt es sich letztendlich um zwingende pragmatische Erwägungen. Ein Sportverein kann in den seltensten Fällen die Förderung des Amateursports nur mit Hilfe der Mitgliedsbeiträge betreiben, dies erst recht dann nicht, wenn diese so niedrig wie möglich gehalten werden sollen, damit jedem Bürger der Zugang ermöglicht werden kann. Eine andere Interpretation der Norm würde dazu führen, dass entweder der Verein seinen gemeinnützigen Zweck nicht in dem gewünschten Umfang verfolgen kann oder aber, dass die Mitgliedsbeiträge deutlich ansteigen müssten. Allerdings würde sich dann die Frage stellen, ob überhaupt noch die Allgemeinheit gefördert wird oder ob der Verein nicht nur einem kleinen abgeschlossenen Personenkreis offen steht und folglich eine Gemeinnützigkeit ausgeschlossen werden muss.[168]

165 So *Buchna/Seeger/Brox*, S. 197.

166 AEAO zu § 56 Nr. 1 Satz 1; *Leisner-Egensperger* in: Hübschmann/Hepp/Spitaler, AO, § 56 Rn. 13; *Seer* in: Tipke/Kruse, AO, § 56 Rn. 2; *Gersch*, AO-StB 2012, 176, 178.

167 BFH v. 23.07.2003 – I R 29/02, BStBl. II 2003, 930.

168 Dies stellt gerade den Unterschied zwischen Sportvereinen, denen die Steuervergünstigungen zustehen, und anderen, etwa Golfclubs, dar, die aufgrund der sehr hohen Mitgliedsbeiträge nicht der Förderung der Allgemeinheit, sondern einem kleinen Kreise von Mitgliedern dienen.

5. Unmittelbarkeit, § 57 AO

Eine Körperschaft verfolgt gemäß § 57 Abs. 1 Satz 1 AO ihre steuerbegünstigten satzungsmäßigen Zwecke unmittelbar, wenn sie selbst diese Zwecke verwirklicht, wobei auch Hilfspersonen eingesetzt werden dürfen, § 57 Abs. 1 Satz 2 AO.

Die Unmittelbarkeit im Sinne des § 57 AO setzt voraus, dass die Tätigkeiten einer Körperschaft darauf abzielen, die steuerbegünstigten Zwecke als solche direkt zu fördern, ohne dass eine weitere Aktivität, eine andere Person oder Leistung dazwischengeschaltet ist.[169] Es kommt also darauf an, dass die Körperschaft selbst durch eigenes Tätigwerden oder durch Hilfspersonen den satzungsmäßigen Zweck verfolgt. Eine bloß mittelbare Förderung, etwa durch die Weiterleitung von gemeinnützigen Mitteln an eine andere gemeinnützige Körperschaft reicht nicht aus.[170]

Diese Voraussetzung stellt für einen Sportverein im Hinblick auf den Gemeinnützigkeitsstatus keine große Schwierigkeit dar, da der Verein, etwa durch die Zurverfügungstellung von Sportstätten oder das Anbieten von Training, den satzungsmäßigen Zweck unmittelbar verfolgt.

6. Anforderungen an die Satzung, § 60 AO

§ 60 AO regelt die formellen Anforderungen an die Satzung der Körperschaft. Diese muss der gemeinnützige Verein genau einhalten. In der Satzung müssen der gemeinnützige Zweck und die Art seiner Verwirklichung so genau bezeichnet werden, dass allein auf Grund der Satzung geprüft werden kann, ob die satzungsmäßigen Voraussetzungen für die Steuervergünstigung vorliegen.[171] Ebenso muss zweifelsfrei erkennbar sein, dass die Körperschaft den gemeinnützigen Zweck ausschließlich verfolgt.[172]

In Anlage 1 zu § 60 AO befindet sich eine Mustersatzung, die als Anhaltspunkt für die Vereine dient. Es ist jedem Sportverein zu raten sich so exakt wie möglich an diese Satzung zu halten, damit es nicht an der formellen Satzungsmäßigkeit fehlt.

---

169 *Buchna/Seeger/Brox*, S. 200; *Seer* in: Tipke/Kruse, AO, § 57 Rn. 2.

170 Vgl. BFH v. 18.03.2004 – V R 101/01, BStBl. II 2004, 798.

171 BFH v. 13.12.1978 – I R 39/78, BStBl. II 1979, 482, 483; BFH v. 18.03.2004 – V R 101/01, BStBl. II 2004, 798.

172 BFH v. 09.07.1986 – I R 14/82, BFH/NV 1987, 632; *Gersch* in: Klein, AO, § 60 Rn. 1; *Leisner-Egensperger* in: Hübschmann/Hepp/Spitaler, AO, § 60 Rn. 5.

7. Satzungsmäßige Vermögensbindung, § 61 AO

§ 61 AO ergänzt die Voraussetzung der Selbstlosigkeit in § 55 Abs. 1 Nr. 4 AO und stellt dabei klar, dass die Vermögensbindung im Falle der Auflösung oder Aufhebung der Körperschaft oder Wegfall des Zweckes eindeutig aus der Satzung hervorgehen muss.[173] Im Verbund mit § 60 Abs. 1 Satz 1 AO hält § 61 AO die Körperschaft zu einer hinreichend bestimmten Satzung an.[174] Auf diese Art und Weise wird ein Buchnachweis der Steuerbegünstigung gewährleistet und die Prüfung der gemeinnützigen Voraussetzungen durch die Steuerbehörden erleichtert.[175]

Die gemeinnützige Körperschaft hat somit bei der Errichtung ihrer Satzung sehr genau darauf zu achten, dass sie den Vermögensverwendungszweck bei Auflösung oder Aufhebung der Körperschaft oder bei Wegfall des steuerbegünstigten Zweckes so exakt angibt, dass die Finanzbehörden ohne langwierige Überprüfung feststellen können, wie die Mittel verwendet werden sollen. Wird die Bestimmung für die Vermögensbindung nachträglich so geändert, dass den Anforderungen des § 55 Abs. 1 Nr. 4 AO nicht mehr entsprochen wird, dann sieht das Gesetz in § 61 Abs. 3 Satz 1 AO eine Fiktion vor, dass die gesetzeskonforme Vermögensbindung nie existierte. Folge dessen ist eine begrenzte Nachversteuerung für die letzten 10 Jahre, § 63 Abs. 3 Satz 2 AO.[176]

8. Anforderungen an die tatsächliche Geschäftsführung, § 63 AO

Gemäß § 63 Abs. 1 AO muss die tatsächliche Geschäftsführung auf die ausschließliche und unmittelbare Erfüllung der steuerbegünstigten Zwecke gerichtet sein. Es handelt sich hierbei in Verbindung mit § 59 Abs. 1 2. Halbsatz AO um die sog. materielle Satzungsmäßigkeit. Satzung und Tätigkeit müssen einander entsprechen.[177]

---

173 *Seer* in: Tipke/Kruse, AO, § 61 Rn. 1; *Leisner-Egensperger* in: Hübschmann/Hepp/Spitaler, AO, § 61 Rn. 2; AEAO zu § 61 Nr. 1.

174 Vgl. *Jachmann/Unger* in: Beermann/Gosch, AO, § 61 Rn. 3.

175 FG Nürnberg v. 24.04.2007 I 175/2005, DStRE 2008, 523; *Jachmann/Unger* in: Beermann/Gosch, AO, § 61 Rn. 3.

176 Die Rechtfertigung der Nachversteuerung erscheint im Hinblick auf das Übermaßverbot als durchaus problematisch. Dieses Problem soll aber nicht Inhalt der Arbeit sein. *Jachmann/Unger* in: Beermann/Gosch, AO, § 61 Rn. 34 m.w.N., gehen davon aus, dass kein Verstoß vorliegt. *Seer* in: Tipke/Kruse, AO, § 61 Rn. 3, hingegen geht von einem Verstoß aus.

177 FG Hamburg v. 30.05.1991 – III 39/90, EFG 1991, 749; *Seer* in: Tipke/Kruse, AO, § 63 Rn. 1; *Jachmann/Unger* in: Beermann/Gosch, AO, § 63 Rn. 1.

Die Geschäftsführung einer gemeinnützigen Körperschaft ist somit dazu verpflichtet, die Bestimmungen der Satzung genau einzuhalten und die Erfüllung des steuerbegünstigten Zweckes als Hauptaufgabe zu verfolgen. In der Praxis ist dies häufig schwer zu kontrollieren. Aus diesem Grund müssen gemäß § 63 Abs. 3 AO gewisse Aufzeichnungspflichten berücksichtigt werden.

Die in § 63 AO aufgeführten gesetzlichen Anforderungen an die tatsächliche Geschäftsführung müssen während des gesamten VZ erfüllt sein.[178] Da ein Verstoß gegen den § 63 Abs. 1 AO leichter vorkommen kann, als ein Verstoß gegen die in §§ 60, 61 AO verankerten Satzungsanforderungen, stellt sich mithin die Frage, ob ein solcher Verstoß direkt negative Konsequenzen nach sich zieht. Bei kleineren, meist einmaligen Verstößen wird die Steuervergünstigung in der Praxis nicht gleich versagt.[179] Bei gravierenderen Verstößen ist dies anders. Genauso, wie bei einer Körperschaft, die die Voraussetzungen der §§ 52 ff. AO nicht erfüllt, die Erlangung des Gemeinnützigkeitsstaus versagt bleibt, muss ein solcher Verstoß gegen § 63 AO den Verlust der Gemeinnützigkeit zur Folge haben, was der Verweis in § 63 Abs. 2 AO auf § 61 Abs. 3 AO zeigt.[180]

III. Rechtsfolgen der Gemeinnützigkeit

Erfüllt eine Körperschaft die vorstehend aufgezeigten Voraussetzungen der §§ 51 ff. AO, so ist sie als gemeinnützig anzuerkennen. In der Vergangenheit wurde die formelle Satzungsmäßigkeit durch sog. vorläufige Bescheinigungen der Gemeinnützigkeit bestätigt, auf deren Grundlage dann Zuwendungsbestätigungen ausgestellt werden durften.[181] Bei den vorläufigen Bescheinigungen handelte es sich nach Ansicht des BFH[182] um bloß informelle, rechtlich nicht bindende Auskünfte, die allerdings einen Vertrauensschutz gegenüber der Finanzverwaltung begründeten.[183] Durch das Gesetz zur Stärkung des Ehrenamtes wurde nun § 60a AO eingeführt, der die vorläufige Bescheinigung durch einen Steuerverwaltungsakt ersetzt, die *„Feststellung der satzungsmäßigen Voraussetzungen der*

178 BFH v. 16.05.2007 – I R 14/06, BStBl. II 2007, 808.

179 *Seer* in: Tipke/Kruse, AO, § 63 Rn. 12; *Leisner-Egensperger* in: Hübschmann/Hepp/Spitaler, AO, § 63 Rn. 6; *Bott* in: Schauhoff, § 10 Rn. 80.

180 BFH v. 12.10.2010 – I R 59/09, BStBl. II 2012, 226; *Gersch* in: Klein, AO, § 63 Rn. 2; *Leisner-Egensperger* in: Hübschmann/Hepp/Spitaler, AO, § 63 Rn. 5; *Seer* in: Tipke/Kruse, AO, § 63 Rn. 12.

181 AEAO zu § 59 Nr. 4 ff.

182 Vgl. etwa BFH v. 23.09.1998 – I B 82/98, BStBl. II 2000, 320, 323.

183 AEAO zu § 59 Nr. 8 Satz 2 f.

Gemeinnützigkeit", § 60a Abs. 1 Satz 1 AO.[184] Es handelt sich dabei um einen Feststellungsbescheid, der rechtliche Bindungswirkung gegenüber den Sitzfinanzämtern der Körperschaft sowie gegenüber den Wohnsitzfinanzämtern der Spender und Mitglieder entfaltet, § 60a Abs. 1 Satz 2 AO.

Folge der Gemeinnützigkeit sind, wie bereits erwähnt, Steuervergünstigungen für die Körperschaft selbst, aber auch für Dritte, die etwa der Körperschaft etwas spenden. Diese Vergünstigungen ergeben sich nicht aus den Regelungen der AO, sondern sind in einigen Spezialgesetzen enthalten.

1. Körperschaftsteuer

Eine gemeinnützige Körperschaft ist gemäß § 5 Abs. 1 Nr. 9 Satz 1 KStG von der Körperschaftsteuer befreit. Diese Befreiung gilt allerdings nicht für wirtschaftliche Geschäftsbetriebe, § 5 Abs. 1 Nr. 9 Satz 2 KStG. Es handelt sich dabei um eine persönliche Steuerbefreiung.[185] Die gemeinnützige Körperschaft stellt somit ein von der Körperschaftsteuer befreites Steuersubjekt dar. Das KStG gewährt für das Einkommen aus einem wirtschaftlichen Geschäftsbetrieb einen Freibetrag in Höhe von 5.000 €, § 24 Satz 1 KStG.

2. Gewerbesteuer

Auch hinsichtlich der Gewerbesteuer ergibt sich eine Steuerbefreiung, § 3 Nr. 6 Satz 1 GewStG. Ebenfalls ausgeschlossen von der Steuerbefreiung ist die Tätigkeit eines wirtschaftlichen Geschäftsbetriebes, § 3 Nr. 6 Satz 2 GewStG.

Hinsichtlich des wirtschaftlichen Geschäftsbetriebes kommt ein Freibetrag in Höhe von 5.000 € zur Anwendung, § 11 Abs. 1 Satz 2 Nr. 2 GewStG.

3. Umsatzsteuer

Das UStG kennt ebenfalls einige Steuerbefreiungen für gemeinnützige Körperschaften. So können etwa nach § 4 Nr. 22 lit. b UStG sportliche Veranstaltungen umsatzsteuerfrei sein oder aber der ermäßigte Steuersatz gem. § 12 Abs. 2 Nr. 8 lit. a UStG zur Anwendung kommen, wenn sie von einem gemeinnützigen Sportverein durchgeführt werden. Voraussetzung bei § 12 Abs. 2 Nr. 8 lit. a Satz 2 UStG ist aber, dass die Leistungen nicht im Rahmen eines wirtschaftlichen Geschäftsbetriebs durchgeführt werden. § 4 Nr. 22 lit. b UStG bezieht sich dagegen auf die Teilnahmegebühr, die Sportler entrichten um an dem Wettkampf teilzunehmen.

---

184 Ausführlich hierzu *Schauhoff/Kirchhain*, FR 2013, 301, 304.

185 *Hüttemann*, § 7 Rn. 21 m.w.N.

Nach § 1 Abs. 1 Nr. 1 UStG unterliegen der Umsatzsteuer die Lieferungen und sonstigen Leistungen, die ein Unternehmer im Inland gegen Entgelt im Rahmen seines Unternehmens ausführt. Bei Sportvereinen war es insbesondere fraglich, ob bei Mitgliedsbeiträgen ein Leistungsaustausch vorlag und es sich folglich um Leistungsentgelte handelte oder nicht. In Anlehnung an § 8 Abs. 5 KStG wurde zwischen echten und unechten Mitgliedsbeiträgen unterschieden.[186] Bei den echten Mitgliedsbeiträgen sollte es sich nicht um Leistungsentgelte handeln, so dass keine Umsatzsteuer anfiel. Sie zeichneten sich dadurch aus, dass sie unabhängig davon erhoben wurden, inwieweit das einzelne Mitglied die Leistungen des Vereins in Anspruch nahm.[187] Es fehlte daher bei echten Mitgliedsbeiträgen an einem Leistungsaustausch, die Vereine erhoben die Mitgliedsbeiträge lediglich um ihren satzungsmäßigen Zweck zu verfolgen.[188] Der Verein war somit nicht als Unternehmer im Sinne des Umsatzsteuerrechts anzusehen.[189]

Unechte Mitgliedsbeiträge hingegen wurden in der Abhängigkeit einer konkret bemessenen Gegenleistung des Vereins gezahlt und waren deshalb umsatzsteuerbar.

Der EuGH wandte sich in einem Urteil im Jahre 2002 gegen die Einteilung in echte und unechte Mitgliedsbeiträge und stellte klar, dass ein Mitgliedsbeitrag eine Gegenleistung für die vom Verein erbrachten Dienstleistungen sein kann.[190] Zu diesen Dienstleistungen gehöre unter anderem die Inanspruchnahme von Vereinsanlagen oder anderem Vereinsvermögen. Der BFH schloss sich der Entscheidung des EuGH in einem Urteil im Jahre 2007 an und änderte seine Rechtsprechung.[191] Nach Ansicht des V. Senats bestehe aufgrund des Urteils des EuGH und der Tatsache, dass es nicht darauf ankomme, dass die Mitglieder die vom Verein erbrachten Dienstleistungen tatsächlich in Anspruch nehmen müssen, ein unmittelbarer Zusammenhang zwischen der Leistung des Vereins und den Mitgliedsbeiträgen.[192] In einem späteren Urteil konkretisierte der BFH seine Ansicht und verlangte einen konkreten Vorteil für die Mitglieder.[193] Einen solchen Vorteil wird man wohl bei jeder Mitgliedschaft in einem Sportverein annehmen

186 Vgl. UStAE zu § 1 UStG Tz. 1.4; *Halaczinsky* in: Wallenhorst/Halaczinsky, S. 680 f.; *Stadie* in: Rau/Dürrwächter, UStG, § 2 Rn. 218 ff; *Achatz*, DStJG 26 (2003), S. 285.

187 Vgl. *W. Wagner*, UVR 2002, 158 f.; *Schauhoff* in: Schauhoff, § 7 Rn. 50.

188 Vgl. UStAE zu § 1 UStG Tz. 1.4.

189 *Halaczinsky* in: Wallenhorst/Halaczinsky, S. 680.

190 EuGH v. 21.03.2002 C-174/00, UR 2002, 320 ff.

191 BFH v. 09.08.2007 - V R 27/04, BFHE 217, 314.

192 BFH v. 09.08.2007 - V R 27/04, BFHE 217, 314.

193 BFH v. 18.06.2009 - V R 77/07, BFHE 226, 187.

müssen, da die gängige Praxis in der Regel so aussieht, dass nur Mitglieder eines Vereins die Sportanlagen nutzen dürfen.

Folge der geänderten Rechtsprechung des BFH ist, dass es sich nun bei der Entrichtung von Mitgliedsbeiträgen um einen Leistungsaustausch handelt und somit eine umsatzsteuerbare Leistung vorliegt. Die Mitgliedsbeiträge sind mit 7 % zu versteuern, § 12 Abs. 2 Nr. 8 lit. a UStG, und ein Vorsteuerabzug gem. § 15 Abs. 1 UStG möglich ist. Somit bedeutete die Änderung der Rechtsprechung des BFH nicht zwangsläufig einen Nachteil für die Vereine.[194]

Allerdings kommen eine Besteuerung der Mitgliedsbeiträge und der Vorsteuerabzug, vgl. § 15 Abs. 2 Nr. 1 UStG, dann nicht in Betracht, wenn die Steuerbefreiung nach § 4 Nr. 22 lit. a, b UStG greift.

Voraussetzung hierfür ist, dass eine sportliche Veranstaltung vorliegt und das Entgelt in einer Teilnahmegebühr besteht. Wann ein Mitgliedsbeitrag für eine sportliche Veranstaltung im Sinne des § 4 Nr. 22 lit. b UStG gezahlt wird, hängt vom Einzelfall ab. Dabei gilt es auch zu bedenken, dass die Mitgliedsbeiträge in den überwiegenden Fällen für ein Jahr im Voraus bezahlt werden und gerade nicht für eine Einzelveranstaltung.

Nach Auffassung des BFH ist unter dem Begriff „sportliche Veranstaltung" eine organisatorische Maßnahme eines Sportvereins zu verstehen, die es aktiven Sportlern ermöglicht, Sport zu treiben.[195] Eine bloße Überlassung von Sportanlagen stelle noch keine sportliche Veranstaltung dar.[196] Der Verein muss somit in einer gewissen Hinsicht aktiv werden, um eine Steuerbefreiung nach § 4 Nr. 22 lit. b UStG zu erlangen. Jedoch wird in den meisten Fällen bei Mitgliedsbeiträgen eine Steuerbefreiung ausscheiden, da der Sportverein typischerweise die Sportstätten lediglich zur Verfügung stellt. So ist es etwa bei Fußballvereinen, da sie den Mannschaften die Nutzung des Fußballplatzes einräumen. Auch sollte die Tätigkeit eines Trainers die Einordnung als sportliche Veranstaltung nicht zur Folge haben. Der Trainer bekommt gerade bei Amateurmannschaften meistens nur eine Aufwandsentschädigung und ist nicht bei dem Sportverein angestellt.

---

194 Zu den weiteren Vorteilen in Bezug auf den Vorsteuerabzug vgl. *Alvermann*, SpuRt 2011, 108, 109.

195 BFH v. 25.07.1996 – V R 7/95, BStBl. II 1997, 154; BFH v. 20.11.2008 – V B 264/07, BFH/NV 2009, 430.

196 BFH v. 25.07.1996 – V R 7/95, BStBl. II 1997, 154, 156; BFH v. 3.4.2008 – V R 74/07, BFHE 221, 451.

Folglich wären die Mitgliedsbeiträge zu versteuern und ein Vorsteuerabzug des Vereins möglich, wenn sich der Verein auf die EuGH-Rechtsprechung beruft und § 4 Nr. 22 lit. b UStG nicht einschlägig ist.[197]

Ein Verein kann aber über das Unionsrecht zu einer möglichen Umsatzsteuerbefreiung gelangen. Nach Art. 132 Abs. 1 lit. m MwStSystRL sind

> *„bestimmte, in engem Zusammenhang mit Sport und Körperertüchtigung stehende Dienstleistungen, die Einrichtungen ohne Gewinnstreben an Personen erbringen, die Sport oder Körperertüchtigung ausüben“*,

von der Umsatzsteuer befreit. Einem Sportverein steht folglich eine Art Wahlrecht zu, so dass die Entrichtung der Mitgliedsbeiträge von der Umsatzsteuer befreit ist, wenn sich der Sportverein auf das EU-Recht beruft.[198] Grundsätzlich wäre § 4 Nr. 22 lit. b UStG richtlinienkonform auszulegen.[199] Durch die Nichtumsetzung der EU-Richtlinie ins deutsche Recht kann sich ein Verein unmittelbar auf die gemeinschaftsrechtlichen Vorschriften berufen. Art. 132 Abs. 1 lit. m MwStSystRL ist dann unmittelbar anwendbar, da die Regelung hinreichend klar, genau, nicht an Bedingungen geknüpft und für den Steuerpflichtigen günstiger ist.[200]

4. Grundsteuer

Die Steuerbefreiung für die Grundsteuer ergibt sich aus § 3 Abs. 1 Nr. 3 lit. b GrStG, wenn der Grundbesitz für gemeinnützige Zwecke benutzt wird.

5. Erbschaft- und Schenkungsteuer

Auch das ErbStG beinhaltet eine Steuerbefreiung für gemeinnützige Körperschaften, wenn ihnen etwas zugewendet wird. Gemäß § 13 Abs. 1 Nr. 16 lit. b ErbStG sind Zuwendungen an inländische Körperschaften, die einen gemeinnützigen Zweck verfolgen, steuerfrei.

---

197 BFH v. 11.10.2007 – V R 69/06, BFHE 219, 287.

198 Vgl. hierzu ausführlich *Tehler* in: Rau/Dürrwächter, UStG, § 4 Nr. 22 Rn. 246, 256 ff.; *Halaczinsky* in: Wallenhorst/Halaczinsky, S. 686 ff.; BFH v. 03.04.2008 – V R 74/07, BFH/NV 2008, 1631.

199 Vgl. BFH v. 19.05.2005 – V R 32/03, BStBl. II 2005, 900; BFH v. 18.08.2005 – V R 71/03, BStBl. II 2006, 143.

200 Vgl. BFH v. 19.02.2004 – V R 39/02, BStBl. II 2004, 672; *Klenk* in: Sölch/Ringleb, UStG, Vor § 1 Rn. 20 ff.; *Treiber* in: Sölch/Ringleb, UStG, § 4 Rn. 20 ff.

6. Spendenabzug

Nicht nur die gemeinnützige Körperschaft kommt in den Genuss von Steuervergünstigungen, sondern auch natürliche und juristische Personen, die eine Spende an eine solche Körperschaft leisten.

Die meisten gemeinnützigen Körperschaften sind für die effektive Verfolgung des steuerbegünstigten Zweckes auf Spenden angewiesen. Der Gesetzgeber hat durch den Spendenabzug einen Anreiz für die Steuerpflichtigen geschaffen, dem Allgemeinwohl dienenden Körperschaften zu unterstützen.

Der Spendenabzug für einkommensteuerpflichtige Personen ist in § 10b Abs. 1 EStG geregelt. Danach sind Zuwendungen zur Förderung steuerbegünstigter Zwecke im Sinne der §§ 52 ff. AO insgesamt bis zu 20 Prozent des Gesamtbetrages der Einkünfte, § 10b Abs. 1 Satz 1 Nr. 1 EStG, oder 4 Promille der Summe der gesamten Umsätze und der im Kalenderjahr aufgewendeten Löhne und Gehälter.

In Bezug auf Sportvereine ist von Bedeutung, dass Mitgliedsbeiträge gemäß § 10b Abs. 1 Satz 8 EStG nicht abziehbar sind. Dies resultiert daraus, dass bei einer Spende ein einseitiges Rechtsverhältnis vorliegen muss, während bei einem Mitgliedsbeitrag eine gewisse Gegenleistung durch den Verein vorliegt. Eine Spende muss freiwillig, unentgeltlich und ein Vermögensopfer sein.[201]

Für körperschaftsteuerpflichtige Personen ist der Spendenabzug in § 9 Abs. 1 Nr. 2 KStG geregelt. Abziehbar sind danach Zuwendungen bis zur Höhe von insgesamt 20 Prozent des Einkommens, § 9 Abs. 1 Nr. 2 lit. a KStG, oder 4 Promille der Summe der gesamten Umsätze und der im Kalenderjahr aufgewendeten Löhne und Gehälter, § 9 Abs. 1 Nr. 2 lit. a KStG. Allerdings sind auch hier Mitgliedsbeiträge für Sportvereine nicht abziehbar, § 9 Abs. 1 Nr. 2 Satz 8 Nr. 1 KStG.

IV. Die wirtschaftliche Tätigkeit der gemeinnützigen Körperschaft am Beispiel des Fußballs

Nachdem die Voraussetzungen der Gemeinnützigkeit dargestellt wurden, stellt sich nun die Frage, welche Auswirkungen es hat, wenn ein Verein wirtschaftlich tätig ist. Dies ist gerade vor dem Hintergrund von Bedeutung, dass die Steuervergünstigungen der Spezialgesetze an das selbstlose Handeln der Körperschaft

201 BFH v. 20.02.1991 – X R 191/87, BStBl. II 1991, 690; *Heinicke* in: Schmidt, EStG, § 19b Rn. 2; *Wallenhorst* in Wallenhorst/Halaczinsky, S. 268.

geknüpft sind und ausgeschlossen sind, wenn ein wirtschaftlicher Geschäftsbetrieb vorliegt.

Allerdings ist eine gemeinnützige Körperschaft nicht dazu verpflichtet nur selbstlos zu handeln, sondern darf grundsätzlich auch einer wirtschaftlichen Tätigkeit nachgehen. Dies folgt schon aus § 55 AO, der davon spricht, dass eine gemeinnützige Körperschaft „nicht in erster Linie“ eigenwirtschaftliche Zwecke verfolgen darf. Darüber hinaus ist in § 64 AO explizit geregelt, dass ein wirtschaftlicher Geschäftsbetrieb unterhalten werden darf, jedoch mit der Konsequenz, dass insoweit keine Steuervergünstigung in Anspruch genommen werden kann.[202]

Der wirtschaftliche Geschäftsbetrieb einer gemeinnützigen Körperschaft dient zumeist der Mittelbeschaffung für die Verfolgung des steuerbegünstigten Zweckes und ist aus diesem Grund bei vielen Sportvereinen existenziell, weil anders eine gemeinnützige Zweckverfolgung nicht im gewünschten Rahmen möglich ist. Es stellt sich aber im Hinblick auf die wirtschaftliche Tätigkeit von Idealvereinen die Frage, welche Auswirkungen es hat, wenn der wirtschaftliche Geschäftsbetrieb eine Größenordnung angenommen hat, die einer gemeinnützigen Körperschaft wohl nicht mehr entsprechen kann und er nicht in erster Linie der Mittelbeschaffung für den steuerbegünstigten Zweck dient.

Diese Problematik stellt sich gerade bei Fußballvereinen der Bundesliga in Deutschland, die ihren Lizenzspielbetrieb und andere Bereiche, wie etwa ein Stadion oder den Marketingbereich, nicht ausgegliedert haben, sondern alles noch unter dem Dach eines gemeinnützigen eingetragenen Vereins betreiben.

---

202 Zu der Frage der Zulässigkeit einer wirtschaftlichen Tätigkeit durch eine gemeinnützige Körperschaft führte der Reichsfinanzhof (RFH v. 23.04.1929 – I A a 753/28, RStBl. 1929, 575) Folgendes aus:
„Wenn von einem Menschen gesagt wird, dass er ausschließlich seinem Vaterlande gedient hat, so ist damit gemeint, dass der Betreffende alle Tätigkeiten, in denen er die Erfüllung seines Lebenszweckes erblickt hat, lediglich im Interesse seines Vaterlandes ausgeübt habe. Der Betreffende hat während dem natürlich geatmet, gegessen und sich auch seinen Lebensunterhalt erarbeitet, also Tätigkeiten ausgeübt, mit denen er der Erhaltung seines Körpers „gedient“ hat. Niemand wird aber bei der moralischen Wertung – und die Prüfung der Gemeinnützigkeit ist auch eine moralische Wertung – die zur Erhaltung des Daseins notwendigen Handlungen als egoistische werten und damit den Charakter der ausschließlichen Selbstlosigkeit einem solchen Menschen absprechen. Wie die physischen Personen müssen auch die Körperschaften und Vermögensmassen Tätigkeiten ausüben, um sich am Leben zu erhalten.“

1. Der wirtschaftliche Geschäftsbetrieb, § 64 AO

Im Gemeinnützigkeitsrecht regelt § 64 Abs. 1 AO eine partielle Steuerpflicht für wirtschaftliche Geschäftsbetriebe, die keine Zweckbetriebe im Sinne der §§ 65–68 AO sind.[203] Dies bedeutet, dass die im Bereich des wirtschaftlichen Geschäftsbetriebs erzielten Einkünfte bzw. Gewinne steuerpflichtig sind.

Ein wirtschaftlicher Geschäftsbetrieb ist gemäß § 14 AO eine selbständige nachhaltige Tätigkeit, durch die Einnahmen oder andere wirtschaftliche Vorteile erzielt werden und die über den Rahmen einer Vermögensverwaltung hinausgeht. Nicht erforderlich ist das Vorhandensein einer Gewinnerzielungsabsicht.

Der partiellen Steuerpflicht liegt nach Ansicht des RFH *„der Gedanke zugrunde, die steuerpflichtigen privaten Unternehmen im Wettbewerb nicht zu schädigen"*.[204] Sinn und Zweck der Besteuerung von wirtschaftlichen Geschäftsbetrieben ist die Wahrung der Wettbewerbsgleichheit.[205] Durch den wirtschaftlichen Geschäftsbetrieb kann die gemeinnützige Körperschaft in Konkurrenz zu anderen, nicht steuerbegünstigten Unternehmen treten. Macht sie dies, dann sollte keine Rechtfertigung dafür existieren, dass sie bei dieser wirtschaftlichen Betätigung auch noch von Steuervergünstigungen profitiert und so einen erheblichen Wettbewerbsvorteil hat. Der Gesetzgeber schafft durch die partielle Steuerpflicht der wirtschaftlichen Geschäftsbetriebe einen Interessensausgleich zwischen den Betrieben der Privatwirtschaft, die nicht von den Steuervergünstigungen profitieren und den Betrieben von gemeinnützigen Körperschaften.[206] Käme dem wirtschaftlichen Geschäftsbetrieb ebenfalls eine Steuervergünstigung zugute, dann läge ein staatlicher Eingriff in den freien Wettbewerb vor, der nach Maßgabe des BVerfG an Art. 3 Abs. 1, Art. 12 und 14 GG zu messen wäre.[207] Ein Rechtfertigungsgrund für einen solchen Eingriff würde allerdings nicht existieren. Auch wenn die Verfolgung von gemeinnützigen Zwecken und deren staatliche Förderung durchaus einen Rechtfertigungsgrund für einen Eingriff des Staates darstellen mögen, kann

---

203 BFH v. 13.8.1986 – II R 246/81, BStBl. II 1986, 831; *Fischer* in: Hübschmann/Hepp/Spitaler, AO, § 64 Rn. 10; *Gersch* in: Klein, AO, § 64 Rn. 2.

204 RFH v. 11.1.1934 – III A 351/33, RStBl. 1934, 246; RFH v. 24.07.1937 – VI A a 1/35, RStBl. 1937, 1103.

205 BFH v. 28.10.1960 – III 134/56 U, BStBl. III 1961, 109; BFH v. 09.12.1981 – I R 215/78, BStBl. II 1983, 27; BFH v. 26.04.1995 – I R 35/93, BStBl. II 1995, 767; *Fischer* in: Hübschmann/Hepp/Spitaler., AO, § 64 Rn. 11; a.A. *Trzaskalik*, StuW 1986, 219, 225 f.

206 Vgl. *Grimm*, Die negative Konkurrentenklage im Steuerrecht, S. 39.

207 BVerfG v. 28.01.1970 – 1 BvL 4/67, BVerfGE 27, 375, 385; BFH v. 18.09.2007 – I R 30/06, BStBl. II 2009, 126.

dieser bei einem Eingriff in den freien Wettbewerb m.E. nicht herangezogen werden. Die freie Marktwirtschaft lebt gerade davon, dass der Staat nicht eingreift, sondern der Markt sich grundsätzlich selbst reguliert. Es kommt zwar häufiger vor, dass der Staat durch Subventionen in den Markt eingreift, jedoch kommen diese generell einer gesamten Branche zugute und nicht nur einer begrenzten Anzahl von Steuerpflichtigen, die bestimmte Voraussetzungen erfüllen. Darüber hinaus handelt es sich bei Subventionen grundsätzlich um eine einmalige oder auf gewisse Dauer begrenzte Förderung von Tätigkeiten. Eine solche Förderung würde bei einer Steuervergünstigung für wirtschaftliche Geschäftsbetriebe gerade nicht vorliegen. Zudem wäre fraglich welcher Förderungszweck erreicht werden sollte. Zusätzlich stünde dem Staat bei der Verfolgung der Förderung des Gemeinwohls auch ein milderes Mittel zur Verfügung, als die Ausdehnung der Steuervergünstigungen auf wirtschaftliche Geschäftsbetriebe. Er könnte die Verfolgung der gemeinnützigen Zwecke ausschließlich selbst übernehmen und diese nicht dem privaten Sektor überlassen.[208]

Käme es doch zu einer rechtswidrigen Gewährung von Steuervergünstigungen für einen wirtschaftlichen Geschäftsbetrieb, stünde einem Konkurrenten des wirtschaftlichen Geschäftsbetriebs der prozessuale Weg über eine (negative) Konkurrentenklage offen.[209] Ziel einer solchen Klage wäre die rechtmäßige Besteuerung des wirtschaftlichen Geschäftsbetriebs. Nach Ansicht des BFH ist statthafte Klageart in Fällen, in denen ein Steuerbescheid bzw. Freistellungsbescheid bereits ergangen ist, die Anfechtungsklage nach § 40 Abs. 1 1. Var. i.V.m. § 100 Abs. 1 Satz 1 FGO.[210] Liegt hingegen noch kein Steuerbescheid bzw. Freistellungsbescheid vor, so ist eine Feststellungsklage nach § 41 FGO statthafte Klageart.[211] In der Literatur stößt die Ansicht des BFH zu Recht auf Kritik. Die Anfechtungsklage trägt nicht den Rechtsschutzinteressen des Klägers adäquat Rechnung, da dieser bei Ergehen eines Bescheids nicht nur dessen Aufhebung anstrebt, sondern die zutreffende Besteuerung des Konkurrenten. Aus diesem Grund ist die Verpflichtungsklage rechtsschutzintensiver und im Ergebnis zielführender.[212] Nach anderer Auffassung in der Literatur ist zumindest für den Fall, dass ein Bescheid schon ergangen ist, die Anfechtungsklage in Form der

208 So auch *Fischer* in: Hübschmann/Hepp/Spitaler, AO, § 64 Rn. 12.

209 Vgl. *Leisner-Egensperger* in Hübschmann/Hepp/Spitaler, Vor § 51 Rn. 41; *Wernsmann*, Die Verwaltung 2003, 67, 79 f.; *Grimm*, Die negative Konkurrentenklage im Steuerrecht, S. 16 ff.

210 Grundlegend BFH v. 15.10.1997 – I R 10/92, BStBl. II 1998, 68.

211 Vgl. BFH v. 15.10.1997 – I R 10/92, BStBl. II 1998, 68.

212 Vgl. *Wernsmann*, Die Verwaltung 2003, 67, 78; *Sinewe/Frase*, BB 2011, 1567, 1568.

Abänderungsklage statthaft.[213] Die Klagebefugnis ergibt sich aus den Normen der AO und der Spezialgesetze, die eine partielle Steuerpflicht der wirtschaftlichen Geschäftsbetriebe regeln, etwa § 64 AO, § 5 Abs. 1 Nr. 9 Satz 2 KStG, § 3 Nr. 6 Satz 2 GewStG, § 12 Abs. 2 Nr. 8 Buchst. a Satz 2 UStG. Sie dienen der Sicherstellung der wettbewerbsneutralen Besteuerung und entfalten daher Drittschutz.[214] Dies gilt ausdrücklich auch für die wirtschaftlichen Geschäftsbetriebe von gemeinnützigen Vereinen.[215]

a) Voraussetzungen, § 14 AO

Wie bereits erläutert, ist der wirtschaftliche Geschäftsbetrieb in § 14 AO legal definiert. Diese Voraussetzungen müssen somit erfüllt sein, damit es zu einer partiellen Steuerpflicht kommt. Eine wirtschaftliche Tätigkeit führt dann zu einem wirtschaftlichen Geschäftsbetrieb, wenn sie sich von der ideellen Tätigkeit der Körperschaft abgrenzen lässt.

aa) Selbstständigkeit

Selbständig ist eine Tätigkeit, wenn sie von der Gesamtbetätigung der Körperschaft, insbesondere vom inneren Geschäftsbetrieb, abgrenzbar ist.[216] Dies ist nach Ansicht des BFH dann der Fall, wenn eine sachliche Unabhängigkeit vorliegt.[217] Der wirtschaftliche Geschäftsbetrieb darf nicht mit anderen Tätigkeiten in der Weise zusammenhängen, dass die Ausübung des Geschäftsbetriebes ohne die anderen Tätigkeiten nicht möglich wäre oder sie notwendiger Teil einer anderen Tätigkeit sei.[218]

Letztendlich liegt eine selbständige Tätigkeit dann vor, wenn der wirtschaftliche Geschäftsbetrieb auch ohne Vorhandensein der gemeinnützigen Körperschaft bestehen könnte.

---

213 So etwa *Englisch*, StuW 2008, 43, 44 f.; zustimmend *von Beckerath* in: Beermann/Gosch, FGO, § 40 Rn. 96.

214 Vgl. BFH v. 15.10.1997 - I R 10/92, BStBl. II 1998, 68; *Tipke*, Die Steuerrechtsordnung, S. 1394; *Seer* in: Tipke/Kruse, FGO, § 40 Rn. 83; *Wernsmann*, Die Verwaltung 2003, 67, 84; *Sinewe/Frase*, BB 2011, 1567, 1569 f.; *Heger* in: Gosch, KStG, § 5 Rn. 11.

215 Vgl. BFH v. 15.10.1997 - I R 10/92, BStBl. II 1998, 68; *Wernsmann*, Die Verwaltung 2003, 67, 84.

216 *Wallenhorst* in: Wallenhorst/Halaczinsky, S. 339; *Schauhoff* in: Schauhoff, § 7 Rn. 118.

217 BFH v. 18.01.1984 - I R 138/79, BStBl. II 1984, 451, 452; BFH v. 15.10.1997 - I R 2/97, BStBl. II 1998, 175, 176.

218 Vgl. BFH v. 18.01.1984 - I R 138/79, BStBl. II 1984, 451, 452; BFH v. 15.10.1997 - I R 2/97, BStBl. II 1998, 175, 176.

Nach Ansicht von *Seer*[219] bedarf es auch einer persönlichen Unabhängigkeit.[220] Eine solche sei dann gegeben, wenn der Tätige in der Weise unabhängig ist, dass er Art, Ort und Zeit seiner Tätigkeit im Wesentlichen selbst bestimmen kann, wenn er Unternehmerinitiative entfaltet und Unternehmerrisiko trägt, auf eigene Rechnung und Gefahr handelt. Der Selbständigkeitsbegriff des § 14 AO sei insoweit identisch mit dem in den §§ 15 Abs. 2, 18 EStG.

Welche Ansicht zutreffend ist, ist hier nicht zu entscheiden, da eine juristische Person, somit auch ein Verein, nur selbständig tätig sein kann.[221] Letztendlich werden die Kriterien der persönlichen Unabhängigkeit bei Erfüllung der sachlichen Unabhängigkeit, so wie der BFH sie versteht, ebenfalls erfüllt.[222] Wenn eine Tätigkeit eindeutig von der ideellen Tätigkeit der Körperschaft abgrenzbar ist, dann liegt zumindest auch Unternehmerinitiative und -risiko vor. Es ist dann vergleichbar mit einem eigenständigen Unternehmen, das gerade nicht auf die Körperschaft angewiesen ist und für mögliche Verluste selbst einstehen muss.

bb) Nachhaltigkeit

Eine Tätigkeit ist dann nachhaltig, wenn sie auf Wiederholung angelegt ist. Es genügt schon der Wille, eine Tätigkeit bei sich bietender Gelegenheit zu wiederholen.[223] Da die Finanzverwaltung[224] und die Rechtsprechung[225] keine hohen Anforderungen an die Erfüllung der Nachhaltigkeit stellen, ist sie zumeist unproblematisch gegeben.

cc) Einnahmeerzielung

Durch die Tätigkeit müssen Einnahmen oder andere wirtschaftliche Vorteile erzielt werden; sie darf somit nicht unentgeltlich sein. Als Einnahmen sind, wie bei § 8 Abs. 1 EStG, solche in Geld zu verstehen, wobei Geldsurrogate dem Geld gleichstehen.[226]

---

219 *Seer* in: Tipke/Kruse, AO, § 14 Rn. 7.

220 So auch *Koenig* in: Pahlke/Koenig, AO, § 14 Rn. 11; *Fischer* in: Hübschmann/Hepp/Spitaler, AO, § 14, Rn. 59 ff.

221 Vgl. BFH v. 18.01.1984 – I R 138/79, BStBl. II 1984, 451; BFH v. 26.02.1992 – I R 149/90, BStBl. II 1992, 693.

222 So auch *Buciek* in: Beermann/Gosch, AO, § 14 Rn. 26.

223 BFH v. 21.08.1985 – I R 60/80, BStBl. II 1986, 88, 90; BFH v. 11.04.1989 – VIII R 266/84, BStBl. II 1989, 621; *Buciek*, in Beermann/Gosch, AO, § 14 Rn. 30 ff.

224 Vgl. H 15.2 EStR.

225 Vgl. Etwa BFH v. 21.08.1985 – I R 60/80, BStBl. II 1986, 88; BFH v. 12.07.1991 – III R 47/88, BStBl. II 1992, 143; BFH v. 26.02.1992 – I R 149/90, BStBl. II 1992, 693.

226 *Seer* in: Tipke/Kruse, AO, § 14 Rn. 10.

Im Hinblick auf Sportvereine ist zu beachten, dass Mitgliedsbeiträge grundsätzlich keine steuerbaren Einnahmen darstellen, vgl. § 8 Abs. 5 KStG.

Es bedarf also anderer Einnahmen, um einen wirtschaftlichen Geschäftsbetrieb zu begründen.

dd) Keine bloße Vermögensverwaltung

Gemäß § 14 AO muss die Tätigkeit über den Rahmen einer Vermögensverwaltung hinausgehen. Eine solche liegt in der Regel vor, wenn Vermögen genutzt, zum Beispiel Kapitalvermögen verzinslich angelegt oder unbewegliches Vermögen vermietet oder verpachtet wird, § 14 Satz 3 AO.

Die Abgrenzung, wann noch eine vermögensverwaltende Tätigkeit vorliegt und wann schon ein wirtschaftlicher Geschäftsbetrieb, ist nicht leicht durchzuführen. Sie ist aber von erheblicher Bedeutung, weil daran letztendlich die Einteilung hängt, ob die Einnahmen aus einer bestimmten Tätigkeit zu versteuern sind oder nicht.

Hinsichtlich der Abgrenzungskriterien werden die zu § 15 EStG entwickelten Grundsätze herangezogen.[227] Nach Rspr. des BFH sind *„das Gesamtbild der Verhältnisse und die Verkehrsanschauung“* maßgeblich.[228] Ob das Kriterium der Verkehrsanschauung bei der Abgrenzung wirklich weiterhelfen kann, erscheint jedoch fraglich. Für eine Abgrenzung sollte man die Verkehrsanschauung m.E. nur dann heranziehen können, wenn es sich um Begriffe oder Tatbestandsvoraussetzungen handelt, die einer breiten Masse bekannt sind. Dies ist bei der Vermögensverwaltung und dem wirtschaftlichen Geschäftsbetrieb aber gerade nicht der Fall. Wenn es sowohl Rechtsprechung als auch Literatur[229] sehr schwer fällt Abgrenzungskriterien zu entwickeln, dann ist nicht davon auszugehen, dass es eine Verkehrsanschauung von wirtschaftlichem Geschäftsbetrieb und privater Vermögensverwaltung gibt.[230]

---

227 Vgl. etwa *Seer* in: Tipke/Kruse, AO, § 14 Rn. 11; *Buciek* in: Beermann/Gosch, AO, § 14 Rn. 54; Hiergegen wendet *Hütteman*, Wirtschaftliche Betätigung und steuerliche Gemeinnützigkeit, S. 148 ff., 193 ein, dass die einkommensteuerliche Einkunftsartenabgrenzung den Wettbewerbsgedanken nicht berücksichtige, auf den es für die Anwendung des § 14 AO gerade ankommt. Letztendlich kommt er aber auch zu denselben Ergebnissen wie die h.M., vgl. *Fischer* in: Hübschmann/Hepp/Spitaler, AO, § 14 Rn. 85, 86.

228 BFH GrS v. 10.12.2001 – GrS 1/98, BStBl II 2002, 291, 292.

229 Vgl. *Buciek* in: Beermann/Gosch, AO, § 14 Rn. 53 ff.; *Fischer* in: Hübschmann/Hepp/Spitaler, AO, § 14 Rn. 78 ff. m.w.N.; *Seer* in: Tipke/Kruse, AO, § 14 Rn. 11 ff.; *Koenig* in: Pahlke/Koenig, AO, § 14 Rn. 22 ff.

230 So wie hier auch *Seer* in: Tipke/Kruse, AO, § 14 Rn. 11; a.A. dem BFH zustimmend *Fischer* in: Hübschmann/Hepp/Spitaler, AO, § 14 Rn. 80. Auch *Wacker*

Mangels Vorliegen von objektiven Kriterien für die Abgrenzung bedarf es somit einer Wertung im jeweiligen Einzelfall, auch abhängig davon, um welche Vermögenswerte es sich handelt.

ee) Keine Gewinnerzielungsabsicht

Für das Vorliegen eines wirtschaftlichen Geschäftsbetriebes ist eine Gewinnerzielungsabsicht nicht erforderlich.

b) Der Lizenzspielerbetrieb als wirtschaftlicher Geschäftsbetrieb des Vereins

Unter Kapitel 2 III. wurde bereits festgestellt, dass die Lizenzspielerabteilung einen wirtschaftlichen Geschäftsbetrieb im Sinne des Vereinsrechts darstellt.

Die Lizenzspielerabteilungen haben sich in den letzten Jahrzehnten zu Unternehmen entwickelt, die in den meisten Fällen einen Umsatz von mehr als 100 Mio. € aufweisen. Sie tragen zwar noch den Namen des Vereins, jedoch haben sie nicht mehr viel mit diesem gemeinsam. Aufgrund der Komplexität der Aufgaben, die anfallen, bedarf es einer professionellen Struktur, um den Lizenzspielbetrieb wirtschaftlich erfolgreich führen zu können.[231] Auch wenn ein Verein wie der HSV noch zahlreiche weitere Abteilungen hat, so ist der Lizenzspielbetrieb der mit weitem Abstand größte und für den Verein selbst der bedeutendste. Dies auch deshalb, weil weitere wichtige Bereiche sehr häufig eng mit dem Lizenzspielerbetrieb verbunden sind. So sind etwa der Merchandisingbereich und eine Stadiongesellschaft, die für die finanzielle Ausstattung von besonderer Bedeutung sind, strukturell dem Lizenzspielerbereich zuzuordnen. Diese sehr starke Fixierung auf einen wirtschaftlichen Geschäftsbetrieb verdeutlicht, dass ein Fußballverein wie der HSV von den Vorstellungen abweicht, die man

---

in: Schmidt, EStG, § 15 Rn. 46 möchte im Hinblick auf die Rechtsprechung des BFH in Zweifelsfällen auf die Verkehrsanschauung abstellen: „*(...) in Zweifelsfällen kommt es darauf an, ob die Tätigkeit dem Bild entspricht, das nach der Verkehrsanschauung einen Gewerbebetrieb ausmacht und einer Vermögensverwaltung fremd ist.*" Jedoch bleibt auch er eine Erläuterung schuldig, wie die Verkehrsanschauung eine private Vermögensverwaltung identifiziert.

231 Beim HSV bestand der Vorstand aus 4 Personen, die sich eigentlich um die Belange des gesamten Vereins kümmern sollten. 3 der 4 Vorstandsmitglieder arbeiteten faktisch aber nur für den Lizenzspielbertrieb. Lediglich ein Vorstandsmitglied betreute die Mitgliederbelange. Für den ideellen Bereich existierte beim HSV sogar noch ein eigener Amateurvorstand. Schon allein daran lässt sich ableiten, dass der Lizenzspielbetrieb eine Sonderstellung im Gesamtverein einnahm.

generell von einem Sportverein hat. Die Strukturen ähneln sehr stark denen eines Unternehmens in der freien Wirtschaft, und letztendlich sollten die Lizenzspielbetriebe auch so zu behandeln sein.

Der Lizenzspielbetrieb erfüllt die in § 14 AO aufgeführten Kriterien eines wirtschaftlichen Geschäftsbetriebes.

Es handelt sich um eine selbständige Tätigkeit. Dabei ist unerheblich, ob man nun nur eine sachliche oder auch eine persönliche Unabhängigkeit fordert. Verlangt man wie der BFH lediglich eine sachliche Unabhängigkeit, die sich durch die Abgrenzung vom Restverein auszeichnet, so liegt eine solche eindeutig vor. Der Lizenzspielbetrieb hängt nicht in der Weise mit den anderen Tätigkeiten des Vereins zusammen, dass er ohne diese nicht existieren könnte. Im Gegenteil stellt sich eher die Frage, ob der Restverein ohne den Lizenzspielbetrieb überhaupt existieren könnte. Für den Bundesligabereich mögen zwar der Name des Vereins und das Logo von Bedeutung sein, alles andere aber nicht. Dies zeigt auch die Tatsache, dass schon viele Vereine den Schritt gegangen sind und den Bereich auf eine Kapitalgesellschaft ausgegliedert haben.

Sieht man wie *Seer*[232] zusätzlich eine persönliche Unabhängigkeit als Voraussetzung an, so ist auch eine solche gegeben. Die Tätigkeit im Rahmen eines Lizenzspielbetriebes wird mit Unternehmerinitiative und -risiko ausgeübt und letztendlich auch auf eigene Gefahr und Rechnung gehandelt.

Es liegt auch eine nachhaltige Tätigkeit vor, da der Lizenzspielbetrieb auf Dauer angelegt ist. Ferner dient die Lizenzspielerabteilung auch der Einnahmeerzielung.

Zudem ist der Lizenzspielerbetrieb auch nicht bloß verwaltend tätig. Auch wenn es, wie aufgezeigt, Unsicherheiten bei der Abgrenzung des wirtschaftlichen Geschäftsbetriebes von der Vermögensverwaltung gibt, so spielen diese hier keine große Rolle. So wird es nicht möglich sein, die Tätigkeit im Rahmen des Lizenzspielbetriebes noch als Vermögensverwaltung anzusehen. Dieser tritt nämlich aktiv am Markt auf, etwa durch den Verkauf von Tickets oder Merchandisingprodukten. Eine bloße Fruchtziehung durch den Einsatz von Vermögenswerten ist ausgeschlossen. Im Falle der Abgrenzung bei einem Lizenzspielbetrieb könnte sogar das zweifelhafte Kriterium der Rechtsprechung, die Verkehrsanschauung, zur Anwendung kommen und würde zu dem richtigen Ergebnis führen, denn der Lizenzspielbetrieb der Vereine der Bundesliga tritt auch in der Öffentlichkeit als Wirtschaftsunternehmen auf und nicht bloß eine vermögensverwaltende Unterabteilung.

---

232 *Seer* in: Tipke/Kruse, AO, § 14 Rn. 7.

c) *Steuerliche Behandlung eines wirtschaftlichen Geschäftsbetriebes*

Fraglich ist jedoch, welche Konsequenzen sich daraus ergeben, dass der Lizenzspielerbetrieb einen wirtschaftlichen Geschäftsbetrieb im steuerlichen Sinne darstellt.

Gemäß § 64 Abs. 1 AO verliert die Körperschaft die Steuervergünstigung für die dem Geschäftsbetrieb zuzuordnen Besteuerungsgrundlagen, soweit der wirtschaftliche Geschäftsbetrieb kein Zweckbetrieb, §§ 65–68 AO, ist. Folglich müssen die Einkünfte des wirtschaftlichen Geschäftsbetriebes versteuert werden, wenn nicht die Ausnahmen für einen Zweckbetrieb greifen.

Diese Steuerpflicht ist vor dem Hintergrund der Wettbewerbsneutralität nur konsequent. Die Vereine der Fußballbundesliga treten mit ihren Heimspielen in Konkurrenz zu anderen Unterhaltungsunternehmen oder -veranstaltungen.

In der Saison 2012/13 lag der Zuschauerschnitt bei 41.914 pro Spiel.[233] Wenn man nun auch dem Lizenzspielbetrieb als wirtschaftlichen Geschäftsbetrieb die Steuervergünstigungen des gemeinnützigen Vereins gewähren würde, dann läge ein nicht zu rechtfertigender Wettbewerbsvorteil gegenüber anderen Unterhaltungsunternehmen vor. Auch gebe es einen solchen Vorteil gegenüber anderen Vereinen, die ihren Lizenzspielbetrieb ausgegliedert haben. Es käme dann zu der kuriosen Situation, dass diejenigen, die sich gesetzeskonform[234] verhalten und den wirtschaftlichen Geschäftsbetrieb ausgegliedert haben, schlechter stehen als die Vereine, die weiterhin eine Organisation wählen, die nicht mit dem Gesetz vereinbar ist.

Eine Ausnahme von der Steuerpflicht wäre nur dann gegeben, wenn ein Zweckbetrieb nach §§ 65–68 AO vorliegen würde.

aa) Sportliche Veranstaltungen, § 67a AO

Eine Steuerpflicht des wirtschaftlichen Geschäftsbetriebs liegt dann nicht vor, wenn die Voraussetzungen des § 67a AO[235] über sportliche Veranstaltungen

233 Dies ist der Zuschauerschnitt der Bundesliga, die 2. Liga lag im Vergleich deutlich unter diesem Schnitt (16.926), vgl. Bundesligareport 2014, S. 51.

234 Es wurde ja bereits festgestellt, dass in vereinsrechtlicher Hinsicht eine Rechtsformverfehlung vorliegt, die eigentlich zum Entzug der Rechtsfähigkeit des Vereins führen müsste. Auf den folgenden Seiten wird ausgeführt, warum dies auch im Steuerrecht nicht anders ist.

235 Die Einführung des § 67a AO diente der Sicherung des Gemeinnützigkeitsstatus von Amateursportvereinen, die auch Veranstaltungen mit bezahlten Sportlern durchführten. Nach früher Ansicht lag eine Gemeinnützigkeit nicht mehr vor, wenn der Sportverein nur einem Sportler mehr als eine Aufwandsentschädigung

gegeben sind. § 67a AO geht der Generalnorm des § 65 AO als speziellere vor.[236] Schon die Wertgrenze in § 67a Abs. 1 AO zeigt, dass mit dieser Norm nicht die Förderung des Profisports steuerfrei gestellt werden soll. Die Einnahmen dürfen gemäß § 67a Abs. 1 Satz 1 AO inklusive der Umsatzsteuer 45.000 € nicht übersteigen. Diese Wertgrenze ist bei einem Verein der Fußballbundesliga sehr schnell überschritten. Nimmt man an, dass die Austragung eines Heimspiels als sportliche Veranstaltung im Sinne des § 67a AO zu qualifizieren ist, dann reicht der Verkauf von nur knapp 2.000 Eintrittskarten aus, um einen steuerbefreiten Zweckbetrieb auszuschließen.[237] Folglich fällt die Lizenzspielerabteilung nicht unter den Ausnahmetatbestand § 67a AO.

bb) Kein Vorliegen eines Zweckbetriebs nach § 65 AO

Eine Steuerpflicht ist auch dann nicht gegeben, wenn § 67a AO nicht einschlägig ist, aber ein Zweckbetrieb nach § 65 AO vorliegt. § 65 AO ist somit als eine Art Auffangtatbestand anzusehen. Gemäß § 65 AO liegt ein Zweckbetrieb vor, wenn

> *Nr. 1: der wirtschaftliche Geschäftsbetrieb in seiner Gesamtausrichtung dazu dient, die steuerbegünstigten satzungsmäßigen Zwecke der Körperschaft zu verwirklichen,*
> *Nr. 2: die Zwecke nur durch einen solchen Geschäftsbetrieb erreicht werden können und*
> *Nr. 3: der wirtschaftliche Geschäftsbetrieb zu nicht begünstigten Betrieben derselben oder ähnlicher Art nicht in größerem Umfang in Wettbewerb tritt, als es bei Erfüllung der steuerbegünstigten Zwecke unvermeidbar ist.*

Die Vorschrift des § 65 AO dient dazu den gemeinnützigen Körperschaften eine wirtschaftliche Betätigung auch in größerem Ausmaß zu ermöglichen, um sich Mittel für die Verfolgung des steuerbegünstigten Zweck zu beschaffen.[238]

Die Lizenzspielerabteilung und auch die anderen wirtschaftlichen Geschäftsbetriebe eines Profifußballvereins, wie das Stadion oder die Merchandisingabteilung, dürften nach dieser Definition nicht unter den Begriff des Zweckbetriebes fallen.

---

zahlte. Diese Befürchtung besteht heute wegen § 58 Nr. 9 AO nicht mehr. Vgl. hierzu umfassender *Fischer* in Hübschmann/Hepp/Spitaler, AO, § 67a, Rn. 1 ff.

236 *Seer* in Tipke/Kruse, AO, § 67a Rn. 3.

237 Der Zuschauerschnitt des HSV betrug in der Saison 2012/13 trotz des eher mäßigen sportlichen Erfolges knapp 53.000. Somit nahm der HSV nur durch den Verkauf von Eintrittskarten etwa 1,5 Mio. € pro Heimspiel ein, wenn man einen Durchschnittskartenpreis von 25–30 € annimmt.

238 Vgl. *Wallenhorst* in: Wallenhorst/Halaczinsky, S. 395; *Scholtz* in: Koch/Scholtz, AO, § 65 Rn. 8; *Unger* in: Beermann/Gosch, AO, § 65 Rn. 3.

Mit dem Sinn und Zweck der Vorschrift ist eine andere Ansicht nicht vereinbar. Der Gesetzgeber hat bei der Schaffung der Ausnahmen für den steuerpflichtigen wirtschaftlichen Geschäftsbetrieb sicherlich nicht an die Begünstigung von Lizenzspielerabteilungen gedacht, sondern an nur geringe wirtschaftliche Tätigkeiten, was schon die Voraussetzungen des § 65 AO nahelegen.[239]

Gemäß Nr. 1 muss der wirtschaftliche Geschäftsbetrieb in seiner Gesamtausrichtung dazu dienen, die steuerbegünstigten satzungsmäßigen Zwecke zu verwirklichen.

Die Geschäftsführung und die Tätigkeit müssen darauf gerichtet sein, die Allgemeinheit gegenwärtig zu fördern.[240] Es sei stets die Prüffrage zu stellen, ob eine wirtschaftliche Tätigkeit nach ihrem gesamten Inhalt eine solche Qualität hat, dass es gerechtfertigt wäre, die Körperschaft gegenüber anderen Unternehmern zu begünstigen.[241]

Schon die Voraussetzungen der Nr. 1 sind bei einer Lizenzspielerabteilung zu verneinen. Auch wenn man eventuell noch durch die Bereitstellung von Mitteln aus dem Gewinn der Lizenzspielerabteilung an den gemeinnützigen Verein eine mittelbare Förderung der Allgemeinheit bejahen mag, so muss die erwähnte Prüffrage verneint werden. Die aufgezeigten Strukturen eines Vereins mit Lizenzspielerabteilung belegen, dass der gesamte Verein auf die Lizenzspielerabteilung ausgerichtet ist und nicht umgekehrt. Der HSV unterhält die Lizenzspielerabteilung nicht, um den Amateursport zu fördern, sondern um wirtschaftlich und sportlich erfolgreich in der Bundesliga teilzunehmen. Der Verein dient nur als Mittel zum Zweck, da die Statuten der DFL vorschreiben, dass nur ein Verein die Lizenz für den Ligaverband erhalten kann.[242] Ist die Lizenzspielerabteilung ausgegliedert, muss der Verein die Mehrheit an der Lizenzspielerabteilung halten.[243]

Da die Voraussetzungen des § 65 AO kumulativ vorliegen müssen, bedarf es eigentlich keiner weiteren Ausführungen mehr zu den Nr. 2 und 3.

---

239 Dies wird auch durch Urteile des BFH bestätigt, die sich in erster Linie mit geringen wirtschaftlichen Betätigungen beschäftigen. Etwa die Überlassung von Sportstätten an Mitglieder BFH v. 09.04.1987 – V R 150/78, BStBl. II 1987, 659; BFH v. 10.01.1992 – III R 201/90, BStBl. II 1992, 684; Anzeigengeschäft in der Vereinszeitschrift BFH v. 28.11.1961 – I 34/61 U, BStBl. III 1962, 73.

240 BFH v. 04.06.2003 – I R 25/02, BStBl. II 2004, 660.

241 BFH v. 05.08.2010 – V R 54/09, BStBl. II 2011, 191; *Fischer* in Hübschmann/Hepp/Spitaler, AO, § 65 Rn. 94.

242 Vgl. § 8 der Satzung des Ligaverbands.

243 Vgl. § 8 der Satzung des Ligaverbands.

Dennoch ist aus Vollständigkeitserwägungen auszuführen, dass diese ebenfalls nicht vorliegen. Der Zweck eines Sportvereins, die Förderung des Amateursports, ist nicht nur durch den Betrieb einer Lizenzspielerabteilung zu erreichen. Die überwiegende Anzahl der gemeinnützigen Sportvereine in Deutschland schafft dies auch ohne einen Profibereich.

Wie bereits erwähnt treten die Fußballvereine der Bundesliga zumindest jedes Wochenende, teilweise auch unter der Woche, in Konkurrenz zu anderen Unterhaltungsunternehmen. Es handelt sich hierbei um einen Wettbewerb in größerem Umfang, da sich die Einnahmen allein aus dem Ticketbereich auf einen höheren Millionenbetrag belaufen.

cc) Steuerpflicht des wirtschaftlichen Geschäftsbetriebs

Wie bereits zuvor erwähnt ist Rechtsfolge der Einordnung als wirtschaftlicher Geschäftsbetrieb, dass die Tätigkeit der Lizenzspielerabteilung und den anderen wirtschaftlichen Geschäftsbetrieben der Vereine der Besteuerung unterliegt. Die Nichtanwendbarkeit der Steuerbefreiung ist in den einzelnen Spezialgesetzen, wie etwa § 5 Abs. 1 Nr. 9 S. 2 KStG, geregelt. Der wirtschaftliche Geschäftsbetrieb wird aber selbst nicht zum Steuersubjekt, sondern die Körperschaft verbleibt als Steuersubjekt.[244] Dies resultiert daraus, dass der wirtschaftliche Geschäftsbetrieb kein eigenständiges Rechtssubjekt ist. Es besteht somit für die Gewinne oder Überschüsse eines wirtschaftlichen Geschäftsbetriebes lediglich eine partielle Steuerpflicht.

(1) Körperschaftsteuer

Gemäß § 5 Abs. 1 Nr. 9 KStG ist die Steuerbefreiung der gemeinnützigen Körperschaft insoweit ausgeschlossen, als ein wirtschaftlicher Geschäftsbetrieb unterhalten wird. Die gemeinnützige Körperschaft ist somit partiell körperschaftsteuerpflichtig, wenn eine persönliche und sachliche Steuerpflicht vorliegt.

Die persönliche Körperschaftsteuerpflicht ergibt sich aus den allgemeinen Vorschriften des KStG. Wie bereits angesprochen ist Steuersubjekt nicht der wirtschaftliche Geschäftsbetrieb selbst, sondern die gemeinnützige Körperschaft. Anders als bei Betrieben gewerblicher Art (§ 4 KStG), die zu einer Körperschaft des öffentlichen Rechts gehören, fehlt es wirtschaftlichen Geschäftsbetrieben im Verhältnis zur Körperschaft an einer steuerlichen Verselbstständigung.[245] Läge eine steuerliche Verselbstständigung vor, dann würde, im Verhältnis zur

---

244 *Heger* in: Gosch, KStG § 5 Rn. 18 und 67.
245 *Bott* in: Schauhoff, § 8 Rn. 13; *Hüttemann*, § 7 Rn. 19.

gemeinnützigen Körperschaft, der wirtschaftliche Geschäftsbetrieb als eigenes Steuersubjekt behandelt werden, so dass etwa die Bereitstellung von Mitteln aus dem Vermögen des wirtschaftlichen Geschäftsbetriebes an die Körperschaft steuerlich beachtlich wäre.[246]

Ein Verein ist grundsätzlich gemäß § 1 Abs. 1 Nr. 4 KStG körperschaftsteuerpflichtig. Die persönliche Steuerbefreiung des § 5 Abs. 1 Nr. 9 KStG kommt erst dann zur Anwendung, wenn der Verein die Voraussetzungen des Gemeinnützigkeitsrechts, §§ 51 ff. AO, erfüllt. Wie bereits zu Anfang dieses Kapitels festgestellt wurde, erfüllt ein Sportverein grundsätzlich die Voraussetzungen der Gemeinnützigkeit nach §§ 51 ff. AO.

Die Steuerpflicht des wirtschaftlichen Geschäftsbetriebes sei damit eine *„beschränkte Rückausnahme von der Steuerbefreiung“*[247].

Hinsichtlich der sachlichen Körperschaftsteuerpflicht sind die §§ 7 ff. KStG maßgeblich. Steuerobjekt ist das zu versteuernde Einkommen, § 7 KStG. Bezüglich der Ermittlungen des Einkommens sind gemäß § 8 Abs. 1 Satz 1 KStG die Vorschriften des EStG und der §§ 8 ff. KStG heranzuziehen. Für die sachliche Steuerpflicht nach dem KStG ist somit von Bedeutung, dass Einkünfte im Sinne des § 2 EStG erzielt werden.

Nach § 8 Abs. 2 KStG werden alle Einkünfte einer steuerpflichtigen Körperschaft in Sinne des § 1 Abs. 1 Nr. 1–3 KStG als Einkünfte aus Gewerbetrieb fingiert. Aus einem Umkehrschluss zu § 8 Abs. 2 KStG folgt damit, dass ein Sportverein, der unter § 1 Abs. 1 Nr. 4 KStG fällt, zumindest theoretisch Einkünfte aus allen sieben Einkunftsarten des § 2 EStG erzielen kann. Diese Möglichkeit ist aber tatsächlich nur theoretischer Natur, es werden praktisch ebenfalls nur Einkünfte aus Gewerbebetrieb, §§ 2 Abs. 1 Satz 1 Nr. 2, 15 EStG, vorliegen.

Fraglich ist, ob eine Gewinnerzielungsabsicht im Hinblick auf die sachliche Steuerpflicht, etwa für § 15 EStG, entsprechend den allgemeinen Grundsätzen vorliegen muss oder ob § 14 AO insoweit eine Modifizierung der Voraussetzungen der Einkünfteerzielung für wirtschaftliche Geschäftsbetriebe darstellt. Gemäß § 14 AO liegt ein wirtschaftlicher Geschäftsbetrieb nämlich auch dann vor, wenn keine Gewinn- bzw. Einkünfteerzielungsabsicht vorliegt.

Eine Tätigkeit wird mit Gewinnerzielungsabsicht ausgeübt, wenn durch sie eine Vermögensmehrung in Form eines Totalgewinns erstrebt wird.[248] Auch

---

246 Vgl. hierzu und zur Kritik an der unterschiedlichen Behandlung von wirtschaftlichem Geschäftsbetrieb und Betrieb gewerblicher Art *Hüttemann*, §7 Rn. 19.

247 So *Hüttemann*, § 7 Rn. 21.

248 BFH v. 25.06.1984 - GrS 4/82, BStBl. II 1984, 751, 765; BFH v. 12.12.1995 - VIII R 59/92, BStBl. II 1996, 219.

wenn die Gewinnerzielungsabsicht nur in § 15 Abs. 2 Satz 1 EStG vom Gesetzgeber ausdrücklich normiert wurde, so ist es einhellige Meinung, dass sie Voraussetzung für alle Einkunftsarten des § 2 Abs. 1 Satz 1 EStG ist.[249] Sie dient der Abgrenzung zur steuerlich unbeachtlichen Liebhaberei.

Der BFH war in einer älteren Entscheidung der Ansicht, dass Einkünfte aus einem wirtschaftlichen Geschäftsbetrieb, die ohne Gewinnerzielungsabsicht erzielt wurden, als sonstige Einkünfte im Sinne des § 22 Nr. 3 EStG anzusehen sind.[250] Dies hätte zur Folge, dass für einen wirtschaftlichen Geschäftsbetrieb die allgemeinen Grundsätze im Hinblick auf den subjektiven Tatbestand der Einkünfteerzielungsabsicht nicht zur Anwendung kommen, sondern von der Definition des § 14 AO überlagert werden. Der BFH begründete seine Ansicht in dem Urteil aber nicht, sondern stellte lediglich fest, dass sonstige Einkünfte im Sinne des § 22 Nr. 3 EStG vorliegen würden. In späteren Entscheidungen ist der BFH von dieser Ansicht abgerückt und verlangt auch bei den sonstigen Einkünften nach § 22 Nr. 3 EStG eine Einkünfteerzielungsabsicht.[251]

Auch wenn der BFH von seiner Rechtsprechung abgewichen ist und nun konsequenterweise eine Einkünfteerzielungsabsicht für die sachliche Steuerpflicht eines wirtschaftlichen Geschäftsbetriebes verlangt, gibt es in der Literatur Gegenstimmen, die wegen § 14 AO und des Gebots der Wettbewerbsneutralität eine sachliche Steuerpflicht auch bei Nichtvorhandensein der Einkünfteerzielungsabsicht bejahen.[252]

Nach Ansicht von *Orth*[253] bezieht sich die Definition des § 14 AO und das Nichterfordernis einer Gewinnerzielungsabsicht nicht nur auf die persönliche Steuerpflicht, sondern gerade auch auf die sachliche. Es sei nicht nachvollziehbar, warum der Gesetzgeber im Rahmen der persönlichen Steuerpflicht die Tatbestände „wirtschaftlicher Geschäftsbetrieb“ und „Betrieb gewerblicher Art“, für die beide keine Gewinnerzielungsabsicht erforderlich ist, eingeführt haben soll, sie aber bei der Frage der sachlichen Steuerpflicht keine Bedeutung haben sollen. Die Anwendung auch auf die sachliche Steuerpflicht leite sich schon danach her,

249 Statt vieler *Hey* in: Tipke/Lang, Steuerrecht, § 8 Rn. 125; *Weber-Grellet* in: Schmidt, EStG § 2 Rn. 23.

250 BFH v. 08.06.1966 – I 151/63, BStBl. III 1966, 632, 633.

251 BFH v. 25.06.1984 – GrS 4/82, BStBl. II 1984, 751, 766; BFH v. 14.09.1994 – IX R 71/93, BStBl. II 1995, 116, 117; BFH v. 16.12.1998 – I R 36/98, BStBl. II 1999, 366, 398.

252 So etwa *Orth*, FR 2007, 326, 330; *Kalwarowskyj*, DB 2005, 2260, 2263; *derselbe*, DB 2006, 1809, 1810; *Hölzer*, DB 2003, 2090, 2092.

253 *Orth*, FR 2007, 326, 330.

dass für die Besteuerung von gemeinnützigen Körperschaften die Gewährleistung der Wettbewerbsneutralität entscheidend ist und diese Vorrang vor einer Besteuerung nach Maßgabe der Leistungsfähigkeit hat.[254] Darüber hinaus zeige die Rechtsprechung des BFH zur Auslegung des § 8 Abs. 2 KStG, dass Einkünfte außerhalb der sieben Einkunftsarten des § 2 Abs. 1 EStG möglich sind und deshalb der Einkünftebegriff im Sinne des § 8 KStG weit zu verstehen sei. Auch gelte die Auslegung des § 2 Abs. 2 Satz 1 GewStG entsprechend für die Auslegung des § 8 Abs. 2 KStG.

Orth mag zwar gewisse Punkte zu recht ansprechen und auf Aspekte hinweisen, die für eine Einordnung als sachliche Steuerbefreiung sprechen, jedoch ist ihm im Ergebnis nicht zuzustimmen und eine Gewinn- bzw. Einkünfteerzielungsabsicht Voraussetzung für das Vorliegen steuerpflichtiger Einkünfte nach §§ 8 Abs. 1 KStG, 2 Abs. 1 EStG.[255]

Zunächst ist anzumerken, dass *Orth* nicht die Unterschiede zwischen einem wirtschaftlichen Geschäftsbetrieb und einem Betrieb gewerblicher Art in ausreichender Weise herausarbeitet. Seine Ausführungen handeln sehr stark von dem Betrieb gewerblicher Art.[256] Seine Schlussfolgerungen bezieht er dann ohne genauere Argumentation auch auf die wirtschaftlichen Geschäftsbetriebe. Wie aber bereits oben erwähnt, bestehen große Unterschiede zwischen wirtschaftlichen Geschäftsbetrieben und Betrieben gewerblicher Art, die sich gerade auch in den gesetzlichen Normen zeigen. So sind im KStG die Betriebe gewerblicher Art in § 4 KStG ausdrücklich geregelt, insbesondere die Tatsache, dass eine Gewinnerzielungsabsicht nicht vorliegen muss. Ein Rückschluss von der Regelung des § 4 Abs. 1 Satz 2 KStG auf einen wirtschaftlichen Geschäftsbetrieb ist aber so nicht möglich. Der Gesetzgeber hat sich bewusst dafür entschieden, diese beiden Formen der wirtschaftlichen Beteiligung von der öffentlichen Hand und privaten Körperschaften gesetzlich unterschiedlich zu regeln. Dies zeigt sich auch sehr deutlich in § 8 Abs. 1 Satz 2 KStG, der für die Ermittlung des Einkommens bei einem Betrieb gewerblicher Art ausdrücklich auf die Gewinnerzielungsabsicht verzichtet. Eine vergleichbare Regelung für einen wirtschaftlichen Geschäftsbetrieb gibt es so nicht.

---

254 *Orth*, FR 2007, 326, 330 m.w.N.

255 So auch *Fischer* in: Hübschmann/Hepp/Spitaler, AO, § 14 Rn. 40 und 67; *Bott* in: Schauhoff, § 8 Rn. 42; *HüttehHüttemann*, § 6 Rn. 84; diesbezüglich etwas unklar *Buchna/Seeger/Brox*, S. 526 ff.

256 Sein Verweis auf die Aufsätze von *Kalwarowskyj* und *Hölzer*, siehe Fn. 209, ist in diesem Zusammenhang ebenfalls ungenau, da in diesen Aufsätzen nur die Steuerpflicht des Betriebes gewerblicher Art thematisiert wird und eben nicht die Steuerpflicht eines wirtschaftlichen Geschäftsbetriebes.

Der BFH sieht in der Steuerbefreiung des § 5 Abs. 1 Nr. 9 KStG eine Befreiung von der persönlichen Steuerpflicht an.[257] Hieraus sollte abgeleitet werden können, dass bei der Einkünfteermittlung, welche die sachliche Steuerpflicht betrifft, ein Rückgriff auf § 14 AO ausgeschlossen sein sollte und die Voraussetzungen der §§ 8 Abs. 1 KStG, 2 Abs. 1 EStG vorliegen müssen. Zu diesen Voraussetzungen gehört aber gerade die Gewinn- bzw. Überschusserzielungsabsicht als subjektiver Tatbestand.

Eine andere Ansicht kann auch nicht aus dem Wettbewerbsgedanken hergeleitet werden, der der Besteuerung eines wirtschaftlichen Geschäftsbetriebes zugrunde liegt. Eine gemeinnützige Körperschaft soll durch ihren Status und den damit verbundenen steuerlichen Vergünstigungen keinen Wettbewerbsvorteil gegenüber einem nicht gemeinnützigen Konkurrenten haben. Die Körperschaft und der Konkurrent werden bei einer wirtschaftlichen Betätigung der gemeinnützigen Körperschaft durch die partielle Steuerpflicht auf eine steuerliche Ebene gebracht. Auf dieser müssen sie dann aber auch gleich behandelt werden. Handelt der Konkurrent ebenfalls ohne Gewinnerzielungsabsicht, dann werden seine Einkünfte mangels Einordnung in die sieben Einkunftsarten des § 2 Abs. 1 EStG aber auch nicht besteuert. Es liegt somit gar keine Privilegierung der gemeinnützigen Körperschaft vor, die ein Verstoß gegen die Gewährleistung der Wettbewerbsneutralität darstellen könnte.[258]

Auch der Argumentation, dass sich durch die Auslegung von § 8 Abs. 2 KStG und § 2 Abs. 2 Satz 1 GewStG eine Einordnung als sachliche Steuerbefreiung herleiten lässt, kann nicht gefolgt werden. Bei beiden Normen handelt es sich um Fiktionen hinsichtlich der Tätigkeiten von Kapitalgesellschaften. Schon diese Tatsache zeigt, dass ein anderer Sachverhalt vorliegt als bei gemeinnützigen Vereinen und deren wirtschaftlichen Geschäftsbetrieben. Auch sagen beide Paragraphen nichts darüber aus, dass eine achte Einkunftsart im Sinne des § 2 Abs. 1 EStG entsteht. Es wird lediglich klargestellt, dass es hinsichtlich der Einkünftequalifikation nicht auf die ausgeübte Tätigkeit ankommt, sondern automatisch gewerbliche Einkünfte vorliegen. Es ist auch erst Recht nicht der Schluss möglich, dass keine Gewinnerzielungsabsicht bei wirtschaftlichen Geschäftsbetrieben hinsichtlich der sachlichen Steuerpflicht vorliegen muss.

Das Steuerrecht kennt auch an anderen Stellen eine Umqualifizierung von Einkünften in andere Einkunftsarten, etwa in § 15 Abs. 3 Nr. 1 EStG. § 8 Abs. 2 KStG und § 2 Abs. 2 Satz 1 GewStG beziehen sich gerade ausdrücklich nicht

257 BFH v. 07.08.2002 – VIII R 40/01, BStBl. II 2003, 294.

258 Vgl. hierzu *Hüttemann*, § 6 Rn. 85.

auf alle Körperschaften, die der Körperschaftsteuer unterliegen. Hinsichtlich der Auslegung von § 2 Abs. 2 Satz 1 GewStG erscheint es äußerst fraglich, warum diese auch für die Auslegung von § 8 Abs. 2 KStG gelten soll. Darüber hinaus erfasst § 8 Abs. 2 KStG gerade nicht die hier untersuchten gemeinnützigen Vereine. Selbst wenn man nun aus der Auslegung von § 8 Abs. 2 KStG und § 2 Abs. 2 Satz 1 GewStG die Schlussfolgerung ziehen sollte, dass der Einkünftebegriff des § 8 KStG weit zu verstehen ist, so kann daraus nicht gefolgert werden, dass dies auch für gemeinnützige Vereine und deren wirtschaftlichen Geschäftsbetriebe gelte, die ja gerade nicht von § 8 Abs. 2 KStG erfasst sind.

Es wäre nur denkbar § 2 Abs. 3 GewStG für die Frage der Notwendigkeit der Gewinnerzielungsabsicht heranzuziehen, da dieser explizit von wirtschaftlichen Geschäftsbetrieben ohne Gewinnerzielungsabsicht spricht. Allerdings ist kein Grund ersichtlich, warum diese Norm als Auslegungshilfe für die Einkünfteermittlung eines wirtschaftlichen Geschäftsbetriebes nach §§ 8 Abs. 1 KStG, 2 Abs. 1 EStG herangezogen werden soll. Erst Recht scheidet eine mögliche analoge Anwendung mangels Regelungslücke aus.

§ 2 Abs. 3 GewStG betrifft ausschließlich die subjektive Gewerbesteuerpflicht.[259] Bei § 2 Abs. 3 GewStG handelt es sich wiederum um eine Fiktion. Eine solche wurde aber auch im KStG mit § 8 Abs. 1 Satz 2, Abs. 2 KStG aufgenommen. Dabei wurden die wirtschaftlichen Geschäftsbetriebe von gemeinnützigen Vereinen gerade ausdrücklich nicht mit aufgenommen, so dass nicht von einer planwidrigen Regelungslücke gesprochen werden kann. Vielmehr verlangt der Gesetzgeber, dass die wirtschaftlichen Geschäftsbetriebe von gemeinnützigen Vereinen die allgemeinen Voraussetzungen für eine sachliche Steuerpflicht erfüllen müssen.

Würde man auf die Gewinnerzielungsabsicht verzichten, dann hätten gerade die Sportvereine mit Lizenzspielbetrieb die Möglichkeit durch weitere wirtschaftliche Geschäftsbetriebe, die keinen Gewinn, sondern nur Verluste erzielen, diese Verluste mit dem Gewinn aus dem Lizenzspielbetrieb zu verrechnen, was gemäß § 64 Abs. 2 AO grundsätzlich möglich ist.[260] Der Gesetzgeber hätte somit eine Art Steuersparmodell geschaffen, das er eigentlich zu verhindern versucht, wenn er eine tatbestandlich einschlägige Regelung geschaffen hat.[261]

---

259 *Sarrazin* in: Lenski/Steinberg, GewStG, § 2 Rn. 2750 ff.; *Hüttemann*, § 6 Rn. 84.

260 Die Haltung eines Dauerverlustbetriebes kann zu einer Gefährdung des Gemeinnützigkeitsstatus führen, vgl. AEAO zu §55 Nr. 4 ff.; BFH v. 13.11.1996 – I R 152/93, BStBl. II 1998, 711; *Schauhoff* in: Schauhoff, § 7 Rn. 5.

261 Vgl. etwa §§ 2a, 15b EStG.

Im Hinblick auf die sachliche Körperschaftsteuerpflicht muss eine Gewinnerzielungsabsicht somit vorliegen.

Auch wenn es nicht jedem Verein der 1. und 2. Bundesliga gelingt Gewinn zu erzielen, handeln die Vereine im Bereich der Lizenzspielerabteilung mit Gewinnerzielungsabsicht, da sie eine Vermögensmehrung in Form eines Totalgewinns anstreben. Die Einkünfte, die im Rahmen der Lizenzspielerabteilung erzielt werden, etwa durch Transfererlöse oder Verkauf von Merchandisingartikeln, sind solche aus Gewerbebetrieb nach §§ 2 Abs. 1 Nr. 2, 15 EStG. Bei der Tätigkeit im Rahmen der Lizenzspielerabteilung handelt es sich um eine selbständige, nachhaltige Betätigung, die mit der Absicht, Gewinn zu erzielen, unternommen wird und sich als Beteiligung am allgemeinen wirtschaftlichen Verkehr darstellt, vgl. § 15 Abs. 2 EStG. Die im Vergleich zu § 14 AO zusätzlich zu erfüllenden Kriterien, Gewinnerzielungsabsicht und Beteiligung am allgemeinen wirtschaftlichen Verkehr, werden unproblematisch erfüllt.

Im Bereich der Lizenzspielerabteilung ist der gemeinnützige Sportverein somit persönlich und sachlich körpersteuerpflichtig.

(2) Umsatzsteuer

In Bezug auf die Umsatzsteuer ist der gemeinnützige Verein selbst als Unternehmer anzusehen und nicht etwa der wirtschaftliche Geschäftsbetrieb.[262]

Wie bereits oben erwähnt kommt einem gemeinnützigen Verein auch bei der Umsatzsteuer eine Steuervergünstigung zugute. Diese gilt aber nicht für den wirtschaftlichen Geschäftsbetrieb, § 12 Abs. 2 Nr. 8 lit. a) Satz 2 UStG. Die Rücknahme der Steuervergünstigung erklärt sich abermals durch die Gewährleistung der Wettbewerbsneutralität. Der wirtschaftliche Geschäftsbetrieb soll nicht durch den Gemeinnützigkeitsstatus der Körperschaft profitieren und sich so einen Wettbewerbsvorteil verschaffen können. Die Leistungen im Rahmen einer Lizenzspielerabteilung werden somit nach § 12 Abs. 1 UStG mit 19 % besteuert. Dies bedeutet aber auch, dass die Geltendmachung des Vorsteuerabzuges möglich ist, § 15 UStG.

(3) Gewerbesteuer

Im Rahmen der Gewerbesteuer gilt die Steuerbefreiung des gemeinnützigen Vereins gem. §§ 2 Abs. 3, 3 Nr. 6 Satz 2 GewStG nicht auch für den wirtschaftlichen Geschäftsbetrieb.

---

262 *Halaczinsky* in: Wallenhorst/Halaczinsky, S. 649.

d) *Auswirkungen der Einordnung einer Lizenzspielerabteilung auf den gemeinnützigen Verein*

Hinsichtlich der Auswirkung der Einordnung der Lizenzspielerabteilung als wirtschaftlicher Geschäftsbetrieb stellen sich unter anderem die Fragen, wie mit gemischten Aufwendungen umzugehen ist, wie ein möglicher Ausgleich von Verlusten ablaufen kann und insbesondere, welche Auswirkungen die Größe der Lizenzspielerabteilung auf die Gemeinnützigkeitsregelungen der §§ 51 ff. AO und den Gemeinnützigkeitsstatus des Vereins hat.

aa) Gewinnermittlung

Hinsichtlich der Gewinnermittlung gelten auch für den wirtschaftlichen Geschäftsbetrieb eines gemeinnützigen Vereins gem. § 8 Abs. 1 Satz 1 KStG die allgemeinen Grundsätze der §§ 4 ff. EStG.[263] Wenn man zutreffend davon ausgeht, dass die Einkünfte aus dem Lizenzspielerbereich solche aus Gewerbebetrieb gem. § 15 EStG sind, stellt sich die Frage, ob ein Wahlrecht hinsichtlich der Gewinnermittlungsmethoden der §§ 4, 5 EStG besteht.

Für die Beantwortung der Frage ist es entscheidend, ob den wirtschaftlichen Geschäftsbetrieb „Lizenzspielerabteilung“ eine Buchführungspflicht nach §§ 140, 141 AO trifft oder nicht. Ob sich die Buchführungspflicht nun aus § 140 AO oder § 141 AO ergibt, ist letztendlich für die steuerliche Gewinnermittlung ohne Bedeutung. Bei einem Bundesligaverein mit Lizenzspielerabteilung kann man wohl davon ausgehen, dass eine Buchführungspflicht nach § 238 HGB besteht und somit § 140 AO schon zur Anwendung kommt und nicht auf den subsidiären § 141 AO abzustellen ist.

Die Lizenzspielerabteilung eines Bundesligavereins stellt ein Handelsgewerbe im Sinne des § 1 Abs. 2 HGB dar. Der Begriff des Gewerbebetriebes nach § 1 Abs. 2 HGB ist nicht gleichzusetzen mit dem aus § 15 EStG.[264] Da es keine gesetzliche Definition im HGB gibt, oblag es der Rechtsprechung und Lehre eine solche zu entwickeln. Unter einem Gewerbe im handelsrechtlichen Sinne versteht man eine „*erkennbar planmäßige, auf Dauer angelegte, selbständige, auf Gewinnerzielung ausgerichtete oder jedenfalls wirtschaftliche Tätigkeit am Markt unter Ausschluss freiberuflicher, wissenschaftlicher und künstlerischer Tätigkeit*“.[265]

---

263 Vgl. *Fischer* in: Hübschmann/Hepp/Spitaler, AO, § 64 Rn. 50; *Bott* in: Schauhoff, § 8 Rn. 60.

264 Vgl. *Hopt* in: Baumbach/Hopt, HGB, § 1 Rn. 11.

265 Statt vieler BGH v. 10.06.1974 – VII ZR 44/73, BGHZ 63, 32, 33; *Hopt* in: Baumbach/Hopt, HGB, § 1 Rn. 12.

Der Begriff des Gewerbebetriebs im Sinne des HGB weicht nicht weit von dem steuerrechtlichen Begriff des Gewerbebetriebs ab. Lediglich die Gewinnerzielungsabsicht wird nicht vorausgesetzt. Durch das Erfüllen des steuerrechtlichen Begriffs des Gewerbebetriebs durch die Lizenzspielerabteilung ist sie auch als solcher nach handelsrechtlichen Gesichtspunkten zu qualifizieren, da hier weniger gefordert wird als in § 15 EStG.

Die Vermutung des § 1 Abs. 2 2. Halbsatz HGB kann nicht widerlegt werden. Aufgrund der Umsatzgröße und des Geschäftsumfangs bedarf es für den wirtschaftlichen Geschäftsbetrieb „Lizenzspielerabteilung" eines in kaufmännischer Weise eingerichteten Geschäftsbetriebs.

Bezüglich der Kaufmannseigenschaft ist entscheidend, wer das Unternehmen betreibt, da er Kaufmann im Sinne des HGB ist.[266] Kaufmann kann auch ein Idealverein gemäß § 21 BGB sein, wenn dieser die Voraussetzungen der §§ 1 ff. HGB erfüllt.[267] Für diese gelten gerade die §§ 33 ff. HGB, so dass eine Eintragung ins Handelsregister erforderlich ist.

Die handelsrechtliche Buchführungspflicht nach § 238 HGB führt somit auch zu einer steuerrechtlichen gemäß § 140 AO.[268] Aufgrund der Tatsache, dass der Verein buchführungspflichtig ist, erfolgt die Gewinnermittlung durch Betriebsvermögensvergleich nach §§ 4 Abs. 1, 5 EStG. Gewinn ist somit der Unterschiedsbetrag zwischen dem Betriebsvermögen am Schluss des Wirtschaftsjahres und dem Betriebsvermögen am Schluss des vorangegangenen Wirtschaftsjahres, vermehrt um den Wert der Entnahmen und vermindert um den Wert der Einlagen, § 4 Abs. 1 Satz 1 EStG.

Bei der Gewinnermittlung können sich dahingehend Probleme ergeben, dass der Verein zwischen den Einnahmen und Ausgaben des wirtschaftlichen Geschäftsbetriebes und denen aus der steuerbefreiten Sphäre trennen muss. Lediglich die Einnahmen und Ausgaben, die durch den wirtschaftlichen Geschäftsbetrieb

---

266 *K. Schmidt* in: MüKo, HGB, § 1 Rn. 37; *Hopt* in: Baumbach/Hopt, HGB, § 1 Rn. 30.

267 *K. Schmidt* in: MüKo, HGB, § 1 Rn. 40; *Sack*, ZGR 1974, 179, 183 m.w.N.

268 Eine steuerrechtliche Buchführungspflicht würde sich aufgrund der wirtschaftlichen Größe der Lizenzspielerabteilung auch aus § 141 AO ergeben. Die Umsatzgröße des § 141 I 1 Nr. 1 AO von 500.000 € im Wirtschaftsjahr wird deutlich übertroffen. Die Gewinnvoraussetzungen des § 141 I 1 Nr. 4 AO werden derzeit nicht von allen Vereinen jedes Jahr erfüllt. Bezüglich der Umsatzgröße kommt es bei Bundesligavereinen nicht darauf an, wie man den Begriff „einzelner Betrieb" versteht. Die Finanzverwaltung stellt diesbezüglich auf den Gesamtbetrieb ab, während *Hüttemann* aufgrund des Wortlauts tatsächlich nur auf den einzelnen Betrieb abstellen möchte, vgl. hierzu *Hüttemann*, § 7 Rn. 40.

veranlasst worden sind, dürfen bei der Gewinnermittlung berücksichtigt werden.[269] Es stellt sich insoweit die Frage, ob der Verein Ausgaben aus dem ideellen Bereich eventuell in den wirtschaftlichen Geschäftsbetrieb verlagern und so zu einer Steuerersparnis gelangen kann oder ob er Einnahmen des wirtschaftlichen Geschäftsbetriebs in den ideellen Bereich übertragen kann, um auf diese Weise die Steuerlast nicht zu erhöhen.

(1) Betriebseinnahmen

Steuerbare Einnahmen eines Vereins liegen vor, wenn sie dem wirtschaftlichen Geschäftsbetrieb zuzuordnen sind, § 64 Abs. 1 AO. Eine Zuordnung ist dann gegeben, wenn die Einnahmen durch die wirtschaftliche Tätigkeit veranlasst wurden.[270] Die Einnahmen müssen infolge der wirtschaftlichen Tätigkeit entstanden sein.[271] Können die Einnahmen nicht der wirtschaftlichen Tätigkeit zugeordnet werden, handelt es sich um solche des ideellen Bereichs und sind dann nicht steuerpflichtig. Dies ist etwa bei Spenden und Zuschüssen der Fall, da sie dem Verein nicht aufgrund der wirtschaftlichen Tätigkeit zufließen.[272] Im Hinblick auf Mitgliedsbeiträge enthält § 8 Abs. 5 KStG eine spezielle Regelung, wie mit diesen bei der Gewinnermittlung zu verfahren ist. Sie sind bei der Ermittlung außer Ansatz zu lassen, da auch sie nicht durch die wirtschaftliche Tätigkeit veranlasst werden.[273]

Aufgrund des Nachweises der wirtschaftlichen Veranlassung durch den wirtschaftlichen Geschäftsbetrieb muss der Verein eine eindeutige Trennung zwischen den Einnahmen aus dem wirtschaftlichen Geschäftsbetrieb „Lizenzspielerabteilung“ und dem ideellen Bereich vornehmen.

Möglicherweise könnten sich aus dieser Trennung der unterschiedlichen Bereiche im Verein gewisse steuerliche „Chancen“ ergeben. So könnten zum Beispiel Einnahmen vorliegen, die sowohl durch den wirtschaftlichen Geschäftsbetrieb als auch durch den ideellen Bereich veranlasst wurden. Dies könnte dann dazu führen, dass diese Einnahmen eventuell ganz oder zumindest zu einem

---

269 Vgl. BFH v. 26.02.1992 – I R 149/90, BStBl. II 1992, 693; *Fischer* in: Hübschmann/Hepp/Spitaler, AO, § 64 Rn. 51.

270 *Bott* in: Schauhoff, § 8 Rn. 255 ff., 265 ff.; *König* in: Pahlke/König, AO, § 64 Rn. 10; *Seer* in Tipke/Kruse, AO, § 64 Rn. 10; BFH v. 13.03.1991 I R 8/88, BStBl. II 1992, 101; BFH v. 27.03.1991 – I R 31/89, BStBl. II 1992, 103.

271 BFH v. 27.03.1991 – I R 31/89, BStBl. II 1992, 103; *Lang/Seer*, FR 1994, 532.

272 Vgl. *König* in: Pahlke/König, AO, § 64 Rn. 10.

273 Vgl. *Jachmann/Unger* in: Beermann/Gosch, AO, § 64 Rn. 83; *König* in: Pahlke/König, AO, § 64 Rn. 10.

Teil steuerbefreit wären. Der Verein müsste hierfür nicht einmal die eindeutige Veranlassung durch den ideellen Bereich nachweisen, da grundsätzlich davon ausgegangen wird, dass die Einnahmen durch diesen erzielt wurden, wenn sie nicht durch die wirtschaftliche Tätigkeit veranlasst wurden.

(2) Betriebsausgaben

Auch hinsichtlich der Betriebsausgaben bedarf es einer Trennung zwischen dem wirtschaftlichen Geschäftsbetrieb und den steuerbefreiten Bereichen des Vereins.

Ausgaben, die in den steuerbefreiten Bereichen des Vereins anfallen, dürfen das Ergebnis des wirtschaftlichen Geschäftsbetriebes nicht mindern. Dies folgt schon aus dem objektiven Nettoprinzip und aus dem Gebot der Wettbewerbsneutralität.[274] Lediglich die Betriebsausgaben, die in einem wirtschaftlichen Zusammenhang mit der Einkünfteerzielung des wirtschaftlichen Geschäftsbetriebes stehen, dürfen die Einkünfte mindern. Fallen die Ausgaben nur im wirtschaftlichen Geschäftsbetrieb an, dann sind sie auch bei der Gewinnermittlung zu berücksichtigen.

Der Gesetzgeber hat bezüglich gemeinnütziger Körperschaften Regelungen getroffen, nach denen ein Abzug der Aufwendungen ausgeschlossen ist. Über die Verweisung in § 8 Abs. 1 KStG ist § 3c Abs. 1 EStG auch im Körperschaftsteuerrecht anwendbar. Danach dürfen Ausgaben, *„soweit sie mit steuerfreien Einnahmen in unmittelbarem wirtschaftlichen Zusammenhang stehen, nicht als Betriebsausgaben abgezogen werden"*. Dies bedeutet für einen gemeinnützigen Verein, dass Ausgaben, die im unmittelbaren Zusammenhang mit den Einnahmen durch den ideellen Zweck entstehen, nicht auf der Ebene des wirtschaftlichen Geschäftsbetriebes abgezogen werden dürfen.

Gemäß § 10 Nr. 1 KStG sind solche Aufwendungen *„für die Erfüllung von Zwecken des Steuerpflichtigen, die durch Stiftungsgeschäft, Satzung oder sonstige Verfassung vorgeschrieben sind"*, ebenfalls nicht abziehbar.

In § 10 Nr. 1 KStG folgt das Abzugsverbort unmittelbar aus der Einkommensverwendung. Diese Regelung sei ähnlich dem § 12 EStG, da verhindert werden soll, dass *„Ausgaben, die der Sache nach „private" Einkommensverwendung darstellen, bei der Ermittlung des Einkommens abgezogen werden können"*.[275]

---

274 So *Bott* in: Schauhoff, § 8 Rn. 91; *Lang/Seer*, FR 1994, 521, 524.

275 So *Hüttemann*, § 7 Rn. 49 m.w.N.

(3) Gemischte Aufwendungen
Stehen die Ausgaben sowohl mit dem wirtschaftlichen Geschäftsbetrieb als auch mit der steuerbefreiten Sphäre des Vereins in einem wirtschaftlichen Zusammenhang, dann stellt sich die Frage, ob und wenn ja, wie eine Aufteilung und ein Abzug dieser Ausgaben möglich ist.

Die Behandlung solcher „gemischter Aufwendungen" ist streitig, da das KStG für diese Fälle keine Regelung enthält.

Der BFH hat ausdrücklich festgestellt, dass § 12 Nr. 1 Satz 2 EStG nicht im KStG gilt.[276] Auch das Abzugsverbot des § 10 Nr. 1 KStG greift wegen der betrieblichen Veranlassung in diesem Fall nicht ein.[277] Der BFH ist in seiner Rechtsprechung zu gemischten Aufwendungen sehr restriktiv und lässt eine Berücksichtigung beim wirtschaftlichen Geschäftsbetrieb nur ausnahmsweise zu.[278] Nach Ansicht des BFH *„setzt die Zuordnung der Ausgabe eine Gewichtung der verschiedenen Anlässe ihrer Entstehung voraus, wenn ihr Entstehen auf mehreren, steuerrechtlich unterschiedlich zu beurteilenden Tätigkeiten beruht"*.[279] Für diese Gewichtung sei es von Bedeutung, dass eine Körperschaft, die die teilweise Befreiung von der Körperschaftsteuer erlangen und bewahren will, nicht in erster Linie eigenwirtschaftliche Zwecke verfolgen darf.[280]

Aus diesem Grund geht der BFH in seiner Entscheidung davon aus, dass bei gemischten Aufwendungen primärer Anlass für diese Aufwendungen die steuerbefreite Tätigkeit ist und deshalb keine Veranlassung durch den wirtschaftlichen Geschäftsbetrieb vorliegt, wenn die Ausgabe auch ohne den Geschäftsbetrieb angefallen wäre.[281] Eine Aufteilung der Aufwendungen im Verhältnis zu den verschiedenen Bereichen des Vereins sei nur dann möglich, wenn die Ausgabe ohne den wirtschaftlichen Geschäftsbetrieb geringer gewesen wäre. Der BFH hält sich folglich sehr streng an das Veranlassungsprinzip.

In späteren Entscheidungen hat der BFH seine Interpretation des Veranlassungsprinzips bei Aufwendungen im Rahmen der partiellen Steuerpflicht

---

276 BFH v. 16.12.1981 – I R 140/81, BStBl. II 1982, 465, 467.

277 BFH v. 15.07.1987 – I R 280/81, BStBl. II 1988, 75, 76.

278 Vgl. BFH v. 27.03.1991 – IR 31/89, BStBl. II 1992, 103; BFH v. 05.02.1992 – I R 59/91, BFH/NV 1993, 341; BFH v. 21.09.1995 – I B 85/94, BFH/NV 1996, 268; BFH v. 21.07.1999 – I R 55/98, BFH/NV 2000, 85.

279 BFH v. 27.03.1991 – I R 31/89, BStBl. II 1992, 103, 104.

280 BFH v. 27.03.1991 – I R 31/89, BStBl. II 1992, 103, 104.

281 BFH v. 27.03.1991 – I R 31/89, BStBl. II 1992, 103; a.A. noch BFH v. 28.11.1961 – I 34/61 U, BStBl.III 1962, 73.

wirtschaftlicher Geschäftsbetriebe weiterentwickelt.[282] Danach setzt die Zuordnung der Aufwendungen eine Gewichtung der verschiedenen Anlässe der Entstehung der Ausgabe voraus, wenn ein wirtschaftlicher Zusammenhang sowohl mit der wirtschaftlichen Tätigkeit als auch mit dem nicht steuerpflichtigen Bereich besteht.[283] Die Ausgabe ist als Betriebsausgabe abzugsfähig, wenn sie allein durch das Unterhalten des wirtschaftlichen Geschäftsbetriebs veranlasst wurde. Ergibt die Gewichtung eine vorrangige Veranlassung durch den ideellen Bereich kommt ein Betriebsausgabenabzug nicht in Betracht. Etwas anderes ergebe sich nur dann, wenn durch den wirtschaftlichen Geschäftsbetrieb ein Mehraufwand entsteht. Dieser Mehraufwand wäre als Betriebsausgabe abzugsfähig.[284] Kommt die Gewichtung zu keinem eindeutigen Ergebnis, dann sei davon auszugehen, dass die steuerbegünstigte Körperschaft „in erster Linie" ideelle Zwecke verfolgt, § 55 Abs. 1 AO, und ein Betriebsausgabenabzug aus diesem Grund nicht in Betracht kommt.[285] Der BFH hat sich somit ein wenig von seiner Rechtsprechung im Hinblick auf die primäre Veranlassung entfernt und stellt darauf nur noch ab, wenn eine eindeutige Gewichtung nicht mehr möglich ist.

Es erscheint fraglich, ob diese Rechtsprechung, gerade in Bezug auf die nichteindeutige Gewichtung, in dieser Weise aufrechterhalten werden kann, insbesondere vor dem Hintergrund des Beschlusses des Großen Senates vom 21.09.2009[286].[287]

In seinem Beschluss führt der Große Senat aus:

> *„Das Gebot der Steuergerechtigkeit (Besteuerung nach der wirtschaftlichen Leistungsfähigkeit) vermag also ein generelles Aufteilungs- und Abzugsverbot, das auch einen zweifelsfrei nachgewiesenen beruflichen Kostenanteil nicht zum Abzug als Betriebsausgaben*

---

282 Vgl. BFH v. 21.07.1999 – I R 55/98, BFH/NV 2000, 85; BFH v. 05.06.2003 – I R 76/01, BStBl. II 2005, 305, die Finanzverwaltung hat hierauf mit einem Nichtanwendungserlass reagiert, BMF v. 24.03.2005, BStBl. I 2005, 608; ausführlich hierzu *Bott* in: Schauhoff, § 8 Rn. 270.

283 Vgl. BFH v. 21.07.1999 – I R 55/98, BFH/NV 2000, 85; BFH v. 05.06.2003 – I R 76/01, BStBl. II 2005, 305.

284 Vgl. BFH v. 21.07.1999 – I R 55/98, BFH/NV 2000, 85; BFH v. 05.06.2003 – I R 76/01, BStBl. II 2005, 305; *Bott* in: Schauhoff, § 8 Rn. 270.

285 Vgl. BFH v. 21.07.1999 – I R 55/98, BFH/NV 2000, 85; BFH v. 05.06.2003 – I R 76/01, BStBl. II 2005, 305.

286 BFH v. 21.09.2009 – GrS 1/06, BStBl. II 2010, 672.

287 So auch *Fischer* in: Hübschmann/Hepp/Spitaler, § 64 Rn. 81; das Hessische Finanzgericht v. 26.04.2012 – 4 K 2789/11, EFG 2012, 1776, sieht die Grundsätze von dem Beschluss als nicht berührt an.

oder Werbungskosten zulässt, nicht zu rechtfertigen; vielmehr gebietet das Leistungsfähigkeitsprinzip die Berücksichtigung des beruflichen Anteils durch Aufteilung, notfalls durch Schätzung".[288]

Diese Maßstäbe könnten auch bei steuerbegünstigten Körperschaften mit einem wirtschaftlichen Geschäftsbetrieb zur Anwendung kommen, sodass eine Aufteilung auch bei nichteindeutiger Gewichtung der Ausgaben denkbar wäre.

Die Finanzverwaltung verfolgt zwar weiterhin einen restriktiven Ansatz bei der Beurteilung von gemischten Aufwendungen und stellt grundsätzlich noch auf die primäre Veranlassung ab, vgl. AEAO zu § 64 Nr. 5 Satz 1. Allerdings lässt sie gewisse Ausnahmen von der restriktiven Rechtsprechung zu. So sind eine Aufteilung der Ausgaben und ein teilweiser Abzug dieser beim wirtschaftlichen Geschäftsbetrieb dann möglich, wenn ein objektiver Maßstab für die Aufteilung besteht, vgl. AEAO zu § 64 Nr. 6.

In der Literatur wurden die Grundsätze des BFH in seiner Entscheidung vom 27.03.1991[289] hinsichtlich der gemischten Aufwendungen dagegen stark kritisiert.[290] Der BFH verkenne den Inhalt des Gebotes der Selbstlosigkeit in § 55 Abs. 1 Satz 1 AO, die Rechtsprechung verstoße gegen das objektive Nettoprinzip und sei vor dem Hintergrund des Sinn und Zweckes der partiellen Steuerpflicht nicht geboten.[291]

Zusätzlich verkenne der BFH den Inhalt des Selbstlosigkeitsgebotes dahingehend, dass er es zur Beurteilung von gemischten Aufwendungen heranzieht, obwohl es sich lediglich um ein subjektives Element der Gemeinnützigkeit handele und gerade keine Aussage über die steuerliche Veranlassung von Aufwendungen treffe.[292]

Hinzu komme, dass der BFH es selbst als unschädlich ansieht, wenn die unternehmerischen Aktivitäten die gemeinnützigen überwiegen.[293]

Ein Verstoß gegen das objektive Nettoprinzip liege deshalb vor, weil die betriebliche Mitveranlassung durch die Rechtsprechung des BFH außer Acht bleibe. Es könne so sogar zu einer Überbesteuerung der gemeinnützigen Körperschaft kommen.[294] Das von der Rechtsprechung hergeleitete Abzugsverbot

---

288 BFH v. 21.09.2009 – GrS 1/06, BStBl. II 2010, 672, 683.

289 BFH v. 27.03.1991 – I R 31/89, BStBl. II 1992, 103.

290 Vgl. etwa *Hüttemann*, Besteuerung der öffentlichen Hand, S. 142 ff.; *Lang/Seer*, FR 1994, 521; *Thiel*, DB 1993, 1208; *Bott* in: Schauhoff, § 8 Rn. 271.

291 So *Hüttemann*, § 7 Rn. 52.

292 *Hüttemann*, § 7 Rn. 52.

293 Vgl. etwa BFH v. 15.07.1998 – I R 156/94, BStBl. II 2002, 162.

294 *Hüttemann*, § 7 Rn. 52; *Bott* in: Schauhoff, § 8 Rn. 271.

sei auch nicht vom Sinn und Zweck der partiellen Steuerpflicht gedeckt.[295] Das hinter der partiellen Steuerpflicht stehende Gebot der Wettbewerbsneutralität findet auch bei der Gewinnermittlung seine Anwendung.[296] Der Grundsatz der Wettbewerbsneutralität rechtfertige aber keine Überbesteuerung von wirtschaftlichen Geschäftsbetrieben.

Der Kritik der Literatur ist zuzustimmen. Die Rechtsprechung des BFH legt einen viel zu strengen Maßstab bei der steuerlichen Behandlung von gemischten Aufwendungen im Gemeinnützigkeitsrecht an.

Es ist nicht verständlich, warum der BFH als Argument das Selbstlosigkeitsgebot des § 55 AO anführt, wenn er selbst den Betrieb eines wirtschaftlichen Geschäftsbetriebes sogar in größerem Umfang billigt. Es ist zwar zutreffend, dass die gemeinnützige Körperschaft Ausgaben in erster Linie zur Förderung ihres ideellen Zweckes tätigen sollte, allerdings ist es nur logische Konsequenz, dass bei der Tätigkeit eines zulässigen wirtschaftlichen Geschäftsbetriebes auch Ausgaben anfallen, die beide Bereiche betreffen können.

Mit Blick auf den Beschluss des Großen Senats vom 21.09.2009 erscheint es als sehr fraglich, ob der BFH seine Rechtsprechung weiterhin so aufrechterhält oder ob er nicht im Hinblick auf das objektive Nettoprinzip von ihr abweichen wird. Der Beschluss erging zwar zum im KStG nicht anwendbaren § 12 Nr. 1 EStG, jedoch beinhaltet er allgemeingültige Rechtsgrundsätze, da das Leistungsfähigkeitsprinzip und das objektive Nettoprinzip im gesamten Steuerrecht ihre Gültigkeit haben, so dass eine Anwendbarkeit über den § 12 Nr. 1 EStG denkbar wäre.

Das Gebot der Wettbewerbsneutralität sollte auch nicht nur so auszulegen sein, dass die Marktteilnehmer geschützt werden, die nicht von einer Steuerbefreiung profitieren, sondern auch derjenige, der partiell steuerpflichtig ist, die Vorteile nutzen kann, die sich durch die Besteuerung ergeben. Zu diesen Vorteilen zählt aber gerade die Möglichkeit, dass Aufwendungen, die eine betriebliche Veranlassung haben, den Gewinn mindern können. Würde man den Abzug nicht zulassen, obwohl eine Aufteilung möglich ist, dann stünde der wirtschaftliche Geschäftsbetrieb und letztendlich auch die gemeinnützige Körperschaft schlechter da als ein Marktteilnehmer ohne Steuerbefreiung.

In der Literatur wird aufgrund dieser Kritik vorgeschlagen, die Problematik der Abzugsfähigkeit gemischter Aufwendungen mit Hilfe des § 3c Abs. 1 EStG

---

295 *Thiel*, DB 1993, 1208, 1210; Lang/*Seer*, FR 1994, 521, 524; *Hüttemann*, § 7 Rn. 53; *Bott* in: Schauhoff, § 8 Rn. 271.

296 *Thiel*, DB 1993, 1208, 1210; Lang/*Seer*, FR 1994, 521, 524; *Hüttemann*, § 7 Rn. 53.

zu lösen.[297] Besteht ein Zusammenhang mit steuerfreien Einnahmen, dann soll der Abzug ausgeschlossen sein. Wird aber die objektive Leistungsfähigkeit gemindert, dann seien eine Aufteilung vorzunehmen und ein Teilabzug zuzulassen, da der wirtschaftliche Geschäftsbetrieb eines gemeinnützigen Vereins gerade nicht schlechter gestellt werden dürfe als ein Konkurrent, der nicht Teil einer gemeinnützigen Körperschaft ist.[298]

Da die Finanzverwaltung im Anwendungserlass nur gewisse Ausnahmen zugelassen hat und der BFH seine Rechtsprechung von 1991 noch nicht geändert hat, ist einem gemeinnützigen Verein zu raten, den wirtschaftlichen Geschäftsbetrieb und den steuerbefreiten Bereich so klar voneinander zu trennen, dass bei größeren Aufwendungen keine Zweifel bestehen, dass eine ausschließlich betriebliche Veranlassung gegeben ist. Es erscheint zwar denkbar, dass der wirtschaftliche Geschäftsbetrieb oder der gemeinnützige Bereich des Vereins davon profitieren können, dass der wirtschaftliche Geschäftsbetrieb noch nicht ausgegliedert wurde, jedoch ist dieser positive Effekt eher gering im Vergleich zu dem Risiko, welches die Rechtsprechung des BFH zu den gemischten Aufwendungen für steuerbefreite Körperschaften i.S.d. § 5 Abs. 1 Nr. 9 KStG mit wirtschaftlichen Geschäftsbetrieben mit sich bringt.

(4) Betriebsvermögen des wirtschaftlichen Geschäftsbetriebs

Ein wirtschaftlicher Geschäftsbetrieb kann unzweifelhaft notwendiges Betriebsvermögen haben, wenn das Wirtschaftsgut im entsprechenden Umfang von mehr als 50 % für den Geschäftsbetrieb genutzt wird.[299] Fraglich ist, ob auch gewillkürtes Betriebsvermögen möglich ist oder ob diesem die Zuordnung zum ideellen Bereich im Wege steht. Gewillkürtes Betriebsvermögen liegt vor, wenn es bestimmt und geeignet ist, den Betrieb zu fördern und weder notwendiges Betriebsvermögen noch notwendiges Privatvermögen ist.[300] Bei gemeinsam genutzten Wirtschaftsgütern kann gewillkürtes Betriebsvermögen vorliegen, wenn die betriebliche Nutzung zwischen 10 und 50 % liegt und der Bilanzierende es der betrieblichen Sphäre zuordnet.[301] Erfolgt die Gewinnermittlung durch Betriebsvermögensvergleich, so sei die Bildung von gewillkürten Betriebsvermögen

---

297 Vgl. *Hüttemann*, § 7 Rn. 50; *Thiel*, DB 1993, 1208 ff.; *Lang/Seer*, FR 1994, 521 ff.; *Bott* in: Schauhoff, § 8 Rn. 274.

298 *Lang/Seer*, FR 1994, 521, 523 f., 531.

299 So *Fischer* in: Hübschmann/Hepp/Spitaler, AO, § 64 Rn. 88.

300 Vgl. BFH v. 30.04.1975 – I R 111/73, BStB. II 1975, 582; BFH v. 07.04.1992 – VIII R 86/87, BStBl. II 1993, 21.

301 R 4.2 Abs. 1 Satz 6 EStR.

möglich.[302] Diese Ansicht ist nur konsequent, da es anders zu einer Einschränkung im Rahmen des Betriebsvermögensvergleichs käme, die m.E. nach nicht zu rechtfertigen wäre. Erfüllt ein Steuerpflichtiger die Voraussetzungen für die Ermittlung des Gewinns mit Hilfe des Betriebsvermögensvergleichs, dann sollten auch sämtliche Grundsätze anwendbar sein, mithin die Möglichkeit des gewillkürten Betriebsvermögens.

(5) Einlagen und Entnahmen

Durch die häufig enge Verzahnung des wirtschaftlichen Geschäftsbetriebes mit dem Restverein kann es dazu kommen, dass Wirtschaftsgüter von dem einen in den anderen Bereich überführt werden. Findet ein solcher Transfer von Wirtschaftsgütern statt, dann kommen die Grundsätze über die Entnahme bzw. Einlage zur Anwendung.[303]

Bei der Gewinnermittlung ist also die Abgrenzung der Bereiche genauso zu beachten wie bei der allgemeinen Abgrenzung zwischen Betriebs- und Privatbereich. Zur Anwendung kommen daher die für die Steuerbilanz geltenden § 6 Abs. 1 Nr. 4 und 5 EStG.[304]

Damit eine Einlage vorliegt, ist Voraussetzung, dass das eingelegte Wirtschaftsgut zum Betriebsvermögen gehört. Wie bereits oben dargestellt, kann es bei einem wirtschaftlichen Geschäftsbetrieb auch zum gewillkürten Betriebsvermögen gehören.

Bei notwendigem Betriebsvermögen erfolgt die Einlage durch eine Nutzungsänderung und bei gewillkürtem durch die bilanzielle Erfassung.[305] Angesetzt wird die Einlage mit dem Teilwert, § 6 Abs. 1 Nr. 5 EStG.[306]

Das Gegenstück zur Einlage bildet die Entnahme eines Wirtschaftsgutes. Eine solche liegt dann vor, wenn notwendiges oder gewillkürtes Betriebsvermögen in den steuerbefreiten Bereich überführt wird. Hinsichtlich der Bewertung wird ebenfalls der Teilwert angesetzt, § 6 Abs. 1 Nr. 4 Satz 1 EStG. Dies dient der steuerlichen Erfassung der etwaig gebildeten stillen Reserven.

---

302 *Halaczinsky* in: Wallenhorst/Halaczinsky, S. 536.

303 *Heger* in: Gosch, KStG, § 5 Rn. 79; BFH v. 04.12.1996 – I R 54/95, BFHE 182, 123; BFH v. 08.07.1998 – I R 123/97, BFHE 186, 540.

304 Ausführlicher hierzu *Bott* in: Schauhoff, § 8 Rn. 96 ff.

305 *Halaczinsky* in: Wallenhorst/Halaczinsky, S. 538.

306 Teilwert ist gemäß § 6 I Nr. 1 S. 3 EStG der Betrag, den ein Erwerber des ganzen Betriebs im Rahmen des Gesamtkaufpreises für das einzelne Wirtschaftsgut ansetzen würde, wobei davon auszugehen ist, dass der Erwerber den Betrieb fortführt.

Fraglich ist, ob das Buchwertprivileg des § 6 Abs. 1 Nr. 4 Satz 4 EStG bei der Entnahme aus einem wirtschaftlichen Geschäftsbetrieb zur Anwendung kommen kann, wenn das Wirtschaftsgut in den ideellen Bereich derselben gemeinnützigen Körperschaft übergeht. Das Buchwertprivileg führt dazu, dass bei der Entnahme keine stillen Reserven aufgedeckt werden. Grundgedanke der Regelung ist, dass so die Spendenbereitschaft gefördert wird.[307] Durch die Begrenzung des Spendenabzugs in § 10b EStG und § 9 Abs. 1 Nr. 2 KStG n.F. kann es dazu kommen, dass die Aufdeckung der stillen Reserven nicht durch den Spendenabzug kompensiert wird. Dies soll durch das Buchwertprivileg verhindert werden.

Dem Wortlaut nach ist die Anwendung des Buchwertprivilegs zu verneinen. § 6 Abs. 1 Nr. 4 Satz 4 EStG spricht von einer „*unentgeltlichen Überlassung unmittelbar nach der Entnahme*". Der zeitliche Ablauf spricht somit schon dafür, dass das Buchwertprivileg nur dann zur Anwendung kommt, wenn das Wirtschaftsgut einer anderen gemeinnützigen Körperschaft überlassen wird. Nach dem Wortlaut von § 6 Abs. 1 Nr. 4 Satz 4 EStG kommt es erst zur Entnahme und dann zur Überlassung. Wenn allerdings ein Wirtschaftsgut aus einem wirtschaftlichen Geschäftsbetrieb in den ideellen Bereich eines gemeinnützigen Vereins überführt wird, dann fallen Entnahme und Überlassung zusammen.[308] Der Gesetzgeber möchte mit der Voraussetzung der Unmittelbarkeit verhindern, dass zunächst eine Entnahme stattfindet und erst später der Entschluss gefasst wird, eine Sachspende an eine steuerlich privilegierte Körperschaft zu leisten. Die Entnahme soll gerade aufgrund des Entschlusses zur Sachspende geschehen.

Gegen die Anwendbarkeit des Buchwertprivilegs bei der Entnahme eines Wirtschaftsgutes aus dem wirtschaftlichen Geschäftsbetriebes zugunsten des ideellen Bereiches spricht auch die Auslegung des Wortes „überlassen". Der Begriff der „Überlassung" sei im Sinne einer Übertragung zu verstehen.[309] Eine reine Nutzungsüberlassung im Sinne einer Leihe kann im Hinblick auf § 6 Abs. 1 Nr. 4 Satz 5 EStG nicht gemeint sein. Hiernach ist das Buchwertprivileg nicht auf Nutzungen und Leistungen anwendbar.[310] Die Anwendung des Buchwertprivilegs setzt aber voraus, dass das Wirtschaftsgut auf ein anderes Rechtssubjekt übergeht. Wie bereits oben erwähnt ist ein wirtschaftlicher Geschäftsbetrieb

---

307 So *Schober* in: Herrmann/Heuer/Raupach, § 6 EStG Rn. 1205.

308 So auch *Hüttemann*, § 8 Rn. 188 ff; *Hüttemann*, DB 2008, 1590; *Seer*, GmbHR 2008, 785.

309 *Hüttemann*, DB 2008, 1590, 1591.

310 Vgl. *Werndl* in: Kirchhof/Söhn/Mellinghoff, EStG, § 6 Rn. E 50, Fn. 96.

kein eigenständiges Rechtssubjekt, sondern ein Teil des gemeinnützigen Vereins. Wird dann ein Wirtschaftsgut aus dem wirtschaftlichen Geschäftsbetrieb entnommen und dem ideellen Bereich zugeführt, liegt keine Übertragung auf ein anderes Rechtssubjekt vor, sodass die Anwendung des Buchwertprivilegs ausscheiden muss.[311]

Die Nichtanwendbarkeit des Buchwertprivilegs ist m.E. vor dem Hintergrund der steuerrechtlichen Einordnung und Behandlung des wirtschaftlichen Geschäftsbetriebes nur konsequent. Der gemeinnützige Verein und ein wirtschaftlicher Geschäftsbetrieb des Vereins können keine zivilrechtlich und steuerrechtlich wirksamen Verträge schließen, da der wirtschaftliche Geschäftsbetrieb kein selbständiges Rechtssubjekt ist. Auch ist ein Spendenabzug nicht möglich, wenn der wirtschaftliche Geschäftsbetrieb finanzielle Zuwendungen an den ideellen Bereich leistet. Bei der Entnahme, die einer Sachspende gleichkommt, kann das Ergebnis folglich nicht anders sein.

(6) Verdeckte Gewinnausschüttungen

Kommt es zu Wertverschiebungen zwischen dem wirtschaftlichen Geschäftsbetrieb und Mitgliedern des Vereins, die zu einer Vermögensminderung führen, dann sollte der Gewinn mit Hilfe der Grundsätze über die verdeckte Gewinnausschüttung korrigiert werden.[312]

Verdeckte Gewinnausschüttungen sind bei Vereinen die Minderungen oder verhinderten Mehrungen ihres Vermögens, die sich auf das Einkommen auswirken, in keinem Zusammenhang mit offenen Gewinnausschüttungen stehen und durch das Mitgliedschaftsverhältnis veranlasst sind.[313]

Voraussetzung dabei ist auch, dass die Vermögensminderung bzw. die verhinderte Vermögensmehrung auf einer Handlung des Vereins beruht[314], also eine Rechtshandlung des Vorstands vorliegen muss, die nicht von der Vertretungsmacht gedeckt sein muss.[315]

Liegt eine verdeckte Gewinnausschüttung vor, so mindert sie das Einkommen der Körperschaft nicht, § 8 Abs. 3 Satz 2 KStG. Wurde sie als Betriebsausgabe abgezogen, so ist sie dem Gewinn wieder hinzuzurechnen.

---

311 So auch *Kulosa* in: Schmidt, EStG § 6 Rn. 541.

312 Vgl. BFH v. 13.11.1991 – I R 45/90, BStBl. II 1992, 429; BFH v. 13.08.1997 – I R 85/96, BStBl. II 1998, 161; *Gosch* in: Gosch, KStG, § 8 Rn. 201; *Lang/Bott* in: ERNST & YOUNG, KStG, § 8 Rn. 495.

313 So *HaladfdsfaHalaczinsky* in Wallenhorst/Halaczinsky, S. 539.

314 BFH v. 19.08.1998 – I R 21/98, BStBl. II 1999, 99.

315 BFH v. 18.07.1990 – I R 32/88, BStBl. II 1991, 484.

bb) Ausgleich von Verlusten

Aufgrund der Tatsache, dass der wirtschaftliche Geschäftsbetrieb eine Tätigkeit am Markt anbietet und mit Gewinnerzielungsabsicht handelt, kann es dazu kommen, dass kein Gewinn, sondern ein Verlust erwirtschaftet wird. Dies gilt auch für die Lizenzspielerabteilungen der Bundesligavereine.[316]

Es stellt sich die Frage, ob und wenn ja, wie diese Verluste ausgeglichen werden können. Nach früher herrschender Meinung durfte ein Verlust eines wirtschaftlichen Geschäftsbetriebes weder mit Mitteln aus dem ideellen Bereich des Vereins noch mit Gewinnen aus anderen wirtschaftlichen Geschäftsbetrieben ausgeglichen werden.[317]

Durch die Einführung des § 64 Abs. 2 AO hat der Gesetzgeber dies zumindest im Hinblick auf den Ausgleich des Verlustes mit Gewinnen aus anderen wirtschaftlichen Geschäftsbetrieben geändert. Zwischen einzelnen wirtschaftlichen Geschäftsbetrieben ist nun ein horizontaler Verlustausgleich gemäß § 8 Abs. 1 KStG i.V.m. § 2 Abs. 3 EStG möglich. Diese Möglichkeit bietet sich grundsätzlich auch für Vereine der Fußballbundesliga an. Durch die Unterhaltung mehrerer wirtschaftlicher Geschäftsbetriebe kann die Steuerlast auf diesem Wege gesenkt werden.

Ein Verlustausgleich mit Hilfe von Mitteln der steuerbefreiten Bereiche bleibt jedoch grundsätzlich unzulässig.[318] Würden solche Mittel dafür verwendet, läge ein Verstoß gegen § 55 AO und § 56 AO vor. Das BMF hat im AEAO zu § 55 Nr. 4–7 allerdings Ausnahmen entwickelt, wann die Verwendung von Mitteln des ideellen Bereiches zum Ausgleich von Verlusten der wirtschaftlichen Geschäftsbetriebe zulässig ist.

cc) Auswirkungen auf die Gemeinnützigkeitsregelungen der §§ 51 ff. AO

Es stellt sich die Frage, ob ein gemeinnütziger Verein überhaupt einen wirtschaftlichen Geschäftsbetrieb in der Größenordnung, die eine Lizenzspielerabteilung aufweist, unterhalten darf oder ob die Gemeinnützigkeitsregelungen der §§ 51 ff. AO dem entgegenstehen, insbesondere, ob ein Verstoß gegen das Gebot der Selbstlosigkeit aus § 55 AO vorliegt.

---

316 Der HSV zum Beispiel hat in den letzten drei Jahren, 2010/11, 2011/12 und 2012/13 Verluste erwirtschaftet.

317 Vgl. BFH v. 13.11.1996 – I R 152/93, BStBl. II 1998, 711; *Fischer* in: Hübschmann/Hepp/Spitaler, § 64 AO, Rn. 97 m.w.N.

318 AEAO zu § 55 Nr. 3; *Leisner-Egensperger* in: Hübschmann/Hepp/Spitaler, § 55 AO, Rn. 83 m.w.N.

(1) Verstoß gegen das Selbstlosigkeitsgebot des § 55 AO
Nach den gesetzlichen Vorgaben des § 55 AO darf der gemeinnützige Verein nicht in erster Linie eigenwirtschaftliche Zwecke verfolgen. In Kapitel 3 II. 3. wurden die Voraussetzungen des Gebotes der Selbstlosigkeit erläutert und auch die Problematik angesprochen, dass es keine eindeutigen Kriterien gibt, nach denen eine unschädliche von einer schädlichen Verfolgung eigenwirtschaftlicher Zwecke abgegrenzt werden kann. Nach Aufgabe der Geprägetheorie stellt sich die Frage, wie man bestimmen kann, ob die Unterhaltung eines wirtschaftlichen Geschäftsbetriebes noch im Rahmen der Gemeinnützigkeit zulässig ist oder ob eine Gemeinnützigkeitsschädlichkeit vorliegt. Dafür ist es erforderlich, die alte Gesetzeslage zu kennen und deren Weiterentwicklung zu untersuchen.

Nach früherer Auffassung der Finanzverwaltung war die Körperschaft

> *„nicht steuerbegünstigt, wenn ihr die wirtschaftliche Betätigung bei einer Gesamtbetrachtung das Gepräge gibt“.*[319]

Das durch die Geprägetheorie eröffnete Problemfeld stellte nach Ansicht *Wallenhorsts* eines der kompliziertesten des Gemeinnützigkeitsrechts dar.[320] Die Schwierigkeit bei der Behandlung der Geprägetheorie lag unter anderem darin, dass die gesetzlichen Regelungen einen eindeutigen Wortlaut vermissen lassen und sich anscheinend sogar widersprechen. In § 56 AO heißt es, dass eine gemeinnützige Körperschaft ausschließlich ihre steuerbegünstigten Zwecke verfolgen darf. Dem reinen Wortlaut ist also zu entnehmen, dass ein gemeinnütziger Sportverein als ausschließliche Tätigkeit nur die Förderung des Amateursports haben darf. Dem entgegen steht aber der Wortlaut des § 55 AO, der die Verfolgung eigenwirtschaftlicher Zwecke in einem bestimmten Rahmen zulässt.

Diesen beiden Normen ist somit nicht zu entnehmen, inwieweit ein gemeinnütziger Verein in zulässiger Weise wirtschaftlich tätig sein darf. Die sehr strenge Auslegung des § 56 AO kann aber nicht vom Gesetzgeber gewollt sein, da sonst die §§ 58 Nr. 9, 64 AO ohne Bedeutung wären. Diese Regelungen zeigen deutlich auf, dass die wirtschaftliche Betätigung einer gemeinnützigen Körperschaft auch vom Gesetzgeber akzeptiert wird. Allerdings ist auch aus diesen Paragraphen nicht zu entnehmen, in welchem Umfang dies eigentlich geschehen darf. Die Rechtsprechung und die Finanzverwaltung haben die Frage der Zulässigkeit der wirtschaftlichen Betätigung immer am Grundsatz der Selbstlosigkeit gem. § 55 Abs. 1 AO gemessen.[321]

---

319 Vgl. AEAO zu § 55 Nr. 2 a.F.; BMF-Schreiben v. 10.09.2002, BStBl. I 2002, 867.

320 *Wallenhorst*, DStR 2009, 717.

321 So etwa BFH v. 26.04.1989, BStBl. II 1989 – I R 209/85, 670; BFH v. 15.07.1998 – I R 156/94, BStBl. II 2002, 162; AEAO zu § 55.

Der BFH führte in einem Urteil[322] aus:

„Eine Körperschaft verfolgt nicht allein deswegen in erster Linie eigenwirtschaftliche Zwecke im Sinne des § 55 Abs. 1 AO 1977, weil sie einen wirtschaftlichen Geschäftsbetrieb unterhält und die unternehmerischen Aktivitäten die gemeinnützigen übersteigen. (...) Es liefe auch dem Ziel der steuerlichen Förderung gemeinnütziger Zwecke zuwider, Körperschaften allein wegen der Größe der von ihnen unterhaltenen wirtschaftlichen Geschäftsbetriebe die Möglichkeit gemeinnütziger Tätigkeiten vorzuenthalten."

Der BFH entwickelte in seiner Entscheidung keine bestimmten Kriterien, die ein Indikator für eine Gemeinnützigkeitsschädlichkeit hätten sein können. Vielmehr scheint es lediglich auf den Einzelfall anzukommen, wobei der BFH recht großzügig ist und eine wirtschaftliche Tätigkeit durchaus auch im größeren Umfang zulässt. Dies wohl vor dem Hintergrund, dass ein wirtschaftlicher Geschäftsbetrieb für viele gemeinnützige Körperschaften für die Mittelbeschaffung von großer Bedeutung ist. Die Thesaurierung der Gewinne diente im Urteilsfall dazu, die Existenz des Betriebes zu sichern. Diese Rechtsprechung ist, wie bereits an anderer Stelle erwähnt, zu begrüßen, da die Sicherung der Existenz eines wirtschaftlichen Geschäftsbetriebes von großer Bedeutung für die gemeinnützige Körperschaft und deren Zweckverfolgung ist.

Das BMF reagierte auf dieses Urteil recht spät mit einem BMF-Schreiben vom 15.02.2002[323], welches dann in den damaligen Anwendungserlass[324] übernommen wurde.

In diesem hieß es in Nr. 2 zu § 55 Abs. 1 Nr. 1 AO a.F.:

„Unterhält eine Körperschaft einen steuerpflichtigen wirtschaftlichen Geschäftsbetrieb, ist zwischen ihrer steuerbegünstigten und dieser wirtschaftlichen Tätigkeit zu gewichten. Die Körperschaft ist nicht steuerbegünstigt, wenn ihr die wirtschaftliche Tätigkeit bei einer Gesamtbetrachtung das Gepräge gibt."

Das BMF wollte mit dieser Formulierung die großzügige Rechtsprechung des BFH ein wenig eindämmen.[325] Allerdings legte es ebenfalls keine eindeutigen Kriterien fest, nach denen eine Abgrenzung vorgenommen werden konnte.

Aufgrund der Rechtsprechung des BFH ist eine Abgrenzung anhand von rein quantitativen Kriterien nicht möglich. Wie ausgeführt wurde, sah es der BFH

---

322 BFH v. 15.07.1998 – I R 156/94, BStBl. II 2002, 162. In dem Fall ging es darum, dass eine unternehmenstragende Stiftung über mehrere Jahre fast die gesamten Überschüsse aus dem wirtschaftlichen Geschäftsbetrieb thesauriert hat.

323 BMF v. 15.02.2002, BStBl. I 2002, 267.

324 BMF v. 10.09.2002, IV C 4 – S 0171 – 93/02.

325 Vgl. *Hüttemann*, FR 2002, 1337, 1339.

als unschädlich an, dass der wirtschaftliche Geschäftsbetrieb vom Umfang her größer war als der ideelle Bereich. Dies ist aus praktischer Sicht auch nur konsequent. Würde man schon dann eine Gemeinnützigkeitsschädlichkeit annehmen, wenn der wirtschaftliche Geschäftsbetrieb einen größeren Umfang annimmt als der gemeinnützige Verein, dann würde man die Tätigkeit der gemeinnützigen Körperschaften in Deutschland stark einschränken. Die wirtschaftlichen Geschäftsbetriebe dienen im Normalfall dazu, die Mittel für die gemeinnützige Zweckverfolgung zu generieren. Dies ist bei einem Sportverein letztendlich nicht anders.

Die Finanzverwaltung versuchte eine Abgrenzung unter anderem danach, welcher Teil der gemeinnützigen Körperschaft mehr Ressourcen nutzt und den größeren Beitrag zum Umsatz leistet.[326] Allerdings erscheinen diese Kriterien als nicht sehr effektiv. Wenn eine gemeinnützige Körperschaft ihre Mittel nur in begrenztem Umfang durch Spenden generieren kann und deshalb auf einen größeren wirtschaftlichen Geschäftsbetrieb angewiesen ist, dann wird dieser, auch was Mitarbeiter und andere Ressourcen anbelangt, einen weitaus größeren Umfang einnehmen als der ideelle Bereich.

Im Schrifttum gab es aufgrund der fehlenden Abgrenzungskriterien immer wieder Kritik an der Geprägetheorie.[327]

Der BFH erteilte der Geprägetheorie in seiner „Forschungseinrichtungs-Entscheidung" vom 04.04.2007 letztendlich eine klare Absage[328]:

> *„Soweit dem Urteil der Vorinstanz die Auffassung zugrunde liegen sollte, eine Körperschaft, die den überwiegenden Teil ihrer Einnahmen aus einem wirtschaftlichen Geschäftsbetrieb erzielt, werde stets durch den wirtschaftlichen Geschäftsbetrieb geprägt und sei daher in keinem Fall selbstlos i. S. des § 55 AO tätig, ist dem nicht zu folgen. (…) Maßgeblich ist vielmehr, ob das Vermögen der gemeinnützigen Körperschaft zweckgerichtet für die ideellen Zwecke eingesetzt wird und die Einnahmen aus der nicht begünstigten Tätigkeit für die begünstigte Tätigkeit verwendet werden."*

Nach Meinung des BFH kann ein Verstoß aber gegen § 56 AO vorliegen, wenn die wirtschaftliche Tätigkeit zum Selbstzweck der gemeinnützigen Körperschaft wird.[329]

---

326 Vgl. BMF v. 15.02.2002, BStBl. I 2002, 267; OFD Frankfurt v. 16.06.2005, S. 0187 A – 12 – St II 103, DStZ 2005, 578; OFD Kiel v. 25.08.2003, S. 0174 A – St 262.

327 *Wallenhorst*, DStR 2009, 717 ff.; *Hüttemann*, FR 2002, 1337, 1340; *Fischer*, in: Hübschmann/Hepp/Spitaler, AO, § 55 Rn. 93 ff.; *Schiffer/Sommer*, BB 2008, 2432.

328 BFH v. 04.04.2007 – I R 76/05, BStBl. II 2007, 631, 634.

329 BFH v. 04.04.2007 – I R 76/05, BStBl. II 2007, 631, 634.

Das BMF hat sich in seinem neuen Anwendungserlass der Rechtsprechung des BFH angeschlossen und die Nr. 2 zu § 55 Abs. 1 Nr. 1 AO a.F. aufgehoben.[330] Die Frage der Zulässigkeit eines wirtschaftlichen Geschäftsbetriebes richtet sich somit nun nur noch nach § 56 AO.

Ob die Aufgabe der Geprägetheorie einen Einfluss auf die Zulässigkeit der Lizenzspielerabteilung als wirtschaftlicher Geschäftsbetrieb hat, erscheint fraglich. Nach Auffassung von *Hüttemann* sei Folge der neuen Ansicht des BMF, dass es der Umwandlung eines wirtschaftlichen Geschäftsbetriebs in eine Kapitalgesellschaft nicht mehr bedarf.[331]

Auch wenn die Geprägetheorie keine vernünftigen Kriterien für die Frage der Gemeinnützigkeitsschädlichkeit liefern konnte, so war es doch eindeutig, dass der Betrieb einer Lizenzspielerabteilung und den anderen damit zusammenhängenden wirtschaftlichen Geschäftsbetrieben den gesamten gemeinnützigen Verein derart dominiert haben, dass sie ihm das Gepräge gaben und eine Gemeinnützigkeitsschädlichkeit anzunehmen war.

Um die Frage des Verstoßes gegen § 55 Abs. 1 Nr. 1 AO beantworten zu können, musste man eine Gesamtbetrachtung im Einzelfall durchführen. In der Einleitung wurden bereits die wirtschaftlichen Dimensionen des Profifußballs erwähnt. Da aber nicht nur auf diese abzustellen war, bedurfte es also einer Gesamtwürdigung.

Die Strukturen des HSV mit sämtlichen Unterabteilungen vor der Ausgliederung wurden bereits bei der Frage, ob ein Idealverein im Sinne des § 21 BGB vorliegt, dargestellt.[332]

Hätte man im Rahmen der Geprägetheorie lediglich die wirtschaftliche Bedeutung der Lizenzspielerabteilung im gesamten Verein als Kriterium herangezogen, dann wäre man sehr leicht zu dem Schluss gekommen, dass die Lizenzspielerabteilung und die mit ihr zusammenhängenden anderen wirtschaftlichen Geschäftsbetriebe dem Verein das „Gepräge" gaben. Aber auch wenn man mehrere Kriterien, wie etwa Mitgliederanteil und Personalaufwand in die Betrachtung mit einbezieht, änderte sich das Ergebnis nicht.

Einen großen Mitgliederanteil bilden beim HSV die Supporters. Sie stellen eine eigene Abteilung im Gesamtverein dar. Zwar engagieren sie sich im gesamten Verein, somit auch im Amateurbereich, welcher zweifelsfrei zum ideellen Bereich zählt, jedoch ist das Hauptaugenmerk auf die – gerade stimmliche – Unterstützung

330 Vgl. BMF v. 17.01.2012, BStBl. I 2012, 83.

331 *Hüttemann*, DB 2012, 250, 252 f.

332 Vgl. Kapitel 2 III. 2. c) Seite 27.

des Profibereichs gerichtet. Die meisten Mitglieder der Supporters sind wohl nicht deshalb in den HSV eingetreten, weil sie irgendwelche Amateursportangebote des Vereins wahrnehmen wollen, sondern weil sie die Bundesligamannschaft unterstützen wollen. Dies kann auch daran belegt werden, dass die Mitgliedschaft bei den Supporters automatisch eine Mitgliedschaft beim HSV nach sich zieht und nicht umgekehrt.[333]

Auch der Personalaufwand für den Lizenzspielerbereich war beim HSV sehr viel größer als für den restlichen Verein. Dies lässt sich schon daran erkennen, dass der Vorstand aus vier Personen bestand, von denen drei ausschließlich und der Vierte zu einem großen Teil für den Lizenzspielerbereich zuständig waren.

Für den Amateurbereich hatte der HSV einen eigenen Vorstand, wobei sich dieser lediglich aus ehrenamtlichen Vorständen zusammensetzte, während der Gesamtvorstand des Vereins bezahlte Vorstandsmitglieder hat. Der Amateurvorstand war dem Gesamtvorstand untergeordnet.

Letztendlich könnte man auch die mediale Beachtung des Vereins als Kriterium für das „Gepräge" heranziehen und käme zu dem Ergebnis, dass der Lizenzspielerbereich eine absolut dominante Rolle einnimmt und man nicht mehr davon ausgehen kann, dass der Verein in erster Linie der Förderung des Amateursports dient. Fast alle Artikel oder Berichte über den HSV beziehen sich auf den Lizenzspielerbereich und eben nicht auf die Amateursportabteilungen des HSV. Folglich war davon auszugehen, dass nach der früher geltenden GEprägetheorie der wirtschaftliche Geschäftsbetrieb „Lizenzspielerabteilung" dem gesamten Verein das Gepräge gab und daher eine Gemeinnützigkeitsschädlichkeit vorlag.

(2) Verstoß gegen § 55 Abs. 1 Nr. 1 AO

Fraglich ist, ob durch den Betrieb des Lizenzspielerbereichs ein Verstoß gegen das in § 55 Abs. 1 Nr. 1 AO verankerte Mittelverwendungsverbot möglich ist. In diesem Zusammenhang ist insb. der mögliche Verlustausgleich zwischen dem wirtschaftlichen Geschäftsbetrieb und dem ideellen Bereich von Bedeutung.

Gemäß § 55 Abs. 1 Nr. 1 AO dürfen Mittel der Körperschaft nur für die satzungsmäßigen Zwecke verwendet werden. Der Begriff „Mittel" ist umfassend zu verstehen. Darunter fallen nicht nur Einnahmen gem. § 8 EStG, sondern alle der Körperschaft zurechenbaren Vermögenswerte.[334]

333 Vgl. www.hsv-sc.de/ueber-uns/mitglieder-faq.html (Abrufdatum: 10.09.2014).

334 BFH. v. 23.10.1991 – I R 19/91, BStBl. II 1992, 62; BFH v. 20.12.1995 – I B 111/94, BFH/NV 1996, 383; AEAO zu § 55 Nr. 3 Satz 1 und 2; *Jachmann/Unger* in: Beermann/Gosch, AO, § 55 Rn. 38; *Leisner-Egensperger* in: Hübschmann/Hepp/Spitaler, § 55 AO Rn. 125.

Nach Ansicht des BFH liegt eine Verwendung für satzungsmäßige Zwecke dann vor, wenn die Zuwendung *„tatsächlich für die steuerbegünstigten Zwecke verwendet wird“*[335] und *„die zugewendeten Geld- oder Sachwerte unmittelbar für steuerbegünstigte Zwecke eingesetzt werden“*[336].

Ein gemeinnütziger Sportverein verstößt folglich dann nicht gegen das Mittelverwendungsgebot aus § 55 Abs. 1 Nr. 1 AO, wenn er seine Mittel tatsächlich und unmittelbar für die Förderung des Amateursports verwendet. Daraus folgt aber auch, dass der Verein grundsätzlich keine Aufwendungen für einen wirtschaftlichen Geschäftsbetrieb machen darf, da dieser ja nicht unmittelbar den satzungsmäßigen Zweck fördert.

(a) Investition

Möglicherweise ist es aber dennoch möglich, dass ein gemeinnütziger Verein seinem wirtschaftlichen Geschäftsbetrieb Mittel zukommen lässt, nämlich dann, wenn es sich nicht um eine Verwendung, sondern um eine Investition handelt.[337] Eine Investition sei gerade keine Maßnahme der Mittelverwendung, sondern eine zur Mittelerzielung.[338]

Dies würde in Bezug auf einen Sportverein mit einer Lizenzspielerabteilung bedeuten, dass dieser Mittel des ideellen Bereichs zugeführt werden könnten. Es wäre somit also denkbar, dass der Transfer eines Spielers aus Mitteln finanziert wird, welche eigentlich dem satzungsmäßigen Zweck des Vereins zustünden. Der Transfer eines Spielers führt bilanziell zu einem Aktiv- oder Aktiv-/Passivtausch, je nachdem wie die Finanzierung stattfindet.[339] Kommen die Mittel für den Transfer aus dem ideellen Bereich des Vereins, dann liegt im Hinblick auf die Bilanz des Gesamtvereins ein Aktivtausch vor. Allerdings erscheint es als äußerst fraglich, ob dies zulässig ist.[340]

---

335 BFH v. 19.03.1976 – VI R 72/73, BStBl. II 1976, 338, 340.

336 BFH v. 05.02.1992 – I R 63/91, BStBl. II 1992, 748, 749.

337 So der Ansatz von *Hüttemann*, § 5 Rn. 45.

338 *Hüttemann*, § 5 Rn. 45.

339 Die Transfersumme ist nicht als Betriebsausgabe sofort abziehbar, sondern wird über die Länge der Vertragslaufzeit abgeschrieben. Hierauf wird später noch genauer eingegangen.

340 Dies insbesondere dann, wenn man bedenkt, dass der Transfer eines Spielers leicht einen Wert von über 10 Mio. € haben kann. Die Ablösesumme von Rafael van der Vaart betrug bei seinem Wechsel im August 2012 zum HSV 12,5 Mio. €, dazu kamen noch Handgeld und Beraterprovision. Dieser Transfer konnte z.B. nur durch die Hilfe eines privaten Investors realisiert werden.

Ob eine zulässige Investition oder eine unzulässige Mittelverwendung vorliegt beurteilt sich nach dem Grund dafür, dass eine wirtschaftliche Tätigkeit von gemeinnützigen Körperschaften überhaupt möglich ist. Wie bereits zuvor erwähnt, ist eine gemeinnützige Körperschaft bei der Förderung ihres satzungsmäßigen Zwecks auf die Einnahmen eines wirtschaftlichen Geschäftsbetriebes angewiesen. Je höher diese sind, desto mehr kann der Verein zur Erreichung seines Zweckes verwenden.

Der zulässige wirtschaftliche Geschäftsbetrieb ist also als Mittelbeschaffungsbetrieb zu qualifizieren.[341] Dies setzt aber voraus, dass der wirtschaftliche Geschäftsbetrieb eben aus diesem Grund gehalten wird. Er soll der gemeinnützigen Körperschaft die Mittel verschaffen, die sie dann im Sinne ihrer Satzung verwenden kann.

Dies trifft m.E. auf die Lizenzspielerabteilung eines Vereins der Fußballbundesliga gerade nicht zu. Sie existiert nicht, damit der Verein Mittel für den ideellen Bereich erwirtschaften kann, sondern um ihrer selbst willen. Grundsätzlich verbindet den wirtschaftlichen Geschäftsbetrieb „Lizenzspielerabteilung" und den restlichen gemeinnützigen Verein nur der gemeinsame Name. Wie die wirtschaftlichen Zahlen und die Struktur belegen, handelt es sich bei den Lizenzspielerabteilungen um eigenständige Unternehmen, die noch den Namen des Vereins tragen. Dieser Bereich ist zwar in den Verein eingegliedert und der Gewinn wird einheitlich ermittelt, nachdem derjenige für den wirtschaftlichen Geschäftsbetrieb einheitlich und gesondert festgestellt wurde, jedoch wäre es irrig anzunehmen, dass der Gewinn der Lizenzspielerabteilung dem ideellen Bereich zur Verfügung gestellt wird. Dieser mag zwar ohne Zweifel von der Bekanntheit der Lizenzspielerabteilung profitieren, aber nicht durch direkte Mittelzuwendungen, sondern mittelbar dadurch, dass eventuell gespendet wird oder sich Fans zu einer Mitgliedschaft entscheiden. Das ist aber nur eine Nebenfolge, in erster Linie dient der wirtschaftliche Geschäftsbetrieb Lizenzspielerabteilung sich selbst.

Der ideelle Bereich eines Vereins mit Lizenzspielerabteilung bildet nicht mehr den Mittelpunkt der Tätigkeit, sondern ist wohl nur noch als Anhängsel zum großen Bereich der Bundesligamannschaft zu sehen. Um aber eine zulässige Investition durch den Verein annehmen zu können, müsste es genau umgekehrt sein. Der ideelle Bereich müsste den Hauptzweck darstellen und der Lizenzspielerbereich dürfte nur nebenbei geführt werden.

341 Statt vieler *Seer* in: Tipke/Kruse, AO, § 64 Rn. 1; *Fischer* in: Hübschmann/Hepp/Spitaler, AO, § 64 Rn. 9.

(b) Verlustausgleich

Aufgrund dieser Konstellation ist es auch kaum möglich in zulässiger Weise einen Verlustausgleich zwischen ideellem Bereich und wirtschaftlichem Geschäftsbetrieb durchzuführen, wenn letztere einen signifikanten Verlust zu verzeichnen hat.

Wie bereits oben ausgeführt ist ein Verlustausgleich zwischen mehreren wirtschaftlichen Geschäftsbetrieben eines gemeinnützigen Vereins zulässig, § 64 Abs. 2 AO. Folglich kann es bei gemeinnützigen Körperschaften einen horizontalen, aber keinen vertikalen Verlustausgleich geben.[342]

Wenn dann aber noch immer ein Verlust vorliegt, so kann es Bestrebungen geben, diese Verluste mit Hilfe von Mitteln des ideellen Bereiches, etwa Spenden, auszugleichen. Käme es zu einem solchen Verlustausgleich, dann würden wiederum Mittel entgegen § 55 Abs. 1 Nr. 1 AO verwendet. So sieht es zumindest das BMF in seinem Anwendungserlass[343], wobei einige Ausnahmen zugelassen werden, etwa wenn der wirtschaftliche Geschäftsbetrieb in den sechs Jahren zuvor dem gemeinnützigen Verein Gewinne in mindestens gleicher Höhe zugeführt hat, AEAO zu § 55 Nr. 3 Satz 3.[344]

Der BFH hat in einer Entscheidung zu einem Golfclub[345] Kriterien festgelegt, nach denen ein Verlustausgleich mit Mitteln des ideellen Bereiches zulässig sein soll, wobei er grundsätzlich klarstellt, dass ein Verlust im wirtschaftlichen Geschäftsbetrieb ein Verstoß gegen das Mittelverwendungsverbot darstellt. Demnach ist ein solcher Verlustausgleich dann kein Verstoß gegen das Mittelverwendungsgebot des § 55 Abs. 1 Nr. 1 AO,

> *„wenn der Verlust auf einer Fehlkalkulation beruht und die Körperschaft bis zum Ende des dem Verlustentstehungsjahr folgenden Wirtschaftsjahrs dem ideellen Tätigkeitsbereich wieder Mittel in entsprechender Höhe zuführt“.*

Der BFH stellte sich auf den Standpunkt, dass die Vorstände oder Geschäftsführer von gemeinnützigen Körperschaften häufiger Personen sind, die über keine fundierte betriebswirtschaftliche Ausbildung verfügen und aus diesem Grund Verluste nicht vermieden werden können. Durch die zeitliche Vorgabe hinsichtlich der Rückzahlung komme es auch nicht zu einem unzulässigen Wettbewerbsvorteil, da so eine Daueralimentation verhindert werden könne.[346]

---

342 *Orth*, DStR 2009, 1397, 1401; *Fischer* in: Hübschmann/Hepp/Spitaler, AO, § 64 Rn. 97; *Gersch* in: Klein, AO, § 64 Rn. 5.

343 Vgl. AEAO zu § 55 Nr. 4–7.

344 Zu den weiteren Ausnahmen siehe AEAO zu § 55 Nr. 4–7.

345 BFH v. 13.11.1996 - I R 152/93, BStBl. II 1998, 711.

346 BFH v. 13.11.1996 - I R 152/93, BStBl. II 1998, 711, 714.

Das BMF hat die Rechtsprechung des BFH in seinen Anwendungserlass aufgenommen und im AEAO zu § 55 Nr. 7 eine Erleichterung für die Erbringungen des Nachweises, dass ein Verlust auf einer Fehlkalkulation beruht, geschaffen. Die Fehlkalkulation wird jetzt vermutet, da der wirtschaftliche Geschäftsbetrieb nur aus dem Grund unterhalten wird, um zusätzliche Mittel für die Förderung des steuerbegünstigten Zweckes zu beschaffen. Folglich muss die Finanzverwaltung nachweisen, dass gerade keine Fehkalkulation vorliegt.

Folge des Verstoßes gegen das Mittelverwendungsgebot ist der Verlust der Gemeinnützigkeit für den Veranlagungszeitraum. Nach Auffassung des BFH hätten die Mitglieder durch Umlagen den Verlust ausgleichen müssen.

Dies ist sicher nicht unproblematisch, da nicht alle Mitglieder bereit sein werden eine solche Umlage zu tätigen und bei fehlender Umlage die Existenz des Vereins bedroht sein könnte. Zu den auszugleichenden Verlusten kämen dann noch Steuernachforderungen des Finanzamtes.[347] Würde man die Mitglieder dazu verpflichten Umlagen zu tätigen, dann dürfte die Gefahr bestehen, dass weniger Personen in Vereine eintreten. In den meisten Fällen sind die Mitglieder in den Verein eingetreten, um ihrem Hobby nachkommen zu können, und sind sich einer möglichen finanziellen Belastung, außerhalb des ordentlichen Beitrags, nicht bewusst. Bei einem Beschluss der Mitgliederversammlung eine Umlage durchzuführen, wäre das Risiko sehr groß, dass viele Mitglieder aus dem Verein austreten würden. Dies hätte aber wiederum eine Verringerung der Finanzmittel des Vereins zur Folge, da nun die Mitgliedsbeiträge wegfallen würden.

(aa) Kritik der Literatur

In der Literatur werden das Verbot des Verlustausgleiches und die entwickelten Kriterien einerseits begrüßt, aber auch durchaus kritisch gesehen. Dies gerade vor dem Hintergrund der weltweiten Finanzkrise, die auch vor wirtschaftlichen Geschäftsbetrieben nicht Halt macht.[348]

So vertritt etwa *Schauhoff* die Ansicht, dass hinsichtlich eines Verstoßes gegen das Mittelverwendungsgebot ähnlich wie bei der Beurteilung der Gewinnerzielungsabsicht eine ex ante Wertung vorzunehmen sei und ein Verstoß dann abzulehnen sei, wenn von Anfang an Gewinne angestrebt worden seien und dies auch nicht außerhalb der Wahrscheinlichkeit lag.[349]

347 *Schauhoff*, DStR 1998, 701.

348 Vgl. etwa *Buchna/Seeger/Brox*, S. 147 f.; *Hüttemann*, § 5 Rn. 45, § 6 Rn. 14 ff.; *Schauhoff* in: Schauhoff, § 7 Rn. 5; Nach *Leisner-Egensperger* in: Hübschmann/Hepp/Spitaler, AO, § 55 Rn. 89, sind die von BFH und BMF aufgestellten Regelungen zu billigen.

349 *Schauhoff* in: Schauhoff, § 7 Rn. 7; So auch *Seer* in: Tipke/Kruse, AO, § 55 Rn. 13.

Wallenhorst gibt diesbezüglich zu bedenken, dass sich dieser Ansatz nur dann durchsetzen kann, wenn das Kriterium der Gewinnerzielungsabsicht doch noch in § 14 Satz 2 AO verankert werde.[350]

Darüber hinaus sieht *Schauhoff*[351], ähnlich wie *Hüttemann*[352], im Ausgleich von Verlusten durch die gemeinnützige Körperschaft eine Investition und keine Mittelverwendung. „Mittelverwendung" im Sinne des § 55 Abs. 1 Nr. 1 AO meine den Einsatz der Vermögenswerte einer gemeinnützigen Körperschaft außerhalb des Rechtssubjektes, nicht, wie dies bei einer Investition im Bereich des steuerpflichtigen wirtschaftlichen Geschäftsbetriebes der Fall sei, die Anlage von Vermögenswerten durch die gemeinnützige Körperschaft.[353] Die Zulassung wirtschaftlicher Tätigkeiten durch gemeinnützige Körperschaften und Investitionen in die eigenen Bereiche umfasse eben auch die Möglichkeit von Verlusten. Die Gemeinnützigkeitsschädlichkeit ergebe sich nicht aus der Entstehung von Verlusten in wirtschaftlichen Geschäftsbetrieben, sondern aus der Ursache der Entstehung, nämlich, wenn wirtschaftliche Geschäftsbetriebe ohne Gewinnerzielungsabsicht alimentiert werden.[354] Es sei nicht nachzuvollziehen, warum die Gemeinnützigkeit aberkannt werden kann, wenn bei einer Veranstaltung weniger Leute kommen würden als es die handelenden Personen des wirtschaftlichen Geschäftsbetriebes erwartet haben, etwa bei einem Basar, der nur deshalb keinen finanziellen Erfolg bringt, weil aufgrund anderer Umstände weniger Leute kommen als ursprünglich erwartet werden konnte.[355] Aus diesem Grund seien

> *„die wirtschaftlichen Aktivitäten nach den Liebhabereigrundsätzen danach zu prüfen, ob das Wirken der gemeinnützigen Körperschaft auf die Mittelbeschaffung gerichtet ist".*[356]

Die von der Finanzverwaltung im AEAO aufgestellten Regelungen seien nur als Bezugspunkte bei der Beurteilung, ob die Verluste vorhersehbar waren, heranzuziehen.

Hüttemann geht mit seiner Kritik noch einen Schritt weiter und lehnt die Ansichten von BFH und BMF ganz ab. Das Verlustausgleichsverbot vernachlässige die Unterscheidung zwischen Mittelerzielung und Mittelverwendung und stehe im Widerspruch zur Gestattung der wirtschaftlichen Tätigkeit zur Mittelerzielung

350 *Wallenhorst* in: Wallenhorst/Halaczinsky, S. 129.
351 *Schauhoff* in: Schauhoff, § 7 Rn. 7.
352 *Hüttemann*, § 5 Rn. 45, § 6. Rn. 14 ff.
353 *Schauhoff*, DStR 1998, 701, 703.
354 *Schauhoff* in: Schauhoff, § 7 Rn. 7.
355 *Schauhoff* in: Schauhoff, § 7 Rn. 81.
356 So *Schauhoff* in: Schauhoff, § 7 Rn. 7.

nach § 64 AO.[357] Man könne einer gemeinnützigen Körperschaft nicht das Tätigwerden am Markt erlauben, ihr aber gleichzeitig das Erwirtschaften von Verlusten verbieten.

Der Lösungsansatz von *Hüttemann* ist m.E. mit dem von *Schauhoff* vergleichbar. Auch er ist der Meinung, dass man nicht auf die Entstehung der Verluste abstellen sollte, sondern auf die Entscheidung einen wirtschaftlichen Geschäftsbetrieb aufzunehmen oder fortzuführen.[358] Die Investition der gemeinnützigen Körperschaft sei aus ex ante Sicht auf ihre wirtschaftliche Vertretbarkeit hin zu überprüfen.[359] Werden Verluste eines wirtschaftlichen Geschäftsbetriebes durch die gemeinnützige Körperschaft ausgeglichen, so handele es sich um eine Investition auf der Ebene der Mittelerzielung, da die Fortführung der wirtschaftlichen Tätigkeit gesichert werde.[360]

Betreibt eine gemeinnützige Körperschaft einen wirtschaftlichen Geschäftsbetrieb, der jedes Jahr Verluste macht, die durch den ideellen Bereich ausgeglichen werden müssen, dann ist dies aus ex ante Sicht wirtschaftlich nicht nachvollziehbar und hätte somit auch den Verlust der Gemeinnützigkeit zur Folge.

(bb) Eigener Standpunkt

Die Kritik in der Literatur von *Hüttemann* und *Schauhoff* ist m.E. berechtigt. Insbesondere der Widerspruch des Verlustausgleichsverbotes zur Gestattung der wirtschaftlichen Betätigung vermag von der Finanzverwaltung und dem BFH nicht gelöst zu werden.

Wenn man es gemeinnützigen Körperschaften erlaubt am Markt tätig zu werden und die positiven Folgen daraus gerade gewünscht sind[361], so muss man auch das Risiko in Kauf nehmen, dass es zu Verlusten kommen kann. Dies gebietet auch der Grundsatz der Wettbewerbsneutralität, der der wirtschaftlichen Betätigung von gemeinnützigen Körperschaften zugrunde liegt.[362] Der wirtschaftliche

357 *Hüttemann*, § 6. Rn. 21.

358 *Hüttemann*, § 6. Rn. 22.

359 *Hüttemann*, § 6. Rn. 22, 25.

360 *Hüttemann*, § 6. Rn. 23.

361 Wie bereits erwähnt sind viele gemeinnützige Körperschaften auf diese Einnahmen angewiesen um ihre Zwecke zu verfolgen. Die Allgemeinheit profitiert davon je höher die Einnahmen aus den wirtschaftlichen Geschäftsbetrieben sind, da die Körperschaften dann mehr Mittel zur Verfügung haben um gemeinnützige Projekte zu finanzieren.

362 Vgl. BFH v. 21.08.1985 – I R 60/80, BStBl. II 1986, 88; *Bott/Woitschell* in: ERNST & YOUNG, KStG, § 5 Rn. 534; *Fischer* in: Hübschmann/Hepp/Spitaler, AO, § 64 Rn. 11; *Seer* in: Tipke/Kruse, AO, § 64 Rn. 2.

Geschäftsbetrieb soll einem Unternehmen ohne Anbindung an eine gemeinnützige Körperschaft in jeder Hinsicht gleichgestellt sein. Zu dieser Gleichstellung gehört aber auch, dass ein wirtschaftlicher Geschäftsbetrieb Verluste verzeichnen darf und die gemeinnützige Körperschaft in ihrer Entscheidung, ob sie die Verluste ausgleicht oder nicht, frei bleiben muss. Dafür spricht auch, dass es sich bei dem gemeinnützigen Verein und dem wirtschaftlichen Geschäftsbetrieb um ein einheitliches Rechtssubjekt handelt. Ein Gläubiger kann somit auch auf das Vermögen des Vereins zugreifen, wenn er seine Geschäfte lediglich mit dem wirtschaftlichen Geschäftsbetrieb macht.

Ebenfalls zuzustimmen ist dem Ansatz, dass die Beurteilung, ob eine Gemeinnützigkeitsschädlichkeit vorliegt, auf die Grundentscheidung wirtschaftlich tätig zu werden verlagert wird. Das Hauptaugenmerk der Geschäftsführung bzw. des Vorstandes muss auf der Förderung des gemeinnützigen Zweckes liegen. Dieser muss gerade auch in finanzieller Hinsicht gesichert sein. Dies bedeutet dann aber, dass zur Mittelbeschaffung wirtschaftliche Geschäftsbetriebe grundsätzlich zulässig sein müssen, es aber andererseits zu überprüfen gilt, ob diese überhaupt der Mittelbeschaffung zuverlässig dienen können oder ob die Tätigkeit so risikobehaftet ist, dass ein erforderlicher Gewinn nicht vorhergesehen werden kann und die Wahrscheinlichkeit eines Verlustes höher ist.

Das Basar-Beispiel von *Schauhoff* macht die Problematik m.E. nicht deutlich genug, da es sich hierbei gerade um den Fall handelt, den der BFH und das BMF unter „Fehlkalkulation" einordnen würden und in dem sie somit nicht zu einer Gemeinnützigkeitsschädlichkeit kommen würden. Anschaulich dagegen ist das Beispiel von *Hüttemann*[363]:

> *„Wer als Geschäftsführer einer gemeinnützigen Einrichtung in ein Spielcasino geht, um die mageren Spendenmittel ‚aufzubessern', begeht auch dann eine ‚Mittelfehlverwendung', wenn er den Betrag verdreifacht."*

Der Gewinn durch den Einsatz der Chips im Casino kann nicht vorhergesehen werden. Selbst wenn der Geschäftsführer auf „rot" gesetzt hätte, läge seine Gewinnchance bei unter 50 %. Es liegt nicht in den Händen des Geschäftsführers die Wahrscheinlichkeitsquote durch sein Dazutun zu erhöhen. Ein vernünftiger Dritter würde aus ex ante Sicht dieses Vorgehen nicht als sichere Methode zur Erzielung von Gewinn bezeichnen. Folglich würde eine gemeinnützigkeitsschädliche wirtschaftliche Betätigung vorliegen.

Nimmt man dagegen das Basar-Beispiel von *Schauhoff*, so kommt man zu dem Schluss, dass es bei der Veranstaltung eines Basars mit hoher Wahrscheinlichkeit

---

363 *Hüttemann*, § 6 Rn. 22.

zu einem Gewinn kommen wird. Dieser wird nur dann nicht vorliegen, wenn Umstände zusammentreffen, die so nicht vorhergesehen und komplett ausgeschlossen werden können.

Mit dem Sinn und Zweck des wirtschaftlichen Geschäftsbetriebs kann man nur zu der Erkenntnis kommen, dass hinsichtlich der Frage der Gemeinnützigkeitsschädlichkeit auf die Entscheidung abzustellen ist, ob ein wirtschaftlicher Geschäftsbetrieb in der gewählten Form unterhalten wird oder nicht.

Wie bereits oben dargestellt, ist der wirtschaftliche Geschäftsbetrieb für viele gemeinnützige Körperschaften das Hauptelement zur Beschaffung der Mittel. Ohne die wirtschaftlichen Geschäftsbetriebe könnten sie den satzungsmäßig festgelegten gemeinnützigen Zweck häufig nicht im gewünschten und erforderlichen Umfang verfolgen. Der Gesetzgeber hat es den gemeinnützigen Körperschaften ja gerade gestattet, auch am Markt tätig zu werden, damit die gemeinnützigen Zwecke besser gefördert werden können. Wenn man dies aber zulässt, muss man auch das Risiko der Verlusterwirtschaftung mit einbeziehen. Würde man nun bei einem Verlust, auf welchem Grund auch immer er beruhen mag, gleich die Gemeinnützigkeit der Körperschaft in Frage stellen, so setzt man sich in Widerspruch zu dem selbst formulierten Ziel.

Die grundsätzliche Erlaubnis der wirtschaftlichen Tätigkeit gemeinnütziger Körperschaften darf aber auch nicht dazu führen, dass der eigentliche Zweck der Gemeinnützigkeit, die Förderung der Allgemeinheit, aus den Augen gelassen wird. Als Gegenleistung zu den steuerlichen Vergünstigungen muss von den Körperschaften verlangt werden können, dass sie mit ihren Mitteln vorsichtig umgehen und immer den Hauptzweck der Körperschaft im Auge haben. Dazu gehört dann aber auch, dass es vermieden wird, risikoreiche Geschäfte zu tätigen, bei denen ein Verlust mit gewisser Wahrscheinlichkeit auftreten kann. Dies verlagert, wie von *Schauhoff* und *Hüttemann* verlangt, die Beurteilung der Gemeinnützigkeitsschädlichkeit zeitlich nach vorne auf die Entscheidung des zuständigen Organs der Körperschaft wirtschaftlich tätig zu werden oder nicht.

Es wäre zu begrüßen, wenn der BFH und das BMF das strenge Verlustausgleichsverbot einschränken und Ausnahmen zulassen würden. Allerdings könnten sie auch noch einen Schritt weiter gehen und dieses ganz abschaffen und die Gemeinnützigkeitsschädlichkeit an anderen Kriterien messen.

Dem sollte auch nicht entgegenstehen, dass ein Verlustausgleich zwischen wirtschaftlichen Geschäftsbetrieben, § 64 Abs. 2 AO, möglich ist und ein Verlustvortrag oder -rücktrag gemacht werden kann. Dies würde zu stark in die unternehmerische Freiheit der gemeinnützigen Körperschaft eingreifen. Die Möglichkeit des Verlustvortrags und -rücktrags ist nur eine logische Konsequenz der partiellen Steuerpflicht des wirtschaftlichen Geschäftsbetriebes. Wie bereits an anderer Stelle erwähnt, erfolgt die Gewinnermittlung im wirtschaftlichen Geschäftsbetrieb gem. § 8 Abs. 1 Satz 1 KStG nach den Grundsätzen des EStG. Somit findet auch der Verlustabzug nach § 10d EStG Anwendung. Negative Einkünfte der oder des wirtschaftlichen Geschäftsbetriebe(s) können folglich in Höhe von 1.000.000 € ins vorangegangene Wirtschaftsjahr zurückgetragen werden, § 10d Abs. 1 Satz 1 EStG, oder aber gemäß § 10d Abs. 2 EStG in die nachfolgenden Wirtschaftsjahre vorgetragen werden. Dieser Verlustabzug stellt keine Besonderheit für einen wirtschaftlichen Geschäftsbetrieb einer gemeinnützigen Körperschaft da, sondern ist eine für jeden Steuerpflichtigen geltende Regelung.

Würde man es der gemeinnützigen Körperschaft untersagen die Verluste aus wirtschaftlich grundsätzlich sinnvollen Geschäftsbetrieben durch Investitionen auszugleichen, so würde man ihr einen nicht gerechtfertigt Wettbewerbsnachteil verschaffen. Ein Unternehmer kann für sein Unternehmen ebenfalls entscheiden, ob er durch Investitionen die Verluste ausgleicht oder aber einen Verlustrücktrag oder -vortrag macht. In beiden Fällen wäre nur zu entscheiden, ob eine offene oder verdeckte Einlage vorläge, die Auswirkungen auf die Gewinnermittlung hätte, § 8 Abs. 1 Satz 1 KStG i.V.m. § 4 Abs. 1 Satz 1 EStG.

(cc) Anwendung auf Bundesligavereine

Wendet man die zutreffende Ansicht der Literatur auf Bundesligavereine mit Lizenzspielerabteilung an und nicht die von BFH und BMF geschaffenen Kriterien, dann muss man nicht nur die Frage stellen, ob Verluste vorliegen, sondern ob ein gewissenhafter Dritter als Vorstand eines Sportvereines aus wirtschaftlicher Sicht die Entscheidung getroffen hätte einen Lizenzspielerbereich weiterhin fortzuführen oder ihn einzustellen bzw. aus dem Verein auszugliedern.

Geht man davon aus, dass die Lizenzspielerabteilung nur zu dem Zweck unterhalten wird, Mittel für den Gesamtverein zu beschaffen, dann wäre von einer wirtschaftlich nachvollziehbaren Entscheidung auszugehen. Wie bereits in der Einleitung dargestellt hat sich der Profifußball zu einem sehr lukrativen Markt entwickelt. Auch wenn die Verbindlichkeiten der Vereine bzw. Kapitalgesellschaften noch immer sehr hoch sind, so verzeichnen doch sehr viele Vereine bzw. Kapitalgesellschaften, insbesondere in der Bundesliga, Gewinne am Ende des Wirtschaftsjahres. Dass dies nicht bei allen so ist, zeigt lediglich das allgemeine Risiko, das jedes Unternehmen am Markt zu tragen hat. Von den Millionengewinnen der Lizenzspielerabteilung würde somit auch der ideelle Bereich des Vereins profitieren, so dass ein Verlust nicht gemeinnützigkeitsschädlich wäre.

Allerdings muss angezweifelt werden, dass der Lizenzspielerbereich nur aus dem Grund der Mittelbeschaffung unterhalten wird. Letztendlich ist von einer solchen „Entfremdung“ zwischen gemeinnützigem Verein und Lizenzspielerabteilung auszugehen, dass dieser nun zum Selbstzweck geworden ist. Da die Literatur aber nur beurteilen möchte, ob die Entscheidung der Fortführung oder Gründung des wirtschaftlichen Geschäftsbetriebes in wirtschaftlicher Hinsicht nachvollziehbar ist, muss man dies aufgrund der finanziellen Rahmenbedingungen des Profifußballs bejahen.

Somit wäre es aus dieser Sicht unschädlich, wenn der gemeinnützige Verein durch Investitionen einen Verlust des Lizenzspielerbereiches ausgleichen würde, egal ob diese negative Auswirkungen auf die Förderung des Amateursports hätten, da man bei einem Lizenzspielerbereich wohl nicht von einem Dauerverlustbetrieb sprechen kann.

(c) Gewinnverwendung

Es stellt sich im Zusammenhang mit § 55 Abs. 1 Nr. 1 AO auch die Frage, was mit einem möglichen Gewinn aus einem wirtschaftlichen Geschäftsbetrieb geschehen darf, ob dieser ebenfalls nur für die steuerbegünstigten Zwecke verwendet werden darf oder ob er auch dem wirtschaftlichen Geschäftsbetrieb zugutekommen kann.

Nach Ansicht der Finanzverwaltung darf der Gewinn aus einem wirtschaftlichen Geschäftsbetrieb nur für die satzungsmäßigen Zwecke verwendet werden.[364] Zulässig ist aber die Bildung von Rücklagen im wirtschaftlichen Geschäftsbetrieb, wenn diese bei *„vernünftiger kaufmännischer Beurteilung wirtschaftlich begründet sind“*.[365]

In Anlehnung an ein Urteil des BFH[366] lässt das BMF im AEAO zu § 55 sogar eine fast vollständige Zuführung des Gewinns zu einer Rücklage im wirtschaftlichen Geschäftsbetrieb dann zu, *„wenn die Körperschaft nachweist, dass die betriebliche Mittelverwendung zur Sicherung ihrer Existenz geboten war“*.

Die von der Finanzverwaltung und dem BFH aufgestellten Vorgaben zur Verwendung eines Gewinns aus dem wirtschaftlichen Geschäftsbetrieb sind im Hinblick auf dessen Zulässigkeitsvoraussetzungen nur konsequent. Der wirtschaftliche Geschäftsbetrieb soll der gemeinnützigen Körperschaft zur Mittelbeschaffung dienen. Er wird also nur unterhalten, damit die Körperschaft mehr Mittel zur Verfügung hat, um ihre gemeinnützigen Zwecke zu verfolgen. Aus diesem Grund ist der Gewinn im ideellen Bereich der Körperschaft zu verwenden.

---

364 AEAO zu § 55 Nr. 2 Satz 2.

365 AEAO zu § 55 Nr. 2 Satz 3 und 4.

366 BFH v. 15.07.1998 – I R 156/94, BStBl. II 2002, 162.

In diesem Zusammenhang muss § 55 Abs. 1 Nr. 5 AO beachtet werden, nach dem eine gemeinnützige Körperschaft ihre Mittel grundsätzlich zeitnah für ihre steuerbegünstigten Zwecke verwenden muss.[367] Eine zeitnahe Verwendung liegt nach § 55 Abs. 1 Nr. 5 Satz 3 AO vor, wenn die Mittel spätestens in dem auf den Zufluss folgenden zweiten Kalender- oder Wirtschaftsjahr für die satzungsmäßigen Zwecke verwendet werden. Die Gewinne des wirtschaftlichen Geschäftsbetriebes können somit grundsätzlich nicht bei diesem verbleiben, sondern müssen innerhalb der von § 55 Abs. 1 Nr. 5 Satz 3 AO vorgegebenen Zeit zur Förderung gemeinnütziger Zwecke verwendet werden. Dies hat zur Folge, dass der wirtschaftliche Geschäftsbetrieb einen Wettbewerbsnachteil gegenüber steuerpflichtigen Unternehmen hat, da er nicht über seine Mittel frei verfügen kann.[368] Um diesen Wettbewerbsnachteil zumindest ein wenig auszugleichen, lassen der BFH und die Finanzverwaltung die Bildung von Rücklagen im wirtschaftlichen Geschäftsbetrieb zu. Das Gesetz erlaubt eine Zuführung von Mitteln in Rücklagen auf Ebene der Körperschaft selbst in § 58 Nr. 6 AO.

Die Möglichkeit der Bildung von Rücklagen dient unter anderem der Existenzsicherung des wirtschaftlichen Geschäftsbetriebes. Jedes am Markt tätige Unternehmen muss auf unvorhergesehene Ereignisse reagieren können oder auch den eigenen Betrieb durch Investitionen stärken können. Dies ist durch die Bildung einer Gewinnrücklage möglich. Der wirtschaftliche Geschäftsbetrieb ist dadurch in der Lage, auf Marktveränderungen oder Unvorhergesehenes reagieren zu können, ohne die Mittel von der gemeinnützigen Körperschaft zu bekommen, was den Verlust der Gemeinnützigkeit zur Folge haben kann.

Dies gebietet auch der Grundsatz der Wettbewerbsneutralität, der dem wirtschaftlichen Handeln von gemeinnützigen Körperschaften zugrunde liegt.[369]

Der BFH schränkt die Thesaurierung der Gewinne jedoch dahingehend ein, dass nur solche Mittel der Rücklage zugeführt werden dürfen, die bei vernünftiger kaufmännischer Beurteilung zur Sicherung des wirtschaftlichen Erfolges des wirtschaftlichen Geschäftsbetriebes benötigt werden.[370] Dies kann sogar dazu führen, dass der gesamte Gewinn im wirtschaftlichen Geschäftsbetrieb verbleiben kann, wenn dies aus kaufmännischer Sicht geboten ist.[371]

---

367 Genauer hierzu *Thiel/Eversberg*, DB 2007, 191 ff.

368 BFH v. 22.01.1997 - I R 156/94, BFH/NV 1999, 145.

369 BMF v. 15.02.2002, BStBl. I 2002, 267; BFH v. 15.07.1998 - I R 156/94, BStBl. II 2002, 162; *Fischer* in: Hübschmann/Hepp/Spitaler, AO, § 64, Rn. 82; *Jachmann/Unger* in: Beermann/Gosch, AO, § 55 Rn. 104.

370 BFH v. 15.07.1998 - I R 156/94, BStBl. II 2002, 162.

371 Vgl. *Heger* in: Gosch, KStG, § 5 Rn. 82.

Folglich wird es in den meisten Wirtschaftsjahren wohl so sein, dass nur ein Teil des Gewinns zur Förderung des gemeinnützigen Zwecke verwendet wird und der andere Teil einer Rücklage zugeführt wird, damit weder die Existenz des wirtschaftlichen Geschäftsbetriebes noch die Gemeinnützigkeit der Körperschaft gefährdet werden.

Für die Lizenzspierabteilung eines gemeinnützigen Vereins bedeutet dies, dass sie nur einen Teil ihres Gewinns in die eigenen Strukturen investieren darf. Sobald diese Investitionen aus vernünftiger kaufmännischer Sicht nicht mehr für die Fortführung des Geschäftsbetriebes von Nöten sind, müssen die Mittel dem ideellen Bereich zur Verfügung gestellt werden, damit dieser sie für die Förderung des Amateursports verwenden kann. Wann die Bildung einer Rücklage für den wirtschaftlichen Geschäftsbetrieb wirtschaftlich notwendig ist, ist schwer an Kriterien festzumachen. Diesbezüglich muss der gemeinnützigen Körperschaft ein gewisser Entscheidungsraum zugestanden werden, da die tatsächliche Notwendigkeit meist erst im Nachhinein festgestellt werden kann. Es muss aber zumindest ein konkreter Anlass gegeben sein, der die Bildung der Rücklage rechtfertigt.[372]

Die Notwendigkeit der Rücklage zur Sicherung der Existenz des wirtschaftlichen Geschäftsbetriebes muss vom gemeinnützigen Verein nachgewiesen werden.[373] Dies bedeutet für einen gemeinnützigen Sportverein mit Lizenzspielerabteilung, dass die Gewinne aus dem wirtschaftlichen Geschäftsbetrieb zum Beispiel nicht in die Mannschaft investiert werden kann, um neue Spieler zu verpflichten. Vielmehr bedeutet es, dass bei einem Spielertransfer, der aus dem Jahresgewinn finanziert wird, nachgewiesen werden muss, dass dieser für die Sicherung der Existenz der Lizenzspielerabteilung von Nöten war. Ob ein solcher Nachweis geführt werden kann, erscheint äußerst fraglich.[374]

---

372 *Schauhoff* in: Schauhoff, § 9 Rn. 88; *Thiel/Eversberg*, DB 2007, 191; *Seer* in: Tipke/Kruse, AO, § 55 Rn. 25.

373 BFH v. 15.07.1998 I R 156/94, BStBl. II 2002, 162.

374 Zur Veranschaulichung soll folgendes Beispiel dienen: Nach der Verpflichtung von Lukas Podolski durch den 1. FC Köln im Jahre 2009 hätte man aufgrund des Hypes annehmen können, dass der Verein aufhören würde zu existieren, falls Podolski den Verein wieder verlassen sollte. Dies geschah dann im Sommer 2012, Podolski wechselte für etwa 12 Mio. € von Köln zu Arsenal London. Zwar spielte der 1. FC Köln anschließend nur noch in der 2. Bundesliga und stieg erst in der Saison 2013/14 wieder in die Bundesliga auf, aber die Existenz des Vereins war durch den Wechsel nicht bedroht. Im Gegenteil, durch den Weggang hat der Verein viel Geld eingenommen.

Eine Rücklagenbildung wäre durchaus möglich für Investitionen in die Infrastruktur der Lizenzspielerabteilung, beispielsweise das Stadion. Diese wären auf einen längeren Zeitraum angelegt und wohl als erforderlich anzusehen, damit der Verein weiterhin im Profisport tätig sein kann.

(d) Ergebnis

Durch den Betrieb einer Lizenzspielerabteilung kann es zu einem Verstoß gegen das Mittelverwendungsverbot des § 55 Abs. 1 Nr. 1 AO kommen. Dies insbesondere dann, wenn Verluste des wirtschaftlichen Geschäftsbetriebes durch Mittel des ideellen Bereichs ausgeglichen werden und die Gewinne des wirtschaftlichen Geschäftsbetriebs in unzulässiger Weise bei diesem verbleiben.

(3) Verstoß gegen § 55 Abs. 1 Nr. 3 AO

Möglicherweise liegt in der Vergütung der Spieler und Vorstände ein Verstoß gegen § 55 Abs. 1 Nr. 3 AO. Danach darf eine gemeinnützige Körperschaft keine Person durch Ausgaben, die ihrem Zweck fremd sind, oder durch unverhältnismäßig hohe Vergütungen begünstigen.

In der Einleitung wurden bereits die hohen Spielergehälter angesprochen, die sich in den meisten Fällen im einstelligen Millionenbereich bewegen. Aber nicht nur die Spieler erhalten für ihre Tätigkeiten eine hohe Bezahlung, sondern auch die Vorstandsmitglieder.

Die Bezahlung verstößt schon deshalb gegen § 55 Abs. 1 Nr. 3 AO, weil die Bezahlung von Profisportlern[375] dem Zweck eines gemeinnützigen Sportvereins fremd ist. Daran ändert auch § 58 Nr. 9 AO nichts, da dieser sich lediglich auf Zweckbetriebe bezieht, die eine Ausnahme darstellen.

Bei der Entlohnung der Vorstandsmitglieder stellt sich die Frage, was als unverhältnismäßig anzusehen ist. Für die Frage der Unverhältnismäßigkeit solle eine Orientierung an der Rechtsprechung zur verdeckten Gewinnausschüttung erfolgen und daher ein Drittvergleich angestellt werden.[376] Ist ein solcher nicht möglich, dann seien die Grundsätze anzuwenden, die ein ordentlicher, gewissenhafter Geschäftsleiter im allgemeinen Geschäftsverkehr zugrunde legen würde.[377]

---

375 Da es im Steuerrecht keine Abgrenzung zwischen „Vertragsamateur" und Berufssportler gibt, wird sich an den Statuten des DFB orientiert. In § 8 DFB-Spielordnung ist die Abgrenzung geregelt; vgl. hierzu *Brete/Thomsen*, SpuRt 2008, 11, 15.

376 Vgl. *Herbert*, BB 1991, 178, 180; *Seer* in: Tipke/Kruse, AO, § 55 Rn. 22; *Scholtz* in: Koch/Scholtz, AO, § 55 Rn. 11.

377 *Herbert*, BB 1991, 178, 180.

Grundsätzlich steht einem Vorstandsmitglied ein Anspruch auf Auslagenersatz gemäß §§ 27, 670 BGB zu. Eine pauschale Tätigkeitsvergütung ist zulässig, soweit diese in der Satzung zugelassen ist.[378] Die Vorstandsvorsitzenden der als Idealvereine organisierten Fußballbundesligavereine erhalten mehr als nur eine Aufwandsentschädigung, sie werden ähnlich gut bezahlt wie Geschäftsführer bzw. Vorstände von vergleichbaren Unternehmen ohne Gemeinnützigkeitsbezug.[379]

Es stellt sich somit die Frage, ob bei der Beurteilung der Unverhältnismäßigkeit die Besonderheiten der Gemeinnützigkeit eine Rolle spielen sollen oder nicht. Diese Frage ist bislang weder höchstrichterlich noch durch die Finanzverwaltung geklärt worden. M. E. müssen diese Besonderheiten der Gemeinnützigkeit in die Bewertung mit einfließen, da es nicht nachvollziehbar ist, wenn man bei jedem Verstoß gegen oder jeder Ausnahme von den Bestimmungen des Gemeinnützigkeitsrechts die Besonderheiten der Gemeinnützigkeit berücksichtigt, aber sie in diesem Punkt außer Ansatz lassen würde. Wie bereits erläutert, ist der Vorstand für den gesamten Verein verantwortlich. Er hat somit in erster Linie die gemeinnützigen Zwecke zu verfolgen. Diese Tätigkeit wird normalerweise ehrenamtlich ausgeübt, wobei die Vorstandsmitglieder ihre Auslagen erstattet bekommen. Allerdings führt der Vorstand eines Vereins der Fußballbundesliga ein Unternehmen, das Umsätze in dreistelliger Millionenhöhe generiert. Beim Drittvergleich kann man zwar nicht auf einen kleinen „Dorfsportverein" abstellen, aber auch nicht nur auf Wirtschaftsunternehmen schauen, da bei letzterem die Ausnahmestellung der gemeinnützigen Vereine nicht berücksichtigt wird. Aus diesem Grund bestehen meiner Ansicht nach keine Bedenken dagegen den Vorstandsmitgliedern grundsätzlich eine Pauschalvergütung zu gewähren, diese darf aber den Anspruch aus §§ 27, 670 BGB nicht um ein Vielfaches übersteigen. Bei einem Jahresgehhalt von etwa 1 Mio. € wird dies aber anzunehmen sein. Ein Verein kann die Problematik dadurch in Griff bekommen, dass er jemanden explizit für den wirtschaftlichen Geschäftsbetrieb anstellt, der keine Berührungspunkte zum ideellen Bereich hat. Denn dann wäre ein Drittvergleich nur mit Wirtschaftsunternehmen möglich, da der Grundsatz der Wettbewerbsneutralität verlangt, dass der Verein bzw. der wirtschaftliche Geschäftsbetrieb durch die Gemeinnützigkeit nicht schlechter stehen darf. Der wirtschaftliche Geschäftsbetrieb würde in diesem Fall so behandelt werden, wie es seiner Größe und wirtschaftlichen Bedeutung entspricht. Der Geschäftsführer wäre dann auf

---

378 BMF v. 14.10.2009, BStBl. I 2009, 1318.

379 Bernd Hoffmann soll beim HSV etwa 1 Mio. € pro Jahr verdient haben, www.abendblatt.de/sport/fussball/hsv/article964103/HSV-Vorstand-verdient-2-51-Millionen-Euro.html (Abrufdatum: 10.09.2014).

einer Ebene mit einem Geschäftsführer eines Unternehmens, mit dem der wirtschaftliche Geschäftsbetrieb auch auf dem Markt konkurriert.

(4) Verstoß gegen § 56 AO

Nach Aufgabe der Geprägetheorie messen der BFH und die Finanzverwaltung die Frage der Gemeinnützigkeitsschädlichkeit eines wirtschaftlichen Geschäftsbetriebes nun an dem Ausschließlichkeitsgrundsatz des § 56 AO. Die Unterhaltung eines wirtschaftlichen Geschäftsbetriebs wäre dann gemeinnützigkeitsschädlich, wenn dieser in der Gesamtschau zum Selbstzweck wird und neben die Verfolgung des gemeinnützigen Zwecks der Körperschaft tritt.[380]

Ein Verstoß gegen § 56 AO liegt vor, wenn der wirtschaftliche Geschäftsbetrieb nicht dem gemeinnützigen Zweck untergeordnet ist, sondern einen davon losgelösten Zweck verfolgt, der eventuell sogar als Hauptzweck anzusehen ist. Die Folge dessen wäre eine Steuerpflicht der gesamten Körperschaft; da der wirtschaftliche Geschäftsbetrieb kein eigenständiges Rechtssubjekt ist, kann es nicht zu einer Aufteilung zwischen steuerfreiem und steuerpflichtigem Teil kommen.[381]

Der Ausschließlichkeitsgrundsatz bezieht sich aber nur auf den Endzweck der Körperschaft und gerade nicht auf die Maßnahmen, mit denen sie diesen Zweck erreichen möchte.[382] Die wirtschaftliche Tätigkeit muss somit lediglich darauf gerichtet sein, die Förderung des satzungsmäßigen Zweckes selbst zu unterstützen.[383]

Im Anwendungserlass des BMF heißt es in Nr. 1 S. 3 zu § 56 dazu:

> *„Die Vermögensverwaltung sowie die Unterhaltung eines Nicht-Zweckbetriebes sind aus der Sicht des Gemeinnützigkeitsrechts nur dann unschädlich, wenn sie um des steuerbegünstigten Zwecks willen erfolgen, indem sie z. B. der Beschaffung von Mitteln zur Erfüllung der steuerbegünstigten Aufgabe dienen."*

Dies ist ein gewichtiger Unterschied zur bisherigen Verankerung der Zulässigkeitsprüfung wirtschaftlicher Tätigkeit in § 55 AO. Nun kommt es nämlich nicht mehr auf den Umfang der wirtschaftlichen Tätigkeit an. Dieser kann den ideellen Bereich deutlich übertreffen, ohne dass es Konsequenzen für die Gemeinnützigkeit der Körperschaft hätte.[384]

---

380 AEAO zu § 56 Nr. 1 Satz 2.

381 BFH v. 04.04.2007 - I R 76/05, BStBl. II 2007, 631, 634; BFH v. 20.12.1978 - I R 21/76, BStBl. II 1979, 496, 497; BFH v. 28.11.1990 - I R 38/86, BFH/NV 1992, 90.

382 Vgl. *Seer* in: Tipke/Kruse, AO, § 56 Rn. 2; *Jachmann/Unger* in: Beermann/Gosch, AO, § 56 Rn. 20.

383 *Hüttemann*, § 4 Rn. 100.

384 Vgl. *Schauhoff/Kirchhain*, DStR 2012, 261, 264.

Aus dem Anwendungserlass geht aber nicht hervor, welche Kriterien für die Überprüfung, ob und wann der wirtschaftliche Geschäftsbetrieb zum Selbstzweck wird, herangezogen werden sollen.

Der BFH[385] sah es in seinem Urteil als erforderlich an *„nach den gesamten Umständen des Einzelfalls zu entscheiden"*. In dieser Entscheidung ging es um eine Forschungseinrichtung mit Auftragsforschung; der BFH nannte exemplarisch den eingesetzten Zeit- und Personalaufwand sowie das mit der wirtschaftlichen Tätigkeit einhergehende Risiko als Anhaltspunkte.[386]

(a) Ansatz der Literatur

Hüttemann hat im Anschluss an die Veröffentlichung des neuen Anwendungserlasses versucht einen Ansatz zu entwickeln, wie die Ausschließlichkeitsprüfung ablaufen müsste.[387] Dieser ähnelt demjenigen hinsichtlich des Verlustausgleiches zwischen ideellem Bereich und wirtschaftlichem Geschäftsbetrieb im Hinblick auf das Mittelverwendungsgebot aus § 55 Abs. 1 Nr. 1 AO. *Hüttemann* bezieht sich aber nur auf Mittelbeschaffungsaktivitäten, die keinen inhaltlichen Bezug zu den steuerbegünstigten Zwecken haben. Bei diesen gebe es nur eine Rechtfertigung für die Unschädlichkeit, die Erzielung von Gewinn.[388] Es müsse somit aus ex-ante-Sicht geprüft werden, ob der wirtschaftliche Geschäftsbetrieb geeignet ist, Gewinne zu erzielen oder nicht.

Einen ähnlichen Ansatz verfolgen *Schauhoff/Kirchhain*, die davon ausgehen, dass bei einem wirtschaftlichen Geschäftsbetrieb kein gemeinnützigkeitsschädlicher Selbstzweck vorliegen kann, wenn dieser dauerhaft Gewinn erzielt, da diese Mittel zur Zweckverwirklichung verwendet werden müssen.[389]

(b) Eigener Ansatz

Das alleinige Abstellen auf eine dauerhafte Gewinnerzielung greift m. E. zu kurz und korrespondiert weder mit den Vorgaben des BFH aus der Entscheidung vom 04.04.2007[390] noch mit denen des BMF im AEAO zu § 56 Nr. 1 Satz 2 und 3. Stellt man lediglich auf die dauerhafte Gewinnerzielung ab, dann kommt es gerade nicht zu einer Gesamtschau. Dies würde bedeuten, dass eine gemeinnützige

385 BFH v. 04.04.2007 – I R 76/05, BStBl. II 2007, 631, 634.

386 BFH v. 04.04.2007 – I R 76/05, BStBl. II 2007, 631, 634; abgeleitet von *Strahl*, FR 2006, 1012 ff.

387 *Hüttemann*, DB 2012, 250, 253.

388 *Hüttemann*, DB 2012, 250, 253.

389 *Schauhoff/Kirchhain*, DStR 2012, 261, 264.

390 BFH v. 04.04.2007 – I R 76/05, BStBl. II 2007, 631.

Körperschaft irgendeiner wirtschaftlichen Tätigkeit nachgehen könnte und so viel Personal in diesem Bereich einsetzen dürfte, wie sie wollte, ohne mit Konsequenzen rechnen zu müssen, wenn der wirtschaftliche Geschäftsbetrieb nur Gewinn macht. Ein solches Vorgehen würde gegen den Sinn und Zweck sowie den Grundgedanken des Gemeinnützigkeitsrechts verstoßen.

Das Gemeinnützigkeitsrecht dient unter anderem dazu, den Staat zu entlasten und den Bürgern einen Anreiz zu schaffen, altruistisch tätig zu sein. Es soll aber nicht dazu führen, dass Unternehmen von einer gewissen wirtschaftlichen Bedeutung in einer unpassenden Rechtsform geführt werden und die altruistischen Zwecke nur an zweiter Stelle verfolgt werden. Im Anwendungserlass heißt es dazu, dass die wirtschaftliche Betätigung gerade nicht neben den satzungsmäßigen Zweck treten darf, sondern diesem noch immer untergeordnet sein muss. Wenn man nun aber nur auf die Erzielung von Gewinn als entscheidendes Kriterium abstellt, dann lässt man diese Vorgabe von BFH und BMF vollkommen außer Acht.

Die Gewinnerzielung kann nur ein Kriterium von mehreren sein. Würde der wirtschaftliche Geschäftsbetrieb nur Verluste machen, dann läge schon ein Verstoß gegen § 55 AO vor, da dann die gemeinnützige Körperschaft diese Dauerverluste ausgleichen müsste, was zu einem Verstoß gegen das Mittelverwendungsgebot führt und als Konsequenz daraus sogar zum Verlust der Gemeinnützigkeit.

Fraglich bleibt aber, welche Kriterien bei einem gemeinnützigen Sportverein noch aussagekräftig sind, um eine Abgrenzung möglich zu machen. Der BFH hat in seiner Entscheidung den Personal- und Zeitaufwand, sowie das wirtschaftliche Risiko als Beispiele genannt.[391] Diese Punkte können auch bei einem gemeinnützigen Sportverein der Abgrenzung dienen.

(aa) Personal- und Zeitaufwand

Das Kriterium des Personal- und Zeitaufwands sollte sich m.E. explizit auf die Vorstandsebene und die weiteren leitenden Angestellten beziehen, sofern es solche in dem Sportverein gibt. Der Vorstand als Vertretungsorgan des Gesamtvereins muss sich in größerem Umfang mit dem satzungsmäßigen Zweck, der Förderung des Amateursports, befassen und darf sich in seiner Tätigkeit nur untergeordnet um die Belange des wirtschaftlichen Geschäftsbetriebes kümmern. Ein Abstellen auf andere Personen, die im Verein tätig sind, vermag nicht zu helfen, da sie das Handeln des Vereins nicht bestimmen können. Der Einfluss geht

---

391 BFH v. 04.04.2007 – I R 76/05, BStBl. II 2007, 631.

nur vom Vorstand aus, dieser muss sich somit ebenfalls um die Förderung des gemeinnützigen Zweckes verdient machen. Dies geht auch aus § 63 AO hervor.

(bb) Öffentliche Wahrnehmung

Als zusätzliches Kriterium ist an die öffentliche Wahrnehmung[392] zu denken. Dies mag zwar auf dem ersten Blick ein etwas schwammiges Kriterium sein, allerdings lässt sich so recht leicht bestimmen, ob ein wirtschaftlicher Geschäftsbetrieb als Selbstzweck, möglicherweise sogar Hauptzweck, des Sportvereins anzusehen ist oder nicht.

Bisher haben weder der BFH noch das BMF noch die Literatur verlässliche Kriterien entwickeln können, anhand derer man eine Entscheidung treffen kann, ob ein Verstoß gegen § 56 AO vorliegt oder nicht. Dies war auch schon bei der Geprägetheorie so, was letztendlich zu ihrer Aufgabe führte. Wenn man aber eine Gesamtbetrachtung im Einzelfall vornehmen möchte, dann ist m.E. nach auch auf die öffentliche Wahrnehmung des Vereins abzustellen. Ein außenstehender Dritter kann in vielen Fällen eine aussagekräftige Entscheidung darüber treffen, ob ein Sportverein seinen satzungsmäßigen Zweck noch als Hauptzweck verfolgt oder diesen letztendlich die Unterhaltung des wirtschaftlichen Geschäftsbetriebes darstellt. Dies wäre vergleichbar mit dem im Zivilrecht häufig verwendeten Kriterium der Verkehrsanschauung. Das gilt insbesondere für einen Sportverein mit einer Lizenzspielerabteilung als wirtschaftlichem Geschäftsbetrieb. Es wäre mithin zu fragen, ob ein außenstehender Dritter, wenn er sich mit den Strukturen und dem Gesamtauftritt des Sportvereins auseinandersetzt, zu dem Schluss kommt, dass die gemeinnützige Tätigkeit noch im Vordergrund steht oder nicht schon die wirtschaftliche Betätigung des Vereins durch den wirtschaftlichen Geschäftsbetrieb. Darüber hinaus wäre zu fragen, ob es noch einen tatsächlichen Zusammenhang zwischen dem verfolgten Zweck des Vereins und der wirtschaftlichen Tätigkeit gibt oder ob letztere sich nicht von dem Verein „emanzipiert“ hat.

(cc) Wirtschaftliche Größe

Wenn man, wie der BFH, auch das wirtschaftliche Risiko in die Betrachtung mit einbezieht, dann muss auch die Beurteilung der wirtschaftlichen Größe des Geschäftsbetriebes eine Rolle spielen. Auch wenn die wirtschaftliche Tätigkeit für viele gemeinnützige Körperschaften sehr wichtig ist, um genug Mittel für die Förderung des satzungsmäßigen Zwecks zu generieren, darf sie nicht dazu führen,

---

392 Dieses Kriterium ist vergleichbar mit der Verkehrsanschauung, die der BFH in seiner Entscheidung angeführt hat, vgl. BFH GrS v. 10.12.2001 – GrS 1/98, BStBl II 2002, 291, 292.

dass die Körperschaft selbst durch die Unterhaltung des Geschäftsbetriebes in Existenznot geraten kann. Dies könnte aber gerade dann der Fall sein, wenn die wirtschaftliche Tätigkeit Ausmaße annimmt, die diejenige des ideellen Bereiches deutlich übertreffen.

Es bleibt nämlich stets zu bedenken, dass es sich rein rechtlich gesehen um ein Rechtssubjekt handelt und der Verein somit von den Gläubigern, die wegen des wirtschaftlichen Geschäftsbetriebes in Vertragsbeziehungen mit dem Verein stehen, in Anspruch genommen werden kann. Im Steuerrecht ist der Verein aufgrund der partiellen Steuerpflicht des wirtschaftlichen Geschäftsbetriebes der Steuerschuldner. Es kann daher zu der Situation kommen, dass ein Gläubiger des Vereins, der eigentlich nur mit dem wirtschaftlichen Geschäftsbetrieb Geschäfte tätigt, in das Vermögen vollstreckt, welches ausschließlich dem ideellen Bereich dient, etwa dann, wenn der wirtschaftliche Geschäftsbetrieb seinen Verpflichtungen bei einer Anschaffung in Millionenhöhe nicht nachkommen kann. Dies wäre etwa dann mit Konsequenzen für den Verein verbunden, wenn es zu einer Zwangsvollstreckung in Grundstücke des Vereins käme.

(c) Anwendung der Kriterien auf einen Bundesligaverein

Ein Blick auf einen gemeinnützigen Sportverein mit Lizenzspielerabteilung in der Fußballbundesliga verdeutlicht die Problematik, die entsteht, wenn man bei der Beurteilung, ob ein Verstoß gegen § 56 AO vorliegt, bloß auf die Gewinnerzielung abstellt.

Wie bereits oben erwähnt, handelt es sich bei den Lizenzspielerabteilungen trotz der teilweise vorhandenen wirtschaftlichen Probleme nicht um Dauerverlustbetriebe. Nach den Ansichten von *Hüttemann* und *Schauhoff/Kirchhain* läge kein Verstoß gegen § 56 AO vor, da die Lizenzspielerabteilung grundsätzlich in der Lage ist Gewinne zu erzielen und dies nicht vom Zufall anhängt.[393]

Schaut man sich aber die Ausführungen des BFH[394] und den Wortlaut des AEAO zu § 56 Nr. 1 Satz 2 und 3 AO an, dann sollte man nur zu dem Schluss kommen können, dass ein Verstoß gegen § 56 AO vorliegt. Es darf bezweifelt werden, dass sowohl *Hüttemann* als auch *Schauhoff/Kirchhain* bei der Entwicklung ihrer Ansätze an die Lizenzspielerabteilung eines Vereins der Fußballbundesliga gedacht haben, da sich dieser wirtschaftliche Geschäftsbetrieb deutlich von anderen unterscheidet, die sonst von gemeinnützigen Körperschaften unterhalten werden.

393 Siehe Fn. 387 und 389; auch wenn man das bei einigen Vereinen, gerade der 2. Bundesliga, denken könnte.

394 BFH v. 04.04.2007 – I R 76/05, BStBl. II 2007, 631.

Nimmt man den HSV als Beispiel, so wird ein außenstehender Dritter wohl nicht zu dem Schluss kommen, dass der in der Fußballbundesliga tätige Lizenzspielerbereich nur eine untergeordnete Rolle spielt. Dies zeigen unter anderem die Strukturen im Vorstand. Der Personalaufwand in der Vorstandsebene ist eindeutig auf die Unterhaltung des wirtschaftlichen Geschäftsbetriebes ausgerichtet.[395] Von den vorhandenen Vorständen des Gesamtvereins ist keiner ausschließlich für den Amateurbereich zuständig und folglich keiner für die Verfolgung des satzungsmäßigen Zwecks. Es hat vielmehr den Anschein, als ob der ideelle Bereich nur eine Nebenrolle einnimmt, während sich der personelle und finanzielle Aufwand auf den wirtschaftlichen Geschäftsbetrieb konzentriert.

Auch wenn es keine Nachweise über den zeitlichen Aufwand der Vorstandsmitglieder gibt, so ist auch hier davon auszugehen, dass die Tätigkeit für den wirtschaftlichen Geschäftsbetrieb deutlich überwiegen wird, da dieser ihr Tätigkeitsfeld bildet. Es ist somit festzuhalten, dass bei einer solchen Aufteilung des personellen und zeitlichen Aufwands auch ein Verstoß gegen § 63 AO vorliegt.

Bei der öffentlichen Wahrnehmung eines Vereins wie des HSV steht nicht nur aufgrund der medialen Präsenz die Lizenzspielerabteilung im Vordergrund.

Die Gesamtdarstellung des HSV ist auf die Bundesligamannschaft ausgerichtet. Dies beginnt mit der Werbung auf Plakaten und endet mit der fast unglaublich anmutenden Zahl an Fanartikeln, die es in den eigenen Fanshops zu kaufen gibt. Der Verein versucht in der Außendarstellung nicht einmal den Eindruck zu erwecken die Förderung des Amateursports als Hauptzweck zu verfolgen, sondern es dreht sich fast alles um die Lizenzspielerabteilung. Dies führte sogar dazu, dass der Vorstand und sämtliche Mitarbeiter des Vereins, die sich ausschließlich um den Profibereich kümmern, ihre Tätigkeit in der Geschäftsstelle am Stadion verrichten und sich der Amateurbereich räumlich getrennt davon an einem ganz anderen Ort befindet.[396] Die Tatsache, dass sich der Vorstand des Gesamtvereins ausschließlich um die Belange des wirtschaftlichen Geschäftsbetriebs kümmert und die eigene Darstellung von gemeinnützigen Sportvereinen mit Lizenzspielbetrieb in der Fußballbundesliga sind schon deutliche Anzeichen dafür, dass sich der Profifußballbereich zum Selbstzweck entwickelt hat.[397]

---

395 Siehe Seite 27.

396 Der HSV unterhält seine Geschäftsstelle im Stadion der Profiabteilung. Dort befindet sich auch das Trainingszentrum. Die Amateurabteilungen befinden sich hingegen an einer anderen Stelle in Hamburg.

397 Dies mag sich erst in den vergangenen Jahren so entwickelt haben. In der Einleitung wurde darauf eingegangen, dass die enorme wirtschaftliche Entwicklung erst in den letzten 10–15 Jahren stattgefunden hat. In der Zeit davor war der finanzielle

Als eines der Hauptkriterien für die Beurteilung, ob ein Verstoß gegen § 56 AO vorliegt, sollte aber weiterhin die wirtschaftlichen Kennzahlen dienen. Zwar soll dem wirtschaftlichen Umfang des wirtschaftlichen Geschäftsbetriebes im Hinblick auf die Gemeinnützigkeitsschädlichkeit keine große Rolle mehr zukommen, jedoch kann er als Indiz noch immer herangezogen werden. Es ist nun unschädlich, wenn der wirtschaftliche Geschäftsbetrieb einen größeren wirtschaftlichen Umfang hat als der ideelle Bereich des gemeinnützigen Vereins. Diese Veränderung ist, wie bereits erwähnt, nur zu begrüßen. Sie kann aber nicht bedeuten, dass ein gemeinnütziger Sportverein nun jede wirtschaftliche Tätigkeit, ungeachtet seines Umfangs, ausüben darf. Für den gemeinnützigen Verein müssen in erster Linie die Förderung seines satzungsmäßigen Zwecks und damit die Förderung der Allgemeinheit im Vordergrund stehen. Braucht er dafür hohe finanzielle Mittel, dann muss dem Verein zugestanden werden, dass er einen wirtschaftlichen Geschäftsbetrieb in größerem Umfang betreiben darf. Allerdings darf der Umfang nicht eine solche Größe annehmen, dass die Existenz des Vereins bedroht ist, falls der wirtschaftliche Geschäftsbetrieb in wirtschaftliche Schwierigkeiten gerät oder ein Gläubiger in das Vermögen des Vereins vollstreckt. Jedoch besteht genau diese Gefahr bei der Unterhaltung einer Lizenzspielerabteilung im Bereich des Profifußballs. Die Vereine der Bundesliga setzen Millionen um. Nicht selten werden Einzelverträge abgeschlossen, die den wirtschaftlichen Umfang des ideellen Bereichs deutlich übersteigen. Dies bedeutet aber auch, dass bei Nichteinhaltung eines solchen Vertrages der Gläubiger in das gesamte Vermögen des Vereins vollstrecken darf, da rechtlich gerade keine Trennung zwischen ideellem und wirtschaftlichem Bereich besteht. Folglich besteht eine existenzielle Gefahr für den gemeinnützigen Verein selbst. M.E. sollte eine solche Gefahr nicht bestehen dürfen und müsste dazu führen, dass der wirtschaftliche Geschäftsbetrieb von dem Restverein getrennt werden muss. Dies mag zwar einen Nachteil für die Gläubiger haben, da sie nicht mehr in das gesamte Vereinsvermögen vollstrecken können, jedoch erscheinen solche Bedenken eher theoretischer Natur, da es in der Praxis wohl so ist, dass dem Restverein deutlich weniger Vermögen zugerechnet werden sollte als dem wirtschaftlichen Geschäftsbetrieb, wenn dieser vom Verein getrennt werden sollte.

Umfang des Lizenzspielerbereiches sicherlich auch größer als der des ideellen Bereiches, jedoch ging die Schere nicht so weit auseinander wie heutzutage. Aus diesem Grund hat der DFB auch die Reform angestrebt und die DFL gegründet und Kapitalgesellschaften im Bereich der höchsten Ligen zugelassen.

Darüber hinaus ist es mehr als zweifelhaft, dass die Lizenzspielerabteilung betrieben wird, um Mittel für den ideellen Zweck zu generieren. Bereits oben wurde dargestellt, dass ein Teil der Gewinne des wirtschaftlichen Geschäftsbetriebes dem ideellen Bereich zur Verfügung gestellt werden muss. Die Umsetzung in der Praxis ist stark zu bezweifeln. Es wäre für einen Verein wie den HSV oder Schalke 04 ein immenser Wettbewerbsnachteil gegenüber den Vereinen, die die Lizenzspielerabteilung ausgegliedert haben, wenn sie einen Teil der Gewinne nicht in neue Spieler, höhere Gehälter oder bessere Strukturen investieren dürften. Folglich sollte davon ausgegangen werden, dass der wirtschaftliche Geschäftsbetrieb nur unterhalten wird, damit dieser erfolgreich ist und nicht, um Mittel für den gemeinnützigen Zweck zu erwirtschaften.

Letztendlich muss man wohl von einer Entwicklung hin zum Selbstzweck sprechen. Waren die Vereine vor 20 oder 30 Jahren von den Strukturen her noch so organisiert, dass man wohl nicht von einer Gemeinnützigkeitsschädlichkeit sprechen konnte, so haben sich die Lizenzspielerabteilungen in den letzten Jahren zu großen Wirtschaftsunternehmen gewandelt, die eben nicht mehr der Verfolgung des gemeinnützigen Zweckes eines Sportvereins dienen.

(d) Rechtfertigung aus § 58 Nr. 9 AO

Eine Rechtfertigung des wirtschaftlichen Geschäftsbetriebes „Lizenzspielerabteilung" ergibt sich auch nicht aus § 58 Nr. 9 AO.

§ 58 Nr. 9 AO ist als Ergänzung zu § 67a AO zu sehen und bezieht sich somit nur auf einen Zweckbetrieb.[398] Als Ausnahmevorschrift zu § 55 AO will § 58 Nr. 9 AO es gemeinnützigen Sportvereinen ermöglichen, im kleinen Rahmen Sportler zu bezahlen, ohne den Status der Gemeinnützigkeit zu gefährden.

In § 67a AO ist festgelegt, wann eine sportliche Veranstaltung einen Zweckbetrieb darstellt und somit vom Privileg der Steuerbefreiung profitiert. Voraussetzung ist aber, dass gerade kein bezahlter Sportler an der Veranstaltung teilnimmt. Nimmt aber ein bezahlter Sportler teil, dann liegt automatisch ein wirtschaftlicher Geschäftsbetrieb vor, der nicht mehr als Zweckbetrieb privilegiert sein kann.[399] Da das Vorliegen eines wirtschaftlichen Geschäftsbetriebes zum Verlust der Gemeinnützigkeit führen kann, hat der Gesetzgeber mit § 58 Nr. 9 AO eine Klarstellung treffen wollen, die dies verhindert. Allerdings ist in diesem Hinblick zu beachten, dass § 58 Nr. 9 AO nicht jeden Verstoß gegen Gemeinnützigkeitsrecht rechtfertigen kann. Er dient lediglich dazu, dass kleine

398 *Leisner-Egensperger* in: Hübschmann/Hepp/Spitaler, AO, § 58 Rn. 74.

399 *Gersch* in: Klein, AO, § 67a Rn. 23; *Seer* in: Tipke/Kruse, AO, § 67a Rn. 16 f.; *Fischer* in: Hübschmann/Hepp/Spitaler, AO, § 67a Rn. 50.

Vereine nicht in Schwierigkeiten geraten, wenn sie einen Sportler für die Teilnahme an einem Wettkampf bezahlt. Die Förderung des unbezahlten Sports muss jedoch weiterhin im Vordergrund stehen.[400]

§ 58 Nr. 9 AO soll aber gerade nicht als Rechtfertigung für die Millionenjahresgehälter der bezahlten Fußballprofis herhalten. Diese werden nämlich nicht nur für die Teilnahme an einem einzelnen Wettkampf bezahlt, sondern haben Verträge, die meist über mehrere Jahre laufen.

Darüber hinaus ist bei den Vorschriften des Gemeinnützigkeitsrechts immer zu bedenken, dass sich diese auf die kleinen Sportvereine in Deutschland beziehen und eben nicht auf die Fehlentwicklungen der Vereine mit Lizenzspielerabteilungen in der Fußballbundesliga.

2. Ergebnis

Durch den Betrieb einer Lizenzspielerabteilung kann es zu einem Verstoß gegen das Mittelverwendungsverbot des § 55 Abs. 1 Nr. 1 AO kommen. Dies insbesondere dann, wenn Verluste des wirtschaftlichen Geschäftsbetriebes durch Mittel des ideellen Bereichs ausgeglichen werden und die Gewinne des wirtschaftlichen Geschäftsbetriebs in unzulässiger Weise bei diesem verbleiben.

Die Bezahlung von Profisportlern und der überhöhten Vergütungen für Vorstandsmitglieder führt zu einem Verstoß gegen § 55 Abs. 1 Nr. 3 AO.

Ein Verstoß gegen § 56 AO liegt vor, weil der wirtschaftliche Geschäftsbetrieb nicht dem gemeinnützigen Zweck untergeordnet ist, sondern einen davon losgelösten Zweck verfolgt, der sogar als Hauptzweck des Vereins anzusehen ist.

Die aufgrund der Fehlentwicklung der Vereine mit Lizenzspielerabteilung vorliegenden Verstöße gegen die Vorschriften des Gemeinnützigkeitsrechts müssen zu einer Gemeinnützigkeitsschädlichkeit der Vereine führen.

Insbesondere der Verstoß gegen § 56 AO, der nach Aufgabe der Geprägetheorie die wohl wichtigste Vorschrift des Gemeinnützigkeitsrechts darstellt, sollte kein anderes Ergebnis zulassen, als dass der Betrieb der Lizenzspielerabteilung zu einer Gemeinnützigkeitsschädlichkeit führt.

Es ist nach derzeitiger Rechtslage nicht zu rechtfertigen, dass gemeinnützige Körperschaften, denen eine besondere Rolle in der Gesellschaft zukommen soll und die durch gesetzlichen Vorschriften privilegiert sind, neben ihrer satzungsmäßigen Tätigkeit Wirtschaftsunternehmen unterhalten, die eine Größenordnung angenommen haben, die für die Vereine selbst als existenzbedrohend einzustufen sind.

---

400 *Leisner-Egensperger* in: Hübschmann/Hepp/Spitaler, AO, § 58 Rn. 74.

V. Folgen der Gemeinnützigkeitsschädlichkeit für den Verein

Nachdem festgestellt wurde, dass die Unterhaltung der Lizenzspielerabteilung als wirtschaftlicher Geschäftsbetrieb gemeinnützigkeitsschädlich ist, stellt sich die Frage, welche Auswirkungen dies auf den Gesamtverein hat. Dabei ist von entscheidender Bedeutung, welche Art von Verstoß[401] vorliegt, ob er geringfügig, einfach oder qualifiziert ist.[402]

Die Folge des Verlustes der Gemeinnützigkeit heißt für den Verein nicht automatisch, dass nun alle Einnahmen und Ausgaben steuerliche Relevanz besitzen. Es ist viel mehr entscheidend, ob die Tätigkeiten eine der Einkunftsarten des § 2 Abs. 1 EStG erfüllen. Wenn dies nicht der Fall ist, dann sind die Einnahmen nicht steuerbar und die Ausgaben dürfen ebenfalls nicht berücksichtigt werden.[403]

Gemäß § 61 Abs. 3 Satz 2 AO ist

> *„§ 175 Abs. 1 Satz 1 Nr. 2 AO mit der Maßgabe anzuwenden, dass Steuerbescheide erlassen, aufgehoben oder geändert werden können, soweit sie Steuern betreffen, die innerhalb der letzten zehn Kalenderjahre vor der Änderung der Bestimmung über die Vermögensbindung entstanden sind."*

Fraglich ist aber, ob die Vorschriften über die Festsetzungsverjährung zur Anwendung kommen oder nicht.[404] Darüber hinaus entfallen alle Steuerbefreiungen oder Steuervergünstigungen der Spezialgesetze.[405]

1. Geringfügiger Verstoß

Bei einem geringfügigen Verstoß wird von Seiten der Finanzverwaltung auf Konsequenzen verzichtet, wenn der Verstoß fristgemäß behoben wird.[406]

Um einen solchen handelt es sich etwa bei § 63 Abs. 4 AO.

---

401 Es handelt sich hier um Verstöße gegen die materielle Gemeinnützigkeit. Die nachfolgenden Ausführungen beziehen sich nur auf die materielle Gemeinnützigkeit, da ein Verstoß innerhalb der Satzung des HSV nicht vorlag und ein solcher auch durch die Umformulierung der Satzung oder einzelner Paragraphen der Satzung leicht hätte behoben werden können.

402 Vgl. *Becker*, DStR 2010, 953; *Bott* in: Schauhoff, § 10 Rn. 50 ff.

403 BFH v. 15.07.1987 – I R 280/81, BStBl. II 1988, 75, 76; hierzu genauer *Wallenhorst* in: Wallenhorst/Halaczinsky, S. 186.

404 Vgl. hierzu *Wallenhorst* in Wallenhorst/Halaczinsky, S. 186, insbesondere Fn. 896.

405 *Bott* in: Schauhoff, § 10 Rn. 84.

406 *Seer* in Tipke/Kruse, AO, § 63 Rn. 12.

2. Einfacher Verstoß

Liegt ein einfacher Verstoß vor, dann kann der Körperschaft der Status der Gemeinnützigkeit für einzelne Veranlagungszeiträume entzogen werden.

Ein einfacher Verstoß ist etwa dann gegeben, wenn neben dem satzungsmäßigen Zweck noch ein weiterer gemeinnütziger Zweck verfolgt wird. Es handelt sich dann um einen Verstoß gegen die tatsächliche Geschäftsführung nach § 63 Abs. 1 AO.

Allerdings handelt es sich bei diesem temporären Verlust der Gemeinnützigkeit nicht um einen Wegfall im Sinne der Vermögensbindung, § 61 AO, so dass das Vermögen der Körperschaft nicht weitergeleitet werden muss.[407]

3. Qualifizierter Verstoß

Ein qualifizierter Verstoß ist ein solcher,

> *„der das Vermögen nicht nur berührt, sondern seine Verminderung herbeiführt oder zumindest programmiert, da hier der Kern der Vermögensbindung berührt wird".*[408]

Mögliche Folge eines qualifizierten Verstoßes kann sein, dass die Körperschaft so behandelt wird, als ob sie zu keiner Zeit gemeinnützig war, vgl. § 63 Abs. 2 i.V.m. § 61 Abs. 3 AO. Es käme dann zu einer Nachversteuerung innerhalb eines Zeitraumes von zehn Jahren.

4. Einordnung der Verstöße

Fraglich ist, ob die oben aufgezeigten Verstöße gegen die §§ 55, 56 AO zu einem Wegfall der Gemeinnützigkeit des Gesamtvereins führen können und damit ein qualifizierter Verstoß vorliegt oder ob es sich lediglich um einen einfachen Verstoß handelt.

a) Verstoß gegen § 61 Abs. 3 AO

Ein direkter Verstoß gegen die Grundsätze des § 61 Abs. 3 AO liegt nicht vor, da die Bestimmung über die Vermögensbindung nicht nachträglich geändert wurde, so dass die Anforderungen des § 55 Abs. 1 Nr. 4 AO nicht mehr erfüllt wären.

In Frage kommt die Anwendung des § 61 Abs. 3 AO deshalb nur über den Verweis in § 63 Abs. 2 AO. Dafür müsste aber eine Verletzung der tatsächlichen

---

407 *Becker*, DStR 2010, 953, 954.

408 So *Wallenhorst*, DStR 2011, 698, 701.

Geschäftsführung, § 63 Abs. 1 AO, vorliegen. Die Finanzverwaltung hat im AEAO zu § 61 Nr. 7 klargestellt, dass

> *„Verstöße der tatsächlichen Geschäftsführung gegen § 55 Abs. 1 Nrn. 1 bis 3 so schwerwiegend sein können, dass sie einer Verwendung des gesamten Vermögens für satzungsfremde Zwecke gleichkommen. Auch in diesen Fällen ist eine Nachversteuerung nach § 61 Abs. 3 AO möglich."*

Gegen diese Bestimmung im AEAO wandte sich das FG Berlin in einem Beschluss vom 26.07.2001.[409] Das FG sah es als zweifelhaft an, ob eine rückwirkende Aberkennung der Gemeinnützigkeit bei einem Verstoß gegen die tatsächliche Geschäftsführung überhaupt möglich sei, da es an einer gesetzlichen Grundlage fehle. Konsequenz der Ansicht des FG Berlin wäre, dass die Sanktion des § 61 Abs. 3 AO auf die Auflösung bzw. Aufhebung der gemeinnützigen Körperschaft beschränkt wäre.

Der BFH hat sich in seiner Entscheidung vom 12.10.2010[410] mit dieser Problematik auseinandergesetzt und sie im Sinne der Finanzverwaltung entschieden. Nach Ansicht des BFH kann auch die tatsächliche Geschäftsführung zu einem schwerwiegenden Verstoß gegen § 55 Abs. 1 Nr. 1–3 AO führen, der die Anwendung des § 61 Abs. 3 AO ermöglichen kann.

Der BFH stützt seine Meinung auf den Wortlaut des Gesetzes. Der „Wegfall des bisherigen Zweckes" kann auch durch eine *„gewichtige Abkehr von gemeinnützigkeitsrechtlichen Grundsätzen"* ausgelöst werden.[411]

In der Literatur wird die analoge Anwendung des § 61 Abs. 3 AO mit seinen strengen Folgen auf Verstöße gegen § 55 Abs. 1 Nr. 1–3 AO durchaus kritisch gesehen und abgelehnt.[412] Dieser Ansicht ist m.E. nicht zuzustimmen, da sie die Besonderheiten des Gemeinnützigkeitsrechts verkennt. Der Gesetzgeber gewährt den gemeinnützigen Körperschaften steuerliche Vorteile, im Gegenzug müssen diese sich aber auch an die gesetzlichen Vorgaben halten. Tun sie dies nicht, dann sollte m.E. auch die Konsequenz sein, dass bei bestimmten Verstößen die gewährten Vorteile zurückzuführen sind.[413]

Folglich ist im Einzelfall zu bewerten, ob ein schwerwiegender Verstoß vorliegt oder nicht.

---

409 FG Berlin v. 26.07.2001 – 7 B 7372/00, DStRE 2001, 1248 ff.

410 BFH v. 12.10.2010 – I R 59/09, BStBl. II 2012, 226.

411 BFH v. 12.10.2010 – I R 59/09, BStBl. II 2012, 226, 228.

412 Vgl. *Jachmann/Unger* in: Beermann/Gosch, AO, § 61 Rn. 35 m.w.N.; *Döring/Fischer*, DB 2007, 1831, 1835; *Scholtz* in: Koch/Scholtz, AO, § 61 Rn. 12.

413 So im Ergebnis auch *Seer* in: Tipke/Kruse, AO, § 61 Rn. 6 f.; BFH v. 12.10.2010, BStBl. II 2012, 226; *Wallenhorst* in: Wallenhorst/Hallaczinsky, S. 183 ff.

b) *Verstoß gegen § 55 Abs. 1 Nr. 1 AO*

Aufgrund der unterstellten tatsächlichen Praxis[414], dass die nicht für die wirtschaftliche Existenz des wirtschaftlichen Geschäftsbetriebes benötigten Mittel ebenfalls bei der Lizenzspielerabteilung verbleiben, liegt ein Verstoß gegen § 55 Abs. 1 Nr. 1 AO vor. Dieser ist auch so schwerwiegend, dass er die gleiche Sanktion haben muss wie der Wegfall des Zwecks. Wie bereits ausführlich erläutert darf ein wirtschaftlicher Geschäftsbetrieb nur dann unterhalten werden, wenn er Mittel zur Förderung des satzungsmäßigen Zwecks generiert. Werden diese Mittel aber nicht für den gemeinnützigen Zweck eingesetzt, sondern verbleiben sie faktisch beim wirtschaftlichen Geschäftsbetrieb, dann kann ein Verstoß gegen die Grundsätze der Gemeinnützigkeit vorliegen, der m.E. so gravierend ist, dass die Sanktion des § 61 Abs. 3 AO gerechtfertigt ist.

Das Gemeinnützigkeitsrecht basiert auf einem altruistischen Gedanken, der stets von den Körperschaften zu verfolgen und einzuhalten ist. Dafür werden sie mit steuerlichen Privilegien „belohnt", die andere Marktteilnehmer gerade nicht bekommen. Durch die konsequente und strenge Umsetzung der im Gesetz befindlichen Bestimmungen sind diese Privilegien und die gemeinnützigen Körperschaften, die sie einhalten, zu schützen. Gemeinnützige Körperschaften sind, gerade im Hinblick auf Spenden, auf das Vertrauen der Öffentlichkeit angewiesen. Dieses Vertrauen wird aber dann erheblich verletzt, wenn die gesetzlichen Regelungen nicht eingehalten werden. Durch die Nichteinhaltung der Gesetzesvorgaben des Gemeinnützigkeitsrechts kann eine gemeinnützige Körperschaft sich Vorteile verschaffen, die sich negativ auf andere gemeinnützige Körperschaften auswirken können. Um die Ausnahmen weiterhin rechtfertigen zu können, müssen die gemeinnützigen Körperschaften dazu angehalten werden, die gesetzlichen Bestimmungen zu erfüllen. Werden diese nicht beachtet, dann kann es negative Konsequenzen für den gesamten Gemeinnützigkeitssektor haben, so dass es m.E. wichtig ist, dass gerade Verstöße gegen Normen, die den altruistischen Gedanken der Gemeinnützigkeit in den Vordergrund stellen, zu einem Verlust der Gemeinnützigkeit führen und auch eine Nachversteuerung zur Folge haben. Nur so kann der Gemeinnützigkeitssektor ausreichend geschützt werden.

---

414 Auch wenn es hierfür selbstverständlich keinen Beleg gibt und die Verantwortlichen dies sicher dementieren würden, ist aufgrund der Wettbewerbssituation in der Bundesliga davon auszugehen, dass ein Verein wie der HSV dem ideellen Bereich kaum Mittel aus dem wirtschaftlichen Geschäftsbetrieb zur Verfügung stellt.

c) *Verstoß gegen § 55 Abs. 1 Nr. 3 AO*

Durch die hohen Gehälter sowohl der Spieler als auch der Vorstandsmitglieder liegt ein Verstoß gegen § 55 Abs. 1 Nr. 3 AO vor.

Dieser ist ebenfalls als so gravierend anzusehen, dass die Konsequenzen des § 61 Abs. 3 AO zur Anwendung kommen müssen. Der Verein darf keine unverhältnismäßig hohen Vergütungen zahlen und Dritte nicht durch Ausgaben, die dem Zweck der Körperschaft fremd sind, begünstigen.[415] Wie bereits oben diskutiert ist es hinsichtlich der hohen Gehälter der Vorstände eine Interpretationsfrage, ob diese unverhältnismäßig sind oder nicht. Da wohl angenommen werden kann, dass eine Unverhältnismäßigkeit dann vorliegt, wenn die Vergütung deutlich höher ist als der Ersatz der tatsächlich getätigten Aufwendungen, muss bei einem gemeinnützigen Sportverein, der seinen Vorstandsmitgliedern sechs- oder siebenstellige Beträge im Jahr zahlt, eine solche Unverhältnismäßigkeit angenommen werden. Dasselbe gilt für die Gehälter der Spieler, die, wenn sie nicht Vereinsmitglieder sind, als Dritte anzusehen sind. Eine Rechtfertigung der Zahlungen, die dem eigentlichen Zweck der Vereine fremd sind, kann sich auch nicht aus § 58 Nr. 9 AO ergeben, der sich lediglich auf einen Zweckbetrieb bezieht und eben nicht auf einen wirtschaftlichen Geschäftsbetrieb. Als Argument für die Unschädlichkeit der Zahlungen kann m.E. auch nicht angeführt werden, dass die Spieler aus den Mitteln bezahlt werden, die der wirtschaftliche Geschäftsbetrieb selbst generiert. Dies wäre wohl dann möglich, wenn der wirtschaftliche Geschäftsbetrieb nur zur Finanzierung des ideellen Zweckes unterhalten werden würde. Dass dies aber gerade nicht der Fall ist, wurde oben festgestellt. Stellt man sich die Kontrollfrage, ob die Spieler beschäftigt werden müssen, damit der Zweck des Vereins überhaupt verfolgt werden kann, dann ist dies eindeutig zu verneinen. Der Verein kann auch dann den Amateursport fördern, wenn er keine Profiabteilung in seinen Reihen hat, was die Existenz der zahlreichen Fußballvereine in Deutschland beweist.

Die Bestimmungen der Vermögensverwendung sind so essentiell, dass ein Verstoß dagegen zu strengen Konsequenzen führen muss. Wie schon mehrfach erwähnt ist das Generieren von finanziellen Mitteln durch eine wirtschaftliche Tätigkeit nur dann zulässig, wenn diese Mittel dann auch dem satzungsmäßigen Zweck zugutekommen und nicht für die Bezahlung von Angestellten des Vereins genutzt werden. Eine solche Bezahlung widerspricht dem Grundgedanken der wirtschaftlichen Betätigung gemeinnütziger Vereine.

---

415 Vgl. BFH v. 08.08.2001 – I B 40/01, BFH/NV 2001, 1536; BMF vom 22.04.2009, IV C 4-S 2121/07/0010, FMNR17f000009.

d) *Verstoß gegen § 56 AO*

Wie festgestellt wurde, liegt ein Verstoß gegen § 56 AO vor, der nach der Aufgabe der Geprägetheorie die zentrale Vorschrift des Gemeinnützigkeitsrechts im Hinblick auf die Unterhaltung eines wirtschaftlichen Geschäftsbetriebes darstellt. Zwar hat weder der BFH noch das BMF als Konsequenz eines Verstoßes gegen § 56 AO die Anwendung der Folgen des § 61 Abs. 3 AO in Betracht gezogen, jedoch muss dies m.E. die logische Schlussfolgerung sein.

Die Zulässigkeit von wirtschaftlichen Geschäftsbetrieben wird damit begründet, dass dies letztendlich auch der Allgemeinheit zugutekommt, da die gemeinnützige Körperschaft so mehr Mittel zur Zweckverfolgung zur Verfügung hat.[416] Somit ist die Förderung der Gemeinnützigkeit der Rechtfertigungsgrund der Erlaubnis einer wirtschaftlichen Tätigkeit. Auch wenn der wirtschaftliche Geschäftsbetrieb partiell steuerpflichtig ist und daher einer nicht gemeinnützigen Körperschaft gleichgestellt wird, profitiert dieser auch von dem Status der Gemeinnützigkeit des Vereins.[417]

Als Folge dieser Erlaubnis darf der gemeinnützige Verein die Verfolgung des satzungsmäßigen Zwecks aber nicht dahingehend vernachlässigen, dass der Betrieb des wirtschaftlichen Geschäftsbetriebes derart in den Vordergrund rückt, dass er zum Selbstzweck wird und die gesamte Tätigkeit des Vereins bestimmt. Wenn dies so ist, dann liegt ein schwerer Verstoß gegen die gesetzlichen Gemeinnützigkeitsbestimmungen vor, der zum Verlust des Status und einer Nachversteuerung führen muss.

Die Regelungen der §§ 51 ff. AO und die Steuerfreiheit in den Spezialgesetzen stellen eine absolute Ausnahme im Steuerrecht dar, die nur durch die altruistische Tätigkeit der gemeinnützigen Körperschaften gerechtfertigt werden können. Um von dieser Ausnahme profitieren zu können, muss der gesamte Verein die gesetzlichen Anforderungen erfüllen. Zu diesen gehört aber auch, dass eine wirtschaftliche Tätigkeit nur aus dem Grund ausgeübt wird, Mittel für die Verfolgung der gemeinnützigen Zwecke zu generieren. Ändert sich der tatsächliche

---

416 Vgl. etwa *Leisner-Egensperger* in: Hübschmann/Hepp/Spitaler, AO, § 56 Rn. 13; *Schauhoff* in: Schauhoff, § 7 Rn. 111; *Bott/Woitschell* in: ERNST & YOUNG, KStG, § 5 Rn. 529.

417 Auch wenn, wie oben dargestellt, die unmittelbaren Vorteile, etwa durch das Ausweisen gewisser Einnahmen im steuerfreien Bereich oder Ausgaben im steuerpflichtigen Bereich, nicht sehr groß sind, profitiert der wirtschaftliche Geschäftsbetrieb vom Image (etwa die Historie, bekannte Spieler oder ehemalige Erfolge) des gemeinnützigen Vereins und kann dies bei möglichen Investoren oder Vertragspartnern ausspielen.

Zweck eines Vereins dahingehend, dass fast ausschließlich die Unterhaltung eines wirtschaftlichen Geschäftsbetriebes im Vordergrund steht, werden die Anforderungen nicht mehr erfüllt und der gesamte Verein darf nicht mehr unter die Ausnahmeregelungen fallen. Die strenge Folge der Nachversteuerung der letzten zehn Jahre ist m.E. auch deshalb gerechtfertigt, weil der Verein die einfache Möglichkeit hat, den wirtschaftlichen Geschäftsbetrieb auszugliedern. Diese Möglichkeit besteht auch gerade für die Vereine der Fußballbundesliga, was früher nicht der Fall war, da nach den Statuten des DFB keine Kapitalgesellschaften am Spielbetrieb teilnehmen durften, sondern nur Vereine. Wohl aus diesem Grund enthielt die AO lange Zeit eine Ausnahme für Fußballvereine. Nach § 68 Nr. 7 lit. b AO a.F. gab es eine Ausnahmereglung nur für Fußballvereine, die dem Bundesligastatut des DFB unterlagen. Sämtliche sportlichen Veranstaltungen, bei denen Eintrittsgelder erhoben wurden, galten als steuerpflichtiger wirtschaftlicher Geschäftsbetrieb, der nicht zum Verlust der Gemeinnützigkeit führte.[418] Demnach behielten die Vereine ihren Gemeinnützigkeitsstatus, wohingegen andere Sportvereine vom Verlust der Gemeinnützigkeit bedroht waren.[419]

Diese Vorschrift wurde zu Recht gestrichen, da sie unter anderem einen Verstoß gegen den Gleichheitsgrundsatz, Art. 3 GG, darstellt, der auch im Steuerrecht eine zentrale Rolle einnimmt. Es ist kein Argument für eine mögliche Rechtfertigung zu erkennen, warum die Vereine der Fußballbundesliga besser gestellt werden sollten als andere Sportvereine, die ähnliche Probleme haben. Dadurch dass diese Regelung weggefallen ist, sollte davon ausgegangen werden, dass der Verlust der Gemeinnützigkeit die logische Folge ist, da es sonst nicht einer solchen Ausnahmevorschrift bedurft hätte.

Aus dem Verlust der Gemeinnützigkeit folgt für den Verein nicht automatisch, dass nun alle Einnahmen und Ausgaben steuerliche Relevanz besitzen. Es ist viel mehr entscheidend, ob die Tätigkeiten eine der Einkunftsarten des § 2 Abs. 1 EStG erfüllen. Wenn dies nicht der Fall ist, dann sind die Einnahmen nicht steuerbar und die Ausgaben dürfen ebenfalls nicht berücksichtigt werden.[420]

Gemäß § 61 Abs. 3 Satz 2 AO ist

> *„§ 175 Abs.1 Satz 1 Nr. 2 AO mit der Maßgabe anzuwenden, dass Steuerbescheide erlassen, aufgehoben oder geändert werden können, soweit sie Steuern betreffen, die innerhalb der*

---

418 Vgl. BT-Drucks. 10/4513, 15 ff.; *Kirch*, StBp 1990, 255; *Scholtz* in: Koch/Scholtz, AO, § 67a, Rn. 30 ff.

419 Vgl. hierzu *Fischer* in Hübschmann/Hepp/Spitaler, AO, § 67a, Rn. 4; *Scholtz* in: Koch/Scholtz, AO, § 67a, Rn. 30 ff.

420 BFH v. 15.07.1987 – I R 280/81, BStBl. II 1988, 75, 76; hierzu genauer *Wallenhorst* in: Wallenhorst/Halaczinsky, S. 186.

letzten zehn Kalenderjahre vor der Änderung der Bestimmung über die Vermögensbindung entstanden sind."

Fraglich ist aber, ob die Vorschriften über die Festsetzungsverjährung zur Anwendung kommen oder nicht.[421]

Darüber hinaus entfallen alle Steuerbefreiungen oder Steuervergünstigungen der Spezialgesetze.[422]

5. Weitere Folgen

Fraglich ist, ob neben der Nachversteuerung noch weitere Folgen der Gemeinnützigkeitsschädlichkeit eintreten können, ob etwa der Vorstand des Vereins mit Konsequenzen rechnen muss oder aber ein Großsponsor eventuell neben dem Verein für seine Spende haften kann.

a) Spendenhaftung

Eine weitere Folge des Verlustes der Gemeinnützigkeit könnte die Begründung einer Spendenhaftung nach § 10b Abs. 4 Satz 2 EStG sein.

Danach haftet derjenige für 30 % des zugewendeten Betrages, der vorsätzlich oder grob fahrlässig eine unrichtige Spendenbestätigung ausstellt oder wer veranlasst, dass Zuwendungen nicht zu den in der Bestätigung angegebenen steuerbegünstigten Zwecken verwendet werden.

Nach wohl h.M. bewirkt die nachträgliche Aberkennung der Gemeinnützigkeit eine Ausstellerhaftung und keine Veranlasserhaftung.[423] Gestützt wird diese Ansicht darauf, dass der Aussteller der Zuwendungsbestätigung auch die Tatsache bestätigt, dass es sich rechtlich um eine Spende handelt. Da lediglich bei Gemeinnützigkeit des Empfängers eine Spende vorliegen kann, wird diese durch Ausstellung des Empfängers inzident bestätigt.[424] Voraussetzung ist allerdings, dass vorsätzlich oder grob fahrlässig gehandelt wurde. Für einen Verein handelt gem. § 26 BGB der Vorstand. Wenn nicht andere Personen ausdrücklich dazu ermächtigt wurden, Zuwendungsbestätigungen auszustellen, dann kommt es hinsichtlich des Vorsatzes oder der groben Fahrlässigkeit auf das Handeln des Vorstandes an. Bei einem Verlust der Gemeinnützigkeit

---

421 Vgl. hierzu *Wallenhorst* in Wallenhorst/Halaczinsky, S. 186, insbesondere Fn. 896.

422 *Bott* in: Schauhoff, § 10 Rn. 84.

423 Statt vieler BFH v. 10.09.2003 - XI R 58/01, BStBl. II 2004, 352; *Kirchhof* in: Kirchhof, EStG, § 10b Rn. 76; *Heinicke* in: Schmidt, EStG, § 10b Rn. 54; a.A. FG München v. 22.03.2001 - 7 V 4469/00, EFG 2001, 838; *Becker*, DStR 2010, 953, 957.

424 *Wallenhorst* in: Wallenhorst/Halaczinsky, S. 323.

aufgrund des Verstoßes gegen die Grundsätze der tatsächlichen Geschäftsführung, wie bei den gemeinnützigen Sportvereinen mit Lizenzspielerbetrieb, ist zu fragen, ob der Vorstand wusste, dass die Unterhaltung des wirtschaftlichen Geschäftsbetriebes gemeinnützigkeitsschädlich war oder er es in Folge grober Fahrlässigkeit nicht wusste.

Die Problematik der Gemeinnützigkeit von Fußballvereinen der Bundesliga in der Rechtsform des eingetragenen Vereins war schon häufiger Gegenstand der Diskussion in Fachliteratur und der Presse. Den Vorstandsmitgliedern der Vereine sollte es somit bewusst sein, dass es diese Problematik gibt. Da m.E. der Verstoß gegen das Gemeinnützigkeitsrecht so offensichtlich ist, kann davon ausgegangen werden, dass zumindest grobe Fahrlässigkeit vorliegt, also die Verletzung der im Verkehr erforderlichen Sorgfalt in ungewöhnlich hohem Maße (§ 45 Abs. 2 Satz 3 Nr. 3 SGB X)[425]. Ein Vorstand kann sich auch nicht darauf berufen, dass bislang weder Zivil- noch Finanzgerichte oder Finanzämter etwas gegen die Rechtsformverfehlung bzw. Gemeinnützigkeitsschädlichkeit unternommen haben. Eine Art Vertrauensschutz sollte es im Hinblick auf die Ausstellerhaftung nicht geben.

Fraglich ist bei der Haftung, wer letztendlich haftet, ob nur die Körperschaft, die handelnden Personen selbst oder beide als Gesamtschuldner.

Der Gesetzgeber hat durch das JStG 2009 die im Hinblick auf die Veranlasserhaftung umstrittene Frage durch die Einführung des § 10b Abs. 4 Satz 4 EStG dahingehend gelöst, dass primär die Körperschaft haftet und die Vertreter lediglich subsidiär.[426]

Bei der Ausstellerhaftung stellte sich diese Frage nicht, da es recht eindeutig ist, dass nur die Körperschaft als Aussteller anzusehen ist und nicht der Vorstand. Der BFH hat sich klar positioniert und sieht als Aussteller der Zuwendungsbestätigung *„nur die spendenempfangsberechtigte Körperschaft“*.[427]

Dem ist zuzustimmen, da auch nur die Körperschaft selbst die erforderlichen Anforderungen zur Ausstellung von Zuwendungsbestätigungen erfüllen kann. Der Vorstand dient lediglich als Ausführungsorgan, dessen Handeln dem Verein zugerechnet wird. Da eine natürliche Person aber eben kein Aussteller der Bestätigung sein kann, kann als logische Schlussfolge auch keine Ausstellerhaftung begründet werden. Eine andere Ansicht hätte weitgehende Folgen, weil sich dann kaum noch jemand freiwillig in den Vorstand einer gemeinnützigen

---

425 *Grundmann* in: MüKo, BGB, § 276 Rn. 94; *Grüneberg* in: Palandt, BGB, § 276 Rn. 14.

426 Ausführlicher hierzu *Wallenhorst* in: Wallenhorst/Halaczinsky, S. 323 ff.

427 BFH v. 24.04.2002 - XI R 123/96, BStBl. II 2003, 128; BFH v. 10.09.2003 - XI R 58/01, BStBl. II 2004, 352, 353.

Körperschaft wählen lassen würde und somit eine Gefahr für den Gemeinnützigkeitssektor an sich entstehen würde.

b) Haftung des Spenders

Fraglich ist, ob der Verlust der Gemeinnützigkeit auch Auswirkungen auf einen Großspender haben kann. Dies wäre möglicherweise dann der Fall, wenn die Spende nach dem Verlust der Gemeinnützigkeit als Schenkung anzusehen ist. Denn dann wäre auch der vermeintliche Spender neben dem Bedachten Steuerschuldner der Schenkungsteuer gemäß § 20 Abs. 1 Satz 1 ErbStG i.V.m. § 44 Abs. 1 AO. Schenker und Beschenkter haften als Gesamtschuldner (§ 44 AO), allerdings muss sich das Finanzamt zunächst an den Beschenkten, hier den Verein, halten, da ihn in erster Linie die Steuerpflicht trifft.[428]

Was eine Schenkung im steuerrechtlichen Sinne ist, wird in § 7 ErbStG legal definiert. Gem. § 7 Abs. 1 Nr. 1 ErbStG ist eine Schenkung jede freigebige Zuwendung unter Lebenden, soweit der Bedachte durch sie auf Kosten des Zuwenden bereichert wird.

Macht jemand eine Spende an einen gemeinnützigen Verein, tätigt er ebenfalls eine freigebige Zuwendung unter Lebenden, durch die der Bedachte bereichert wird. Der Unterschied liegt nur darin, dass bei einer Spende der Bedachte von einem Privileg profitiert, hier die Gemeinnützigkeit, und der Schenker deshalb nicht als Schenker angesehen wird, sondern als Spender, der sogar steuerliche Vorteile aus der Spende ziehen kann.

Es stellt sich mithin die Frage, was aus einer Spende wird, wenn der Bedachte den privilegierten Status verliert.

Wird die Spende nach dem Verlust getätigt und der Spender hat von den neuen Umständen Kenntnis erlangt, dann liegt eine Schenkung vor.[429]

Problematisch ist dies für die Zeit vor dem Verlust der Gemeinnützigkeit. Möglicherweise läge dann rückwirkend eine Schenkung vor und der eigentliche Spender wäre als Schenker Steuerschuldner der Schenkungsteuer. Der Gesetzgeber hat hier ebenfalls eine 10-Jahres-Regelung getroffen. Gem. § 13 Abs. 1 Nr. 16 lit. b Satz 2 ErbStG fällt die Befreiung mit Wirkung für die Vergangenheit weg,

> *„wenn die Voraussetzungen für die Anerkennung der Körperschaft (...) als gemeinnützige Institution innerhalb von 10 Jahren nach der Zuwendung entfallen und das Vermögen nicht begünstigten Zwecken zugeführt wird“.*

---

428 BHF v. 29.11.1961 – II 282/58 U, BStBl. III 1962, 323; BFH v. 01.07.2008 – II R 2/07, BStBl. II 2008, 897; BVerfG v. 18.12.2012 – 1 BvR 1509/10, NJW 2013, 1357 ff.

429 So auch *Bott* in: Schauhoff, § 10 Rn. 102.

Sind diese Voraussetzungen erfüllt, dann liegt keine Spende vor, sondern eine Schenkung und der Spender ist auch Steuerschuldner der Schenkungsteuer. Vermieden werden kann dies durch eine Zweckzuwendung, denn dann ist gem. § 20 Abs. 1 Satz 1 ErbStG der mit der Zuwendung Beschwerte der Steuerschuldner. Eine solche Zweckzuwendung liegt vor, wenn der Spender bzw. Schenker die Spende/Schenkung mit einer Auflage verbindet, wem das Geld, in diesem Fall dem gemeinnützigen Zweck, zugutekommen soll.

c) Haftung des Vorstands für Steuerschulden

Die Gemeinnützigkeitsschädlichkeit und die Folge des § 61 Abs. 3 AO könnten auch Konsequenzen für den Vereinsvorstand nach sich ziehen, nämlich dann, wenn der Vorstand für die Steuerschulden des Vereins selbst haften muss.

Die Haftung des Vereinsvorstandes richtet sich nach § 69 AO, ihn treffen somit die gleichen Pflichten, wie einen GmbH-Geschäftsführer. Der Vorstandsvorsitzende ist verpflichtet, die steuerlichen Pflichten des Vereins zu erfüllen.[430] Werden die Steuern nicht oder nicht ordnungsgemäß abgeführt, dann haftet er nach § 69 i.V.m. § 34 AO in voller Höhe nebst steuerlicher Nebenleistungen.[431] Voraussetzung ist gem. § 69 AO eine vorsätzliche grobfahrlässige Verletzung der auferlegten Pflichten. Dies bedeutet aber, dass der Vorstandsvorsitzende nur dann haftet, wenn der Verein die nachträglich zu entrichtenden Steuern nicht zahlt und der Vorstandsvorsitzende dieser Pflicht vorsätzlich oder grob fahrlässig nicht nachkommt. Es folgt daraus nicht, dass der Vorsitzende schon deshalb haftet, weil er die Gemeinnützigkeitsschädlichkeit vorsätzlich oder grob fahrlässig missachtet hat.

VI. Ergebnis

Die aufgrund der Fehlentwicklung der Vereine mit Lizenzspielerabteilung vorliegenden Verstöße gegen die Vorschriften des Gemeinnützigkeitsrechts müssen zu einer Gemeinnützigkeitsschädlichkeit der Vereine führen. Aus gemeinnützigkeitsrechtlicher Sicht ist es nicht zu rechtfertigen, dass die die Vereine einen wirtschaftlichen Geschäftsbetrieb in einem Umfang betreiben, wie es bei Lizenzspielerabteilungen der Fall ist.

---

430 Vgl. BFH v. 13.03.2003 – VII R 46/02, BStBl. II 2003, 556; *Bott/Woitschell* in: ERNST & YOUNG, KStG, § 5 Rn. 522.

431 *Brete/Thomsen*, SpuRt 2008, 11, 17; *Jatzke* in: Beermann/Gosch, AO, § 69 Rn. 16 f.; *Loose* in: Tipke/Kruse, AO, § 69 Rn. 44.

Durch den Betrieb einer Lizenzspielerabteilung kann es zu einem Verstoß gegen das Mittelverwendungsverbot des § 55 Abs. 1 Nr. 1 AO kommen. Dies insbesondere dann, wenn Verluste des wirtschaftlichen Geschäftsbetriebes durch Mittel des ideellen Bereichs ausgeglichen werden und die Gewinne des wirtschaftlichen Geschäftsbetriebs in unzulässiger Weise bei diesem verbleiben.

Die Bezahlung von Profisportlern und der überhöhten Vergütungen für Vorstandsmitglieder führt zu einem Verstoß gegen § 55 Abs. 1 Nr. 3 AO.

Ein Verstoß gegen § 56 AO liegt vor, weil der wirtschaftliche Geschäftsbetrieb nicht dem gemeinnützigen Zweck untergeordnet ist, sondern einen davon losgelösten Zweck verfolgt, der sogar als Hauptzweck des Vereins anzusehen ist.

Aufgrund des wirtschaftlichen Ausmaßes der Lizenzspielerabteilung und der dadurch bedingten Konsequenzen für den Idealverein kann nicht mehr davon ausgegangen werden, dass der Verein die Kriterien der Gemeinnützigkeit erfüllt. Die aufgezeigten Verstöße gegen die Vorschriften der Gemeinnützigkeit führen zu einer Gemeinnützigkeitsschädlichkeit des Vereins, die erhebliche Konsequenzen, gerade auch finanzielle, für den Verein selbst haben kann. So kommt es etwa zu einer Nachversteuerung der letzten zehn Kalenderjahre, § 61 Abs. 3 AO.

Kapitel 4 Ausgliederung der Lizenzspielerabteilung

Nachdem im vorherigen Kapitel festgestellt wurde, dass die Unterhaltung des Lizenzspielerbetriebs zu einem Verlust der Gemeinnützigkeit führen sollte, wird im folgenden Kapitel untersucht, wie sich dieser Verlust für den Verein vermeiden lässt. Da sich die wirtschaftliche Entwicklung des Fußballs, und somit auch der Lizenzspielerabteilungen, nicht mehr rückgängig machen lässt, sollten diese von dem gemeinnützigen Verein „abgetrennt" werden, damit der Gemeinnützigkeitsstatus des Vereins beibehalten werden kann. Dabei muss beachtet werden, dass die DFL gewisse Vorgaben macht, die die Vereine befolgen müssen. So ist etwa in den Statuten der DFL festgelegt worden, dass der Verein mindestens 50+1 Anteile an der Kapitalgesellschaft halten muss, wenn die Lizenzspielerabteilung ausgegliedert werden sollte.[432]

I. Zivilrechtliche Möglichkeiten

Die Übertragung von Vermögen eines Vereins auf einen anderen Rechtsträger ist zum einen durch Einzelrechtsnachfolge möglich oder zum anderen durch eine partielle Gesamtrechtsnachfolge aufgrund eines Vorgangs nach dem UmwG. Diesbezüglich besteht grundsätzlich eine Wahlfreiheit.[433]

1. Übertragungsvorgang nach dem UmwG

Das UmwG beinhaltet mehrere Möglichkeiten Vermögen oder Teile davon auf einen anderen Rechtsträger zu übertragen.

a) Formwechsel

Als gesellschaftsrechtlicher Umwandlungsvorgang käme zunächst der Formwechsel nach § 1 Abs. 1 Nr. 4 UmwG i.V.m. §§ 190 ff. UmwG in Betracht. Gem. § 190 Abs. 1 UmwG kann ein Rechtsträger durch Formwechsel eine andere Rechtsform erhalten. Formwechselnder Rechtsträger kann auch ein eingetragener Verein sein, § 191 Abs. 1 Nr. 4 UmwG. Als neue Rechtsformen kämen GmbH, AG und KGaA in Betracht.

432 § 8 Abs. 2 der Satzung des Ligaverbands.

433 Statt vieler *Sagasser/Bultmann* in: Sagasser/Bula/Brünger, § 18 Rn. 188; *G. Wagner*, NZG 1999, 469, 474.

Zu bedenken ist bei einem Formwechsel aber, dass ein solcher wohl nicht das gewünschte Ziel erfüllen wird. Der Verein könnte sich in eine GmbH formwandeln, die dann gemeinnützig tätig wäre, jedoch bliebe das Problem des wirtschaftlichen Geschäftsbetriebs Lizenzspielerabteilung bestehen, da sie weiterhin unmittelbar unter dem gemeinnützigen Dach betrieben werden würde. Darüber hinaus ist fraglich, ob die Mitglieder, die Amateursport betreiben oder betrieben wollen, etwa durch die Rechtsform einer GmbH daran gehindert werden, da die Gesellschafterstellung bei einer GmbH sehr viel strengere Anforderungen stellt als die Mitgliedschaft in einem Verein.

Auch vor dem Hintergrund der Bestimmungen der DFL scheidet der Formwechsel als Umwandlungsmaßnahme aus, da ein eingetragener Verein die Mehrheit an der Kapitalgesellschaft halten muss, § 8 Abs. 2 der Satzung der DFL.

b) Spaltung

Als weitere Möglichkeit kommt eine Spaltung nach § 1 Nr. 2 UmwG i.V.m. §§ 123 ff. UmwG. Diese ist bei einem rechtsfähigen Verein nur dann möglich, wenn die Satzung des Vereins oder die Vorschriften des Landesrechts nicht entgegenstehen, § 149 Abs.1 UmwG.

Die Spaltung wird in drei verschiedene Arten untergliedert, die Aufspaltung § 123 Abs. 1 UmwG, Abspaltung § 123 Abs. 2 UmwG und Ausgliederung § 123 Abs. 3 UmwG. Bei allen drei Vorgängen kommt es zur Übertragung von Vermögensteilen und dem Übergang von Gesellschafterrechten durch den Rechtsakt der Eintragung ins Handelsregister.[434]

Welche der drei genannten Arten der Spaltung für den Verein am sinnvollsten ist, hängt wiederum davon ab, welches Ziel verfolgt wird.

Das Ziel der Umwandlung soll die Erhaltung der Privilegien der Gemeinnützigkeit und die Heilung der Rechtsformverfehlung sein. Durch die Umwandlung soll der gemeinnützigkeitsschädliche wirtschaftliche Geschäftsbetrieb vom Verein getrennt werden und der Verein soll als gemeinnütziger weiter bestehen und die Mehrheit an der Kapitalgesellschaft halten.

aa) Aufspaltung, § 123 Abs. 1 UmwG

Bei einer Aufspaltung wird das gesamte Vermögen eines Rechtsträgers auf zwei neue Rechtsträger übertragen. Folge der Aufspaltung für den übertragenden Rechtsträger ist dessen Löschung, § 131 I Nr. 2 Satz 1 UmwG.

---

434 *Teichmann* in: Lutter, UmwG, § 123 Rn. 4; *Schwarz* in: Widmann/Mayer, UmwG, § 123 Rn. 4.1.3.

Auf Grund dieser Folge scheidet die Aufspaltung als mögliche Option für die Vereine der Fußballbundesliga aus, da gerade nicht Sinn und Zweck der Umwandlung sein soll, dass der Verein gelöscht wird. Darüber hinaus könnte die Aufspaltung auch gemeinnützigkeitsrechtliche Probleme nach sich ziehen. In § 55 Abs. 1 Nr. 4 AO ist ausdrücklich geregelt, dass bei Auflösung der Körperschaft das Vermögen, welches die eingezahlten Kapitalanteile der Mitglieder und den gemeinen Wert der von den Mitglieder geleisteten Sacheinlagen übersteigt, nur für steuerbegünstigte Zwecke verwendet werden darf.

Würde nun aber das gesamte Vermögen auf die beiden neuen Rechtsträger übergehen, könnte die Nachversteuerung gem. § 61 Abs. 3 AO als Konsequenz drohen, da ein Teil des Vermögens nach Auflösung nicht für gemeinnützige Zwecke verwendet wird.

bb) Abspaltung, § 123 Abs. 2 UmwG

Im Gegensatz zur Aufspaltung ist es bei der Abspaltung gem. § 123 Abs. 2 UmwG möglich, nur einen Teil oder mehrere Teil des Vereinsvermögens auf einen anderen Rechtsträger zu übertragen. Auch bedarf es nur eines anderen Rechtsträgers, auf den die Vermögensteile übertragen werden. Dieser kann schon bestehen oder neu gegründet werden, § 123 Abs. 2 Nr. 1 UmwG.

Vorteil dieser Variante ist, dass der übertragende Rechtsträger nicht gelöscht wird, sondern weiterhin mit einem Teil des Vermögens fortbesteht. Das zu übertragende Vermögen geht in einem Vorgang im Wege der Sonderrechtsnachfolge auf den oder die anderen Rechtsträger über.[435]

Durch das Bestehenbleiben des Vereins wäre die Abspaltung eine mögliche Lösung für die Vereine der Fußballbundesliga, da auf diesem Wege wohl der Status der Gemeinnützigkeit gewahrt werden kann. Allerdings sind bei der Abspaltung die DFL-Statuten zu beachten. In § 8 Abs. 2 der Satzung des Ligaverbandes heißt es zu den Mehrheitsbeteiligungen:

> *„Eine Kapitalgesellschaft kann nur eine Lizenz für die Lizenzligen und damit die Mitgliedschaft im Ligaverband erwerben, wenn ein Verein mehrheitlich an ihr beteiligt ist, der über eine eigene Fußballabteilung verfügt, und der im Zeitpunkt, in dem sie sich erstmals für eine Lizenz bewirbt, sportlich für die Teilnahme an einer Lizenzliga qualifiziert ist. Der Verein („Mutterverein“) ist an der Gesellschaft („Kapitalgesellschaft“) mehrheitlich beteiligt, wenn er über 50 % der Stimmenanteile zuzüglich mindestens eines weiteren Stimmenanteils in der Versammlung der Anteilseigner verfügt.“*

Diese teilweise kontrovers diskutierte 50+1-Regelung soll, wie bereits erwähnt, den Einstieg von Investoren dahingehend verhindern, dass diese die Kontrolle

435 *Hörtnagl* in: Schmitt/Hörtnagl/Stratz, UmwG, § 123 Rn. 9.

bei den Kapitalgesellschaften übernehmen können. Die Regelung verhindert aber auch, dass die Abspaltung eine Möglichkeit der Umwandlung für die Vereine ist. Folge der Abspaltung ist gemäß § 123 Abs. 2 UmwG, dass die Anteile an der Kapitalgesellschaft auf die Anteilsinhaber des übertragenden Rechtsträgers übergehen.

Den Mitgliedern des Vereins ist zwar das Vereinsvermögen entzogen, sodass keine kapitalmäßige Beteiligung des Mitgliedes vorhanden ist,[436] jedoch sind sie als „Anteilsinhaber" im Sinne des § 123 Abs. 2 UmwG zu qualifizieren, so dass sie die Anteile der Kapitalgesellschaft erhalten würden und nicht der Verein selbst.[437]

Bei dieser Konstruktion werden folglich nicht die Statuten der DFL befolgt, so dass die Abspaltung nach § 123 Abs. 2 UmwG ausscheidet.

cc) Ausgliederung, § 123 Abs. 3 UmwG

Als einzige Möglichkeit der Umwandlung bleibt die Ausgliederung gemäß § 123 Abs. 3 UmwG übrig.

Die Ausgliederung unterscheidet sich von der Abspaltung im Wesentlichen nur durch die Person des Empfängers der zu gewährenden Anteile. Empfänger der Anteile sind nicht die Mitglieder des Vereins, sondern der Verein selbst. Folglich entsteht keine Schwester-, sondern eine Tochtergesellschaft.[438] Da nun der Verein selbst die Anteile an der Kapitalgesellschaft hält, wäre § 8 Abs. 2 der Satzung des Ligaverbandes gewahrt. Es kann ebenfalls auch nur ein Teil des Vermögens übertragen werden, so dass die Ausgliederung lediglich der Lizenzspielerabteilung oder aber auch mehrerer Abteilungen möglich ist.

Die Ausgliederung kann entweder auf einen bereits bestehenden Rechtsträger erfolgen (Ausgliederung zur Aufnahme) oder aber auf einen, der neu gegründet wird, vgl. § 135 UmwG (Ausgliederung zur Neugründung). Bei den Vereinen der Fußballbundesliga sind grundsätzlich beide Varianten denkbar. Da viele Vereine, die ihre Lizenzspielerabteilungen noch nicht ausgegliedert haben, häufig schon andere Bereiche auf Kapitalgesellschaften ausgegliedert haben, wurde in der Vergangenheit die Ausgliederung zur Aufnahme gewählt.[439]

---

436 Vgl. *Lang/Bott* in: ERNST & YOUNG, KStG, § 8 Rn. 495.

437 So auch *Heermann/Schießl*, Der Idealverein als Konzernspitze – Konzern-, vereins-, verbands-, und steuerrechtliche Problemfelder bei der Konzernbildung durch Ausgliederung –, S. 11, abrufbar unter: www.Sportrecht.org/Publikationen/Heermann-Schie%DFl.pdf (Abrufdatum: 10.09.2014).

438 *Sagasser/Bultmann* in: Sagasser/Bula/Brünger, § 18 Rn. 16.

439 Dies war etwa beim FC Bayern München der Fall und wurde so auch vom HSV gewählt.

dd) Formelle Voraussetzungen

Bei der Vermögensübertragung durch Ausgliederung müssen bestimmte formelle Voraussetzungen erfüllt werden.

(1) Spaltungsvertrag/Spaltungsplan

Je nachdem, welche Unterart der Ausgliederung gewählt wird, bedarf es entweder eines Spaltungsvertrages, § 126 UmwG, oder eines Spaltungsplans, § 136 UmwG.

Bei einer Ausgliederung auf einen bereits bestehenden Rechtsträger muss gemäß § 126 UmwG ein Spaltungsvertrag aufgesetzt werden, der die rechtliche Grundlage des Spaltungsvorgangs bildet.[440] In ihm werden sämtliche Einzelheiten der Spaltung geregelt und er dient darüber hinaus auch der Unterrichtung der Anteilsinhaber, also der Mitglieder des gemeinnützigen Sportvereins.

Bei einer Ausgliederung zur Neugründung hat der Vorstand des Vereins einen Spaltungsplan nach § 136 UmwG aufzustellen, der an die Stelle des Spaltungsvertrages tritt, § 136 Satz 2 UmwG.

(2) Spaltungsbericht

Der Vorstand des Vereins muss gem. §§ 135, 127 UmwG einen ausführlichen schriftlichen Bericht über die Spaltung erstellen.

Der Spaltungsbericht dient letztendlich ebenfalls der Information der Anteilsinhaber, die keinen genauen Einblick in den Ablauf der Ausgliederung haben werden, jedoch über diese abstimmen müssen. Um dies tun zu können, müssen sie von dem Vorstand so ausführlich unterrichtet werden, dass keine oder kaum Fragen zu den Auswirkungen der Ausgliederung offen bleiben.

(3) Spaltungsprüfung

Anders als bei der Auf- und Abspaltung bedarf es bei der Ausgliederung keiner gesonderten Prüfung, § 125 Satz 2 UmwG.

(4) Spaltungsbeschluss

Für eine wirksame Ausgliederung eines Teils des Vermögens des Vereins auf eine Kapitalgesellschaft bedarf es gem. § 125 i.V.m. § 103 Satz 1 UmwG der Zustimmung einer Dreiviertelmehrheit der Mitgliederversammlung.[441] Das Erfordernis

---

440 *Priester* in: Lutter, UmwG, § 126 Rn. 6; *Hörtnagl* in: Schmitt/Hörtnagl/Stratz, UmwG, § 123 Rn. 4.

441 Das Erfordernis der Dreiviertelmehrheit war bislang der Grund, warum der HSV bisher keine Ausgliederung vornehmen konnte. Der Anteil der Mitglieder, die einen

einer ¾-Mehrheit ist m.E. aus rechtspolitischer Sicht konsequent, da nur so der Schutz der Mitglieder gewahrt werden kann. Durch die Ausgliederung der Lizenzspielerabteilung und anderer Bereiche wird der größte Teil des Vereinsvermögens auf eine Tochtergesellschaft übertragen. Dies kann letztendlich nur unter Zustimmung der Mitglieder erfolgen, deren Beiträge einen Teil dieses Vermögens mitfinanziert haben.

(5) Anfechtungsklage

Gegen den Umwandlungsbeschluss der Mitgliederversammlung kann ein Mitglied gem. §§ 125 i.V.m. 14 Abs. 1 UmwG innerhalb eines Monats Klage erheben. Bei der Klage gegen den Beschluss handelt es sich um eine Feststellungsklage gem. § 256 ZPO.[442] Die kurze Klagefrist soll der Rechtssicherheit dienen, da Folge der Erhebung einer Klage gegen den Ausgliederungsbeschluss eine Registersperre gem. §§ 125 i.V.m. 16 Abs. 2 Satz 2 UmwG ist. Durch die Monatsfrist hat der Vorstand des Vereins innerhalb kurzer Zeit Klarheit darüber, ob er die Umwandlung im Handelsregister anmelden kann oder ob er sich eventuell auf dem Klagewege mit einem Mitglied auseinandersetzen muss.

Bei einer Ausgliederung kommen die Vorschriften der §§ 29–34 UmwG über Barabfindungen nicht zur Anwendung, weil die Anteile an der neugegründeten Kapitalgesellschaft nicht auf die Mitglieder übergehen, sondern auf den Verein selbst.[443]

c) Partielle Gesamtrechtsnachfolge

Bei der Ausgliederung geht das Vermögen gemäß § 131 Abs. 1 Nr. 1 UmwG als Gesamtheit auf den übernehmenden Rechtsträger über.

Bei dieser Gesamtrechtsnachfolge handelt es sich im Vergleich zu der erbrechtlichen oder der im Rahmen einer Verschmelzung oder Aufspaltung um eine besondere Form, da nicht an den Rechtsuntergang einer Person angeknüpft wird, sondern der übertragende Rechtsträger weiterhin bestehen bleibt. Es handelt

---

Verlust der Identität des HSV durch die Ausgliederung befürchten und somit gegen eine Ausgliederung ist, war bei den früheren Überlegungen so groß, dass eine Dreiviertelmehrheit nicht zustande kommen würde. Dies hat sich in der Zwischenzeit geändert, sodass die Ausgliederung umgesetzt werden konnte.

442 Vgl. *Simon* in: KK-UmwG, § 14 Rn. 16.

443 *Fronhöfer* in: Widmann/Mayer, UmwG, § 125 Rn. 62; *Hörtnagl* in: Schmitt/Hörtnagl/Stratz, UmwG, § 125 Rn. 18.

sich somit um eine eigenständige Gesamtrechtsnachfolge.[444] Sie dient lediglich der Vereinfachung des Umwandlungsvorgangs, da im Vergleich zu einer Einzelübertragung etwa die Zustimmung Dritter nicht erforderlich ist[445] und es nicht zu kostenintensiven Einzelübertragungen kommt.[446] Die Eintragung der Ausgliederung in das Handelsregister des Sitzes des übertragenden Vereines hat zur Folge, dass das ausgegliederte Vermögen als Gesamtheit auf den neuen Rechtsträger übergeht, § 131 Abs. 1 Nr. 1 UmwG. Es bedarf somit keines weiteren Aktes neben der Anmeldung der Ausgliederung beim zuständigen Register gemäß § 129 UmwG.

Dies erscheint zwar im Vergleich zur Einzelrechtsnachfolge, auf die gleich genauer eingegangen wird, als großer Vorteil, allerdings müssen bestimmte Formalien beachtet werden.

2. Einzelrechtsnachfolge

Auch nach Inkrafttreten des UmwG ist eine Ausgliederung durch Einzelrechtsnachfolge weiterhin möglich.[447]

Hierbei werden die auszugliedernden Wirtschaftsgüter durch Einzelrechtsakte auf den neuen Rechtsträger übertragen. Dies geschieht nach den allgemeinen Regeln des BGB, also bei beweglichen Sachen nach § 929 ff. BGB, bei Grundstücken nach §§ 873, 925 BGB oder bei Forderungen nach § 398 BGB.

Bei der Übertragung durch Einzelrechtsakte ist aber zu bedenken, dass eine Zustimmung von Dritten erforderlich sein kann, etwa bei der Übernahme von Verbindlichkeiten durch den neuen Rechtsträger, §§ 414 ff. BGB.

Diese Vorgehensweise erscheint für einen Sportverein mit Lizenzspielerabteilung und anderen Abteilungen, die ausgegliedert werden sollen, sehr mühsam. Jede Forderung müsste einzeln übertragen werden und es bedürfte zum Beispiel bei den Spielerverträgen der Zustimmung der Spieler selbst. Wenn diese sich weigern würden, dann würde der Spieler nicht für die Kapitalgesellschaft spielberechtigt sein, da er keinen Anstellungsvertrag mit ihr hätte. Dies sind nur einige Beispiele, die eine Einzelrechtsnachfolge unattraktiv erscheinen lassen.

---

444 Vgl. *Teichmann* in: Lutter, UmwG, § 123 Rn.8 ff; „partiell" deshalb, weil nur ein Teil der Vermögensgegenstände übergeht.

445 *Vossius* in: Widmann/Mayer, UmwG, § 131 Rn. 23; *Hörtnagl* in: Schmitt/Hörtnagl/Stratz, UmwG, § 131 Rn. 6.

446 *Simon* in: KK-UmwG, § 131 Rn. 9; *Hörtnagl* in: Schmitt/Hörtnagl/Stratz, UmwG, § 131 Rn. 6.

447 Statt vieler *Steinbeck/Menke*, NJW 1998, 2169; *Heermann*, ZIP 1998, 1249, 1253.

Dazu kommt noch, dass auch bei der Ausgliederung im Wege der Einzelrechtsnachfolge eine Zustimmung der Mitgliederversammlung erforderlich wäre. Dieses Erfordernis ergibt sich aus den Grundsätzen der „Holzmüller-Entscheidung" des BGH.[448]

Nach der Entscheidung des BGH bedarf eine Ausgliederung analog § 119 Abs. 2 AktG der Zustimmung der Hauptversammlung, wenn der betroffene Betrieb den wertvollsten Teil des Gesellschaftsvermögens darstellt.[449]

Diese Grundsätze sind auch auf die Ausgliederung im Wege der Einzelrechtsnachfolge bei einem rechtsfähigen Verein zu übertragen, wenn der wesentliche Teil des Vermögens übertragen werden soll.[450] Nur auf diese Art und Weise kann ein Mindestschutz der Mitglieder gewährleistet werden. Wäre ein solcher Vorgang nicht abhängig von einem Beschluss der Mitgliederversammlung, dann könnte der Vorstand eigenmächtig über die Ausgliederung von wichtigen Vermögenswerten entscheiden. Dies hätte zur Folge, dass die Mitgliederversammlung sämtlichen Einfluss verlieren würde und der Vorstand, wenn er auch eine Organstellung bei der Kapitalgesellschaft einnimmt, fast ohne Kontrolle agieren könnte.

Umstritten ist, ob neben dem Erfordernis der Zustimmung der Mitgliederversammlung auch andere Bestimmungen des UmwG analoge Anwendung auf die Ausgliederung im Wege der Einzelrechtsnachfolge finden.[451]

Eine solche Ausdehnung ist m.E. abzulehnen, da es keine planwidrige Regelungslücke gibt.[452] Der Gesetzgeber hat sich bewusst dafür entschieden, dass die Ausgliederung im Wege der Einzelrechtsnachfolge neben dem UmwG anwendbar bleibt.[453] Durch die Anwendung der „Holzmüller-Grundsätze" auf die Ausgliederung im Wege der Einzelrechtsnachfolge sind die Mitglieder des übertragenden Vereins auch ausreichend geschützt.

---

448 BGH v. 25.02.1982 – II ZR 174/80, BGHZ 83, 122 ff.; *Balzer*, ZIP 2001, 175, 177; *Heermann/Schießl*, Fn. 437, S. 13; *Sagasser/Bultmann* in: Sagasser/Bula/Brünger, § 18 Rn. 189; warnend vor der Anwendung der „Holzmüller-Entscheidung" auf die Ausgliederung im Wege der Einzelrechtsnachfolge durch einen Verein *Mayer* in: Festschrift Widmann, 67, 83.

449 BGH v. 25.02.1982 – II ZR 174/80, BGHZ 83, 122, 136 ff.

450 Vgl. *Hemmerich*, BB 1983, 26, 30 f.; *Hopt*, BB 1991, 778 ff.

451 Ausführlich zu dieser Problematik *Sagasser/Bultmann* in: Sagasser/Bula/Brünger, § 18 Rn. 188 ff.

452 So auch *Bungert*, NZG 1998, 367, 369; *Aha*, AG 1997, 345, 356.

453 Vgl. die Regierungsbegründung zu § 1 UmwG, abgedruckt in *Ganske*, Umwandlungsrecht 1994, S. 34 f.

3. Zwischenergebnis

Für die Ausgliederung der Lizenzspielerabteilung und der damit in Verbindung stehenden anderen wirtschaftlichen Geschäftsbetrieben kommen grundsätzlich beide Arten der Ausgliederung in Betracht. Zwar haben beide Verfahren ihre Vor- und Nachteile, jedoch ist m.E. die Ausgliederung nach dem UmwG und somit die partielle Gesamtrechtsnachfolge für einen Verein der Fußballbundesliga vorzugswürdig.[454]

Für die Einzelrechtsnachfolge spricht zwar, dass sie eventuell kostengünstiger, weil zielgerichteter erfolgen kann, da nur die Vermögenswerte übertragen werden, die tatsächlich bei der neuen Kapitalgesellschaft benötigt werden. Auch ist die Haftung des übertragenden Rechtsträgers geringer, weil § 133 UmwG weder direkt noch analog anwendbar ist. Allerdings ist bei einem Umfang der Ausgliederung wie bei der Lizenzspielerabteilung und allen anderen dafür relevanten Abteilungen ebenfalls die Zustimmung der Mitgliederversammlung erforderlich. Dazu kommt noch, dass die Übertragung jedes einzelnen Vertrages und Vermögensgegenstandes jeweils einzeln erfolgen müsste. Dies ist bei einem so großen Umfang deutlich aufwendiger und zeitintensiver als die Formalien, die das UmwG aufstellt.

Das entscheidende Kriterium für die partielle Gesamtrechtsnachfolge ist, dass alle Vermögensgegenstände mit einem Rechtsakt, der Eintragung der Umwandlung ins Handelsregister übergehen. Es bedarf gerade keiner weiteren Handlungen seitens des übertragenden oder neugegründeten Rechtsträgers. Darüber hinaus sind die Regelungen des UmwG auch für die Mitglieder des Vereins transparenter, so dass ihr Schutz vor Missbrauch um einiges höher ist. Zwar kann die Erhebung einer Klage gem. §§ 125 i.V.m. 16 Abs. 2 Satz 2 UmwG zu einer Registersperre führen. Da aber die Frist zur Klageerhebung mit einem Monat sehr kurz ist, fällt dies nicht negativ ins Gewicht.

4. Rechtsform der Kapitalgesellschaft

Welche Rechtsform die neuzugründende Kapitalgesellschaft haben wird, hängt letztlich vom Einzelfall und der Entscheidung des Vorstands des Vereins ab, wobei steuerrechtliche Vorgaben zu beachten sind, auf die später eingegangen wird. Zur Auswahl stehen die GmbH, die KGaA und die AG.[455]

---

454 A.A. *Mayer* in: FS Widmann, 67, 78.

455 *Englisch*, SpuRt 2005, 46, 47.

a) GmbH

Die GmbH ist m.E. für einen Verein im Hinblick auf den Einstieg von Investoren oder Beschaffung von zusätzlichem Kapital am Kapitalmarkt aufgrund der Nachteile bei der Handelbarkeit der GmbH-Anteile nicht die attraktivste Rechtsform für die Kapitalgesellschaften.[456] Die Ausgliederung der Lizenzspielerabteilung und anderer wirtschaftlicher Geschäftsbetriebe dient für die Vereine nicht nur dazu, die rechtlichen Probleme im Vereins- und Steuerrecht zu lösen, sondern auch durch einen möglichen Gang an die Börse oder die Veräußerung der Anteile an Dritte neues Kapital zu generieren. Bei einer GmbH ist dies deutlich schwieriger, da zum einen die Anteile nicht an der Börse gehandelt werden und zum anderen jede Übertragung eines Geschäftsanteils notariell beglaubigt werden muss, § 15 Abs. 3 GmbHG.[457]

b) AG

Die AG[458] hat den Vorteil, dass der Verein 49 % der stimmberechtigten Anteile an die Börse bringen könnte.[459] Allerdings scheint der Gang an die Börse derzeit kein Thema für die Bundesligaklubs zu sein, nachdem der BVB negative Erfahrungen gemacht hatte und die Aktie weit unter dem Ausgabebetrag gelistet ist.[460]

Wie das Beispiel Bayern München zeigt, ist es aber auch möglich Investoren außerhalb der Börse zu gewinnen. Neben dem FC Bayern München e.V. sind noch die Unternehmen Audi AG, Adidas AG und neuerdings Allianz SE Aktionäre der

---

456 In der Saison 2013/14 waren vier Teilnehmer der Fußballbundesliga in der Form der GmbH organisiert: Leverkusen, Hoffenheim, Mönchengladbach und Wolfsburg. Bei Leverkusen, Hoffenheim und Wolfsburg stehen entweder Konzerne (Bayer und VW) oder eine Privatperson (Dietmar Hopp) als Gesellschafter hinter den Kapitalgesellschaften. Diese brauchen die möglich Kapitalspritze durch die Veräußerung der Anteile nicht und haben wohl deshalb die Variante mit der geringsten Haftung der Gesellschafter gewählt.

457 So auch *Mauer/Schmalhofer* in: Sigloch/Klimmer, Unternehmen Profifußball – Vom Sportverein zum Kapitalunternehmen –, S. 15, 40.

458 Ausführlicher zur AG als mögliche Rechtsform *Hopt*, BB 1991, 778.

459 Einen höheren Anteil verhindert die 50+1-Regelung der DFL in § 8 der Satzung des Ligaverbands.

460 Der Ausgabekurs im November 2000 lag bei 11 €. Nach der erfolgreichsten Saison der Vereinsgeschichte (2011/2012) mit dem Gewinn des Doubles lag der Aktienkurs bei etwa 2,40 €. Am Ende der Saison 2013/14 notierte die Aktie bei 3,80 €.

FC Bayern München AG.[461] Als Nachteil der AG wird die 50+1 -Regelung der DFL gesehen, da so nur 49 % der Aktien an der Börse platziert werden können.[462] Dieses Argument mag zwar im Hinblick auf einen Börsengang zutreffen, jedoch ist ein solcher aufgrund der Erfahrungen des BVB aus dem Jahre 2000 derzeit nicht in Aussicht. Darüber hinaus wäre es bei einer AG auch möglich Vorzugsaktien zu emittieren, die gerade keinen Stimmrecht gewähren und somit keinen Einfluss auf die 50+1-Regelung haben.

c) KGaA

Der bislang einzige an der Börse notierte Fußballklub, der BVB, hat die Rechtsform der GmbH & Co. KGaA gewählt. Diese Konstruktion sichert die Einhaltung der 50+1-Regelung, da der Verein mittelbar durch die GmbH die Stellung des Komplementärs innehat und somit ihm die gesetzlich eingeräumte Vertretungs- und Geschäftsführungsbefugnis uneingeschränkt zusteht, § 8 Abs. 2 der Satzung des Ligaverbands.

Die Kommanditaktionäre haben somit vergleichbar einem Vorzugsaktionär keinen Einfluss auf die Entscheidungen innerhalb der Gesellschaft,[463] etwa bei Geschäftsführungsmaßnahmen, die über den normalen Betrieb des Handelsgewerbes hinausgehen.[464] Als Vorteil der KGaA wird angeführt, dass mehr Aktien am Markt platziert werden können als bei der AG.[465]

d) Zwischenergebnis

Welche Rechtsform der Verein für die Kapitalgesellschaft wählen sollte, kann aus gesellschaftsrechtlichen Gründen nicht abschließend gesagt werden. Viel mehr hängt es von den Zielen und Bestrebungen des Vereins selbst ab.

M. E. haben die AG und die GmbH & Co. KGaA den Vorteil, dass Investoren leichter aufgenommen werden können und, falls der Trend sich doch wieder dahingehend entwickeln sollte, dass die Kapitalgesellschaften an die Börse streben, es keiner weiteren Umwandlung bedarf, sondern die Aktien an der Börse platziert werden können.[466]

---

461 http://www.faz.net/aktuell/wirtschaft/unternehmen/fussball-bundesliga-die-allianz-steigt-bei-bayern-muenchen-ein-12797135.html (Abrufdatum: 05.09.2014).

462 Vgl. *Balzer*, ZIP 2001, 175, 179.

463 Dies wird u.a. als Grund angeführt, warum lediglich 29 % der Aktien des BVB von Privatpersonen gezeichnet wurden, vgl. dazu *Balzer*, ZIP 2001, 175, 180 m.w.N.

464 *Koch*, DB 2002, 1701, mit Bezug auf den Verkaufsprospekt von Borussia Dortmund.

465 So *Balzer*, ZIP 2001, 175, 179.

466 Ausführlicher zur Wahl der Rechtsform *Wagner*, NZG 1999, 469, 475 ff.

II. Umwandlungssteuerrechtliche Aspekte der Ausgliederung

Bei Umwandlungen entscheidet zumeist das Steuerrecht über das zu wählende Vorgehen, da es die Bestrebung jedes Unternehmen ist, durch die Umwandlung keine Kosten zu verursachen, die etwa durch zu entrichtende Steuern anfallen könnten. Der Umwandlungsvorgang soll dementsprechend steuerneutral erfolgen.

Gemäß § 1 Abs. 3 Nr. 2 UmwStG gilt für eine Ausgliederung nach § 123 Abs. 3 UmwG der Sechste bis Achte Teil des UmwStG. Da vorliegend der wirtschaftliche Geschäftsbetrieb in eine Kapitalgesellschaft eingebracht wird, kommt lediglich der Sechste Teil des UmwStG zur Anwendung.

Die grundlegende Anwendungsvorschrift ist dabei § 20 Abs. 1 UmwStG. Die Rechtsfolgen der §§ 20 Abs. 2–8, 22, 23 UmwStG treten nur dann ein, wenn die Voraussetzungen des § 20 Abs. 1 UmwStG erfüllt sind.

1. Einbringung in eine Kapitalgesellschaft, § 20 UmwStG

Wird der wirtschaftliche Geschäftsbetrieb eines gemeinnützigen Sportvereins auf eine neuzugründende oder bereits bestehende Kapitalgesellschaft ausgegliedert, dann kann es sich um eine Einbringung im Sinne des § 20 UmwStG handeln. Maßgebend hierfür sind die Voraussetzungen des § 20 Abs. 1 UmwStG.

Die Vorschriften der §§ 20 ff. UmwStG knüpfen nicht direkt an die Vorgaben des UmwG an, sondern regeln einen Spezialfall der Vermögensübertragung gegen Gewährung einer Gegenleistung, der ohne Aufdeckung der stillen Reserven erfolgen kann.[467] Diese Möglichkeit der steuerneutralen Übertragung macht den Vorgang für viele Gesellschaften interessant und sorgt dafür, dass gerade § 20 UmwStG eine *„überragende wirtschaftliche Bedeutung zukommt“*[468].

a) Voraussetzungen des § 20 Abs. 1 UmwStG

Gemäß § 20 Abs. 1 UmwStG muss ein fähiger Einbringungsgegenstand, u.a. ein Betrieb oder Teilbetrieb, in eine Kapitalgesellschaft eingebracht werden und im Gegenzug muss die einbringende Person Anteile an der übernehmenden Gesellschaft erhalten. Welche Voraussetzungen der übertragende Rechtsträger erfüllen muss, also der persönliche Anwendungsbereich, ist nicht in § 20 Abs. 1 UmwStG sondern in § 1 Abs. 4 UmwStG geregelt.

467 *Brähler*, S. 439, 440.

468 *Herlinghaus* in: Rödder/Herlinghaus/van Lishaut, UmwStG, § 20 Rn. 6.

aa) Anwendungsbereich, § 1 Abs. 3 und 4 UmwStG

Voraussetzung für die Anwendbarkeit der §§ 20 ff. UmwStG ist, dass die beteiligten Rechtsträger die Vorgaben des § 1 Abs. 4 UmwStG erfüllen. Nach § 1 Abs. 4 Satz 1 Nr. 2 lit. a) aa) UmwStG muss es sich bei dem übertragenden Rechtsträger um eine Gesellschaft im Sinne des § 1 Abs. 2 Satz 1 Nr. 1 UmwStG handeln. Dieser schreibt vor, dass die übertragende und die übernehmende Gesellschaft solche im Sinne des Art. 54 des Vertrages über die Arbeitsweise der Europäischen Union oder des Art. 34 des Abkommens über den Europäischen Wirtschaftsraum sind.

Gemäß Art. 54 Abs. 2 AEUV gelten als Gesellschaften die Gesellschaften des bürgerlichen Rechts und des Handelsrechts einschließlich der Genossenschaften und die sonstigen juristischen Personen des öffentlichen Rechts mit Ausnahme derjenigen, die keinen Erwerbszweck verfolgen.

Die übernehmende Kapitalgesellschaft, unabhängig davon welche Rechtsform sie letztendlich haben wird, gehört unzweifelhaft zu den Gesellschaften im Sinne des Art. 54 Abs. 2 AEUV.

Zu diesen Gesellschaften zählen aber auch rechtsfähige Vereine im Sinne des § 21 BGB, außer sie verfolgen tatsächlich nur ideelle Zwecke.[469] Wie bereits oben ausführlich festgestellt wurde, verfolgt ein Verein der Fußballbundesliga mit seinen wirtschaftlichen Geschäftsbetrieben einen Erwerbszweck. Für einen solchen wäre nicht einmal eine Gewinnerzielungsabsicht erforderlich[470], die aber bei den Lizenzspielerabteilungen sogar vorliegt. Folglich fallen sowohl der übertragende als auch der übernehmende Rechtsträger unter Art. 54 Abs. 2 AEUV.[471] Diese müssen in einem EU-Mitgliedsstaat gegründet sein und dort auch ihren Sitz und den Ort ihrer Geschäftsleitung haben. Dies ist bei der Ausgliederung des wirtschaftlichen Geschäftsbetriebes aus einem Fußballbundesligaverein unproblematisch gegeben.

bb) Betrieb oder Teilbetrieb

Eine steuerneutrale Einbringung ist nur möglich, wenn ein Betrieb oder ein Teilbetrieb eingebracht wird. Die dritte Variante des § 20 Abs. 1 UmwStG, die Einbringung eines Mitunternehmeranteils, spielt bei Sportvereinen keine Rolle.

---

469 *Trossen* in: Rödder/Herlinghaus/van Lishaut, UmwStG, § 1 Rn. 152; *Orth*, DB 2007, 419, 420.

470 Vgl. *Bröhmer* in Calliess/Ruffert, EUV/AEUV, Art. 54 AEUV Rn. 2.

471 So auch *Schießl*, DStZ 2007, 494, 499.

(1) Betrieb

Der Begriff des Betriebes wird weder im Umwandlungssteuergesetz noch im Umwandlungssteuererlass 2011[472] oder der Fusionsrichtlinie, RL 2009/131/EG, definiert. Es ist aber allgemeine Meinung, dass für den Betriebsbegriff des UmwStG die ertragsteuerlichen Grundsätze heranzuziehen sind und auf Rechtsprechung zu den Betrieben i.S.d. EStG abzustellen ist, wobei die Besonderheiten des § 20 UmwStG berücksichtigt werden müssen.[473] Ein Betrieb i.S.d. § 20 UmwStG ist jede organisatorische Zusammenfassung personeller, sachlicher und anderer Arbeitsmittel zu einer selbständigen Einheit, die auf die Erreichung eines arbeits- bzw. produktionstechnischen Zwecks gerichtet ist und der Erzielung von Gewinn nach § 2 Abs. 2 Nr. 1 EStG dient.[474] Ein solcher Betrieb liegt schon dann vor, wenn sämtliche wesentlichen Betriebsgrundlagen bereits vorhanden sind und bei zielgerichteter Weiterverfolgung des Aufbauplans ein selbständig lebensfähiger Organismus zu erwarten ist.[475] Durch das Vorhandensein dieser Eigenschaften liegt nämlich ein Betrieb im Sinne der Definition des BFH für § 16 EStG vor. Nach Ansicht des BFH ist ein Betrieb ein betrieblicher Organismus, in dem eine betriebliche Tätigkeit, die zu Einkünften i.S.d. § 15 EStG führt, entfaltet werden kann.[476]

Einen Betrieb zeichnet somit aus, dass er mit dem vorhandenen Betriebsvermögen eigenständig am Markt tätig sein kann und nicht auf Strukturen oder Vermögensgegenstände einer anderen Betriebseinheit innerhalb eines Unternehmens angewiesen ist. Die innerbetriebliche Organisation muss folglich so ausgestaltet sein, dass alle essentiellen Entscheidungen selbst getroffen und umgesetzt werden können.

(2) Teilbetrieb

Der Begriff des Teilbetriebs ist ebenfalls weder in den Normen des UmwStG noch in anderen ertragsteuerlichen Normen definiert. Nach bisheriger Auffassung in

---

472 BMF v. 11.11.2011, BStBl. I 2011, 1314.

473 Vgl. etwa *Herlinghaus* in: Rödder/Herlinghaus/van Lishaut, UmwStG, § 20 Rn. 25; *Brähler*, S. 464; *Widmann* in: Widmann/Mayer, UmwStG, § 20 Rn. 3; *Menner* in: Haritz/Menner, UmwStG, § 20 Rn. 121; *Patt* in: Dötsch/Patt/Pung/Möhlenbrock, UmwStG, § 20 Rn. 22.

474 *Patt* in: Dötsch/Patt/Pung/Möhlenbrock, UmwStG, § 20 Rn. 22; *Herlinghaus* in: Rödder/Herlinghaus/van Lishaut, UmwStG, § 20 Rn. 28.

475 Vgl. *Patt* in: Dötsch/Patt/Pung/Möhlenbrock, UmwStG, § 20 Rn. 25.

476 BFH v. 07.11.1991 – IV R 50/90, BStBl. II 1992, 380.

Rechtsprechung und Literatur sind die Voraussetzungen eines Teilbetriebes – trotz einer gewissen Tendenz zur normspezifischen Auslegung des Teilbetriebsbegriffes[477] – grundsätzlich auch für umwandlungssteuerliche Zwecke nach den zu § 16 EStG entwickelten Auslegungskriterien zu beurteilen.[478] Hieran hat sich nach Auffassung der umwandlungssteuerlichen Literatur auch durch die Änderung des UmwStG im Rahmen des SEStEG nichts geändert.[479] Nach den zu § 16 EStG entwickelten Auslegungskriterien stellt sich ein steuerlicher Teilbetrieb als ein organisatorisch geschlossener, mit einer gewissen Selbständigkeit ausgestatteter Teil eines Gesamtbetriebs dar, der für sich allein funktions- und lebensfähig ist.[480]

Die Finanzverwaltung[481] definiert den steuerlichen Teilbetrieb i. S. d. §§ 15, 20 UmwStG als Gesamtheit der in einem Unternehmensteil einer Gesellschaft vorhandenen aktiven und passiven Wirtschaftsgüter, die in organisatorischer Hinsicht einen selbstständigen Betrieb, d. h. eine aus eigenen Mitteln funktionsfähige Einheit darstellen. Damit übernimmt die Finanzverwaltung ausdrücklich den Teilbetriebsbegriff des Art. 2 lit. j) der EG-Richtlinie 2009/133/EG (europäische Fusions-Richtlinie) vom 19.10.2009 (sog. europäischer Teilbetriebsbegriff).

Dem Teilbetriebsbegriff der europäischen Fusions-Richtlinie liegt nach der Rechtsprechung des BFH indessen kein vom nationalen Begriff abweichendes Verständnis zugrunde.[482] Dies zeigt u. a. auch die Beibehaltung der Regelung zu den fiktiven Teilbetrieben in § 15 Abs. 1 Satz 3 UmwStG und § 20 Abs. 1 UmwStG, welche die europäische Fusions-Richtlinie nicht kennt.[483] Maßgebliche Kriterien sind für den europäischen Teilbetriebsbegriff die organisatorische Selbstständigkeit und die Funktionsfähigkeit, so dass es auch hiernach in erster Linie auf die organisatorische und funktionelle Selbständigkeit des Teils eines Gesamtunternehmens ankommt.[484] In diesem Sinne soll es nach Ansicht des EuGH entscheidend vor allem darauf ankommen, dass die übertragenen Unternehmensteile ohne zusätzliche Investitionen oder Einbringungen funktionsfähig

477 So im Ergebnis der BFH v. 02.10.1997 – IV R 84/96, BStBl. II 1998, 104, in dem von einer normspezifischen Auslegung des Begriffs der wesentlichen Betriebsgrundlage ausgegangen wird.

478 BFH v. 16.02.1996 – I R 183/94, BStBl. II 1996, 342.

479 *Schumacher*, in: Rödder/Herlinghaus/van Lishaut, UmwStG, 2008, § 15 Rn. 71.

480 BFH v. 07.04.2010 – I R 96/08, BStBl. II 2011, 467 m.w.N.; *Rogall*, NZG 2011, 810, 811.

481 BMF v. 11.11.2011, BStBl. I 2011, 1314, Rn. 20.06 i.V.m. Rn. 15.02.

482 BFH v. 07.04.2010 – I R 96/08, BStBl. II 2011, 467.

483 Vgl. auch *Schumacher/Neitz-Hackstein*, Ubg 2011, 409, 415.

484 Vgl. *Herlinghaus* in: Rödder/Herlinghaus/van Lishaut, UmwStG, § 20 Rn. 59 ff.

sind.[485] Der Teilbetriebsbegriff der europäischen Fusions-Richtlinie weicht daher im Grundsatz nicht vom nationalen Begriff ab. Die Frage der Funktionsfähigkeit ist unverändert aus der Perspektive des übertragenden Rechtsträgers zu beurteilen.[486]

Der Begriff des „Teilbetriebs" ist danach auch weiterhin ein Typusbegriff, der sich einer präzisen Definition entzieht. Die wesentlichen Merkmale der „Selbständigkeit" und der „Lebensfähigkeit" bzw. „Funktionsfähigkeit aus eigenen Mitteln" können lediglich umschrieben werden, wobei im Einzelfall für die Beurteilung der Erfüllung dieser Merkmale nur Indizien herangezogen werden können und das Gesamtbild der Verhältnisse bei dem übertragenden Rechtsträger maßgeblich ist. Im Einzelfall müssen daher auch nicht alle den Typus des Teilbetriebs kennzeichnenden Merkmale vorliegen.[487]

(a) Organisatorisch geschlossener Teil eines Gesamtbetriebs mit gewisser Selbständigkeit

Die Frage, ob ein Betriebsteil als ein organisatorisch geschlossener Teil eines Gesamtbetriebs mit einer gewissen Selbständigkeit anzusehen ist, beantwortet sich nach der Rechtsprechung des BFH anhand des Gesamtbilds der Verhältnisse.[488] Von einer Selbständigkeit des Betriebsteils ist dann auszugehen, wenn dieser einer Betätigung dient, die sich im Rahmen des Gesamtunternehmens von der übrigen gewerblichen Tätigkeit deutlich abhebt.[489] Als Abgrenzungsmerkmale kommen nach der Rechtsprechung insbesondere in Betracht:[490]

Sachliche Selbständigkeit: Voraussetzungen einer sachlichen Selbständigkeit sind eine räumliche Trennung vom Hauptbetrieb, die Unterbringung in eigenen Räumen mit eigenem Inventar, das Innehaben von eigenem Anlagevermögen und eine selbständige Organisation

---

485 EuGH v. 15.01.2002, C-43/00 (Andersen og Jensen), DStRE 2002, 456, 458 f.; ebenso *Eilers/Bahns/Sedlaczek*, in: von der Groeben/Schwarze, EU-/EG-Vertrag, Vorbem. Art. 90 bis 93 EG, Rn. 168.

486 BMF v. 11.11.2011, BStBl. I 2011, 1314, Rn. 15.02.

487 Vgl. BFH v. 15.03.1984 – IV R 189/81, BStBl. II 1984, 486; *Strobl-Haarmann*, in: FS Widmann, 2000, S. 553, 554.

488 Vgl. z. B. BFH v. 16.11.2005 – X R 17/03, BFH/NV 2006, 532; BFH v. 12.02.1992 – XI R 21/90, BFH/NV 1992, 516; BFH v. 24.04.1980 – IV R 61/77, BStBl. II 1980, 690.

489 Vgl. BFH v. 04.07.1973 – I R 154/71, BStBl. II 1973, 838; FG Köln v. 27.11.1998 – 2 K 2847/94, EFG 1999, 470 m.w.N. (rkr.).

490 Vgl. BFH v. 16.11.2005 – X R 17/03, BFH/NV 2006, 532; BFH v. 12.02.1992 – XI R 21/90, BFH/NV 1992, 516; BFH v. 24.04.1980 – IV R 61/77, BStBl. II 1980, 690.

Personelle Selbständigkeit: Diese setzt eigenes Personal und eine eigene Verwaltung voraus.

Wirtschaftliche Selbständigkeit: Für eine wirtschaftliche Selbständigkeit wird eine gesonderte Buchführung/Kostenrechnung, ein eigener Kundenstamm, ein eigenständiges Auftreten, eine ungleichartige betriebliche Tätigkeit und eine eigene Vertrags- und Preisgestaltung gefordert.

(b) Merkmal der „Funktions- und Lebensfähigkeit"

Der sich als organisatorisch geschlossener Teil eines Gesamtbetriebs mit einer gewissen Selbständigkeit darstellende Betriebsteil muss zudem für sich funktions- und lebensfähig sein. Nach der finanzgerichtlichen Rechtsprechung zum EStG/UmwStG ist ein Teil eines Gesamtunternehmens dann für sich funktions- und lebensfähig, wenn seine Struktur die Ausübung einer eigenständigen betrieblichen Tätigkeit ermöglicht. Dies ist insbesondere dann der Fall, wenn der Teilbetrieb eigene Einkaufsbeziehungen unterhält, einen eigenen Kundenkreis hat und sein Wirkungskreis von demjenigen des Hauptbetriebs abgrenzbar ist.[491] Maßgeblich ist dabei auch insoweit das Gesamtbild der Verhältnisse beim übertragenden Rechtsträger.[492]

(3) Einordnung der Lizenzspielerabteilung

Ob die Lizenzspielerabteilung eines Vereins einen Betrieb oder Teilbetrieb im Sinne des UmwStG darstellt, hängt grundsätzlich von der Struktur innerhalb des Vereins ab. Somit käme es im Einzelfall auf eine genaue Prüfung der bestehenden vereinsinternen Strukturen an. Allerdings sollte davon ausgegangen werden können, dass die Lizenzspielerabteilung eines Vereins der Fußballbundesliga in der Organisation und Struktur ein eigenständiges Unternehmen darstellt. Dies würde somit dafür sprechen, dass ein Betrieb und kein Teilbetrieb vorliegt.[493] Würde man die Lizenzspielerabteilung sofort vom Restverein

---

491 Vgl. FG Köln v. 27.11.1998 – 2 K 2847/94, EFG 1999, 470 m.w.N. (rkr.).

492 Vgl. *Schumacher* in: Rödder/Herlinghaus/van Lishaut, UmwStG, § 15 Rn. 132; BFH v. 15.03.1984 – IV R 189/81, BStBl. II 1984, 486; BFH v. 16.11.2005 – X R 17/03, BFH/NV 2006, 532.

493 Wie hier *Orth*, DB 2007, 419, 421; *Schmitt* in: Schmitt/Hörtnagl/Stratz, UmwStG, § 20 Rn. 16; *Nitzschke* in: Blümich, UmwStG 2006, § 20 Rn. 40; anders hingegen *Kußmaul/Zabel*, StuB 2003, 824, 825, die ohne eine Begründung vom Vorliegen eines Teilbetriebs ausgehen. Es handele sich „offensichtlich" nicht um einen Betrieb; anders und ebenfalls ohne Begründung auch *Heinz* in: Sigloch/Klimmer Unternehmen Profifußball – Vom Sportverein zum Kapitalunternehmen –, S. 74.

abtrennen, dann wäre sie alleine am Markt überlebensfähig, ohne dass es großer Veränderung in der Struktur der Abteilung bedürfte. Für diese Ansicht spricht auch, dass die Lizenzspielerabteilung aufgrund der Vorgaben der DFL und des Gemeinnützigkeitsrecht eine eigene Buchführung hat. Somit sollte bei einer Lizenzspielerabteilung eine selbständige Organisation mit eigener Buchführung vorhanden sein, die eindeutige Merkmale für das Vorliegen eines Betriebes sind.[494] Folglich handelt es sich um die Einbringung eines Betriebes und nicht eines Teilbetriebes.

cc) Einbringung

Die Einbringung eines Betriebs setzt voraus, dass sämtliche Wirtschaftsgüter, die zu den funktionalen wesentlichen Betriebsgrundlagen des Betriebs gehören, auf die Übernehmerin übertragen werden. Werden wesentliche Betriebsgrundlagen nicht übertragen, sondern lediglich zur bloßen Nutzung überlassen, dann ist der Tatbestand des § 20 Abs. 1 UmwStG nicht erfüllt und es kommt zur Aufdeckung der stillen Reserven. Aus diesem Grund müssen die Vereine sehr genau darauf achten, dass sie im zulässigen Rahmen alle Wirtschaftsgüter auf die neuzugründende Kapitalgesellschaft übertragen, damit die Steuerneutralität der Umwandlung gewahrt bleibt. Es muss sichergestellt sein, dass das wirtschaftliche Eigentum auf die Kapitalgesellschaft übergeht.[495]

§ 20 Abs. 1 UmwStG a.F. enthielt keine Definition des Begriffs „Einbringung“. Aus diesem Grund gab es einen sehr weiten Anwendungsbereich, der jeden Vorgang umfasste, der zu einer Zuordnung des zivilrechtlichen oder wirtschaftlichen Eigentums bei der aufnehmenden Körperschaft führte, etwa die Einbringung durch Einzelrechtsübertragung, durch Gesamt- oder Sonderrechtsnachfolge oder durch Anwachsung.[496] Dieser weite Anwendungsbereich wurde durch das SEStEG durch die abschließende Aufzählung in § 1 Abs. 3 Nr. 1–5 UmwStG eingeengt. Die Ausgliederung nach § 123 Abs. 3 UmwG ist explizit in § 1 Abs. 3 Nr. 2 UmwStG erwähnt.

---

494 Vgl. BFH v. 12.11.1997 – XI R 24/97, BFH/NV 1998, 690; *Patt* in: Dötsch/Patt/Pung/Möhlenbrock, UmwStG, § 20 Rn. 77.

495 Vgl. BMF v. 11.11.2011, BStBl. I 2011, 1314, Rn. 01.43; *Herlinghaus* in: Rödder/Herlinghaus/van Lishaut, UmwStG, § 20 Rn. 39; *Widmann* in: Widmann/Mayer, UmwStG, § 20 Rn. 236; *Schmitt* in: Schmitt/Hörtnagl/Stratz, UmwStG, § 20 Rn. 21.

496 *Herlinghaus* in: Rödder/Herlinghaus/van Lishaut, UmwStG, § 20 Rn. 6, 128; *Patt* in: Dötsch/Patt/Pung/Möhelnebrock, UmwStG, § 20 Rn. 3.

Für eine Einbringung im Sinne des § 20 Abs. 1 UmwStG reicht es schon aus, dass alle wesentlichen Betriebsgrundlagen eingebracht werden.[497] Für die Bestimmung, wann wesentliche Betriebsgrundlagen vorliegen, muss eine normspezifische Auslegung vorgenommen werden.[498] Der Begriff wird zwar häufig im Ertragsteuerrecht verwendet und auch fast gleich definiert, jedoch müssen gewisse Besonderheiten der einzelnen Gesetze beachtet werden.[499]

Anders als bei § 16 EStG kommt es bei § 20 UmwStG nicht auf die Realisierung von stillen Reserven an, sondern darauf, einen wirtschaftlich sinnvollen und notwendigen Umwandlungsvorgang steuerneutral ermöglichen zu lassen. Aus diesem Grund bedarf es keiner rein quantitativen Betrachtung, sondern einer funktionalen, die allein darauf abstellt, ob die Vermögensgegenstände aus Sicht des Unternehmens von einer solchen Relevanz für den Betrieb sind, dass er ohne sie nicht gleich erfolgreich wäre wie mit ihnen.[500] Dieser Meinung hat sich auch die Finanzverwaltung angeschlossen, die im Umwandlungssteuererlass ausführt, dass die Einbringung eines Betriebes i.S.d. § 20 Abs. 1 UmwStG nur dann vorliegt, *„wenn sämtliche Wirtschaftsgüter, die zu den funktional wesentlichen Betriebsgrundlagen des Betriebs gehören, (...) übertragen werden“*.[501] Es kommt nicht mehr darauf an, wie viele stille Reserven sich in einem Wirtschaftsgut gebildet haben, sondern lediglich auf den tatsächlichen Einsatz im Betrieb. Es bedarf somit im jeweiligen Einzelfall einer Gewichtung des betreffenden Wirtschaftsguts, um dessen Bedeutung für den einzubringenden Betrieb bestimmen zu können. Wichtig ist bei der Bestimmung und Übertragung der wesentlichen Betriebsgrundlagen, dass diese sämtlich übertragen werden. Wird nur eine wesentliche Betriebsgrundlage nicht übertragen, dann liegt keine begünstigte Betriebseinbringung nach § 20 Abs. 1 UmwStG vor.[502] Nicht

---

497 BFH v. 16.02.1996 – I R 183/94, BStBl. II 1996, 342; *Patt* in: Dötsch/Patt/Pung/Möhlenbrock, UmwStG, § 20 Rn. 40; *Widmann* in: Widmann/Mayer, UmwStG, § 20 Rn. 5.

498 *Schmitt* in: Schmitt/Hörtnagl/Stratz, UmwStG, § 20 Rn. 12; *Herlinghaus* in Rödder/Herlinghaus/van Lishaut, UmwStG, § 20 Rn. 25.

499 *Herlinghaus* in: Rödder/Herlinghaus/van Lishaut, UmwStG, § 20 Rn. 25; *Schmitt* in: Schmitt/Hörtnagl/Stratz, UmwStG, § 20 Rn. 6; *Wacker* in: Schmidt, EStG, § 16 Rn. 100.

500 Vgl. hierzu ausführlich *Herlinghaus* in: Rödder/Herlinghaus/van Lishaut, UmwStG, § 20 Rn. 26; mit Hinweis auf die Gesetzesbegründung zum SEStEG *Heß/Schnitger* in: PwC, Reform des Umwandlungssteuerrechts, Rn. 1529.

501 BMF v. 11.11.2011, BStBl. I 2011, 1314, Rn. 20.06.

502 BMF v. 11.11.2011, BStBl. I 2011, 1314, Rn. 20.06; *Patt* in: Dötsch/Patt/Pung/Möhlenbrock, UmwStG, § 20 Rn. 64.

ausreichend ist es, wenn ein wesentliches Wirtschaftsgut lediglich zur Nutzung überlassen wird.[503] Es stellt sich in diesem Zusammenhang aber die Frage, ob es für die Bejahung des Anwendungsbereichs des § 20 Abs. 1 UmwStG ausreicht, wenn lediglich das wirtschaftliche Eigentum auf die aufnehmende Kapitalgesellschaft übergeht. Dies entspricht wohl der herrschenden Auffassung in der Finanzverwaltung[504], der Rechtsprechung[505] und dem Schrifttum[506]. Die Finanzverwaltung äußert sich im Umwandlungssteuererlass nur soweit, dass die Übertragung des wirtschaftlichen Eigentums der Einzelrechtsnachfolge i.S.d. § 1 Abs. 3 Nr. 4 UmwStG gleichgestellt wird.[507] Entgegen dem Wortlaut im Umwandlungssteuererlass[508] sollte die Nutzungsüberlassung eines Wirtschaftsgutes dann ausreichend sein, wenn das wirtschaftliche Eigentum auf die übernehmende Kapitalgesellschaft übergeht.[509]

Patt bezweifelt, dass diese Auffassung durch die abschließende Aufzählung in § 1 Abs. 3 UmwStG standhalten kann.[510] Eine Erweiterung der in § 1 Abs. 3 UmwStG genannten Vorgänge sei aufgrund der abschließenden Aufzählung und dem eindeutigen Wortlaut der Norm nicht zulässig.[511] Nur wenn das zivilrechtliche Eigentum übertragen wird, ist der Anwendungsbereich von § 1 Abs. 3 UmwStG und somit auch von § 20 UmwStG eröffnet. Die Steuerneutralität der Umwandlung knüpfe an den Wechsel des Rechtsträgers an.[512] Auch die wörtliche Erwähnung des Übergangs des wirtschaftlichen Eigentums in § 27 Abs. 1 Satz 2 UmwStG lasse keinen Rückschluss zu, dass dieser für die Anwendbarkeit von §§ 1 Abs. 3, 20 UmwStG ausreicht. § 27 Abs. 1 Satz 2 UmwStG sei lediglich eine zeitliche und keine sachliche Anwendungsvorschrift.[513] Trotz seiner Zweifel

503 BMF v. 11.11.2011, BStBl. I 2011, 1314, Rn. 20.06; BFH v. 07.04. 2010 – I R 96/08, BStBl. II 2011, 467.

504 BMF v. 11.11.2011, BStBl. I 2011, 1314, Rn. 01.43.

505 Vgl. zu der ähnlichen Problematik im Rahmen von § 24 UmwStG BFH v. 09.11.2011 – X R 60/09, BStBl. II 2012, 638, 641.

506 Vgl. etwa *Herlinghaus* in: Rödder/Herlinghaus/van Lishaut, UmwStG, § 20 Rn. 39; *Widmann* in: Widmann/Mayer, UmwStG, § 20 Rn. 236; *Schmitt* in: Schmitt/Hörtnagl/Stratz, UmwStG, § 20 Rn. 21.

507 BMF v. 11.11.2011, BStBl. I 2011, 1314, Rn. 01.43.

508 Vgl. BMF v. 11.11.2011, BStBl. I 2011, 1314, Rn. 20.06.

509 So auch *Hötzel/Kaeser* in: FGS/BDI, Umwandlungssteuer-Erlass 2011, 326.

510 *Patt* in: Dötsch/Patt/Pung/Möhlenbrock, UmwStG, § 20 Rn. 7.

511 *Patt* in: Dötsch/Patt/Pung/Möhlenbrock, UmwStG, § 20 Rn. 7.

512 *Patt* in: Dötsch/Patt/Pung/Möhlenbrock, UmwStG, § 20 Rn. 7.

513 *Patt* in: Dötsch/Patt/Pung/Möhlenbrock, UmwStG, § 20 Rn. 7.

begrüßt *Patt* die Auffassung der Finanzverwaltung und fordert eine Gesetzesänderung hin zur herrschenden Auffassung.[514]

Die Ansicht von *Patt* kann im Ergebnis aber nicht überzeugen, da eine solche Einschränkung des Regelungsgehalts von § 1 Abs. 3 UmwStG nicht ersichtlich ist.[515] *Herlinghaus* verweist insbesondere auf die Gesetzessystematik, die Historie sowie den Telos und die Gesetzesbegründung um die die Annahme zu stützen, dass eine Übertragung des wirtschaftlichen Eigentums ausreicht.[516] Die unterschiedliche Formulierung in § 1 Abs. 3 Nr. 4 UmwStG diene lediglich dazu, die Tatbestandsvariante eindeutig von denen in § 1 Abs. 3 Nr. 1–3 UmwStG abzugrenzen. Es solle klargestellt werden, dass sich die Einbringung auf einem anderen Wege, nämlich der Einzelrechtsnachfolge, vollziehe.[517] Das wohl zwingendste Argument liefert die Gesetzesbegründung zu § 1 UmwStG. Diese enthält keinen einzigen Hinweis darauf, dass der Anwendungsbereich eingegrenzt werden soll. Vielmehr soll er im Sinne einer Europäisierung des Umwandlungssteuerrechts erweitert werden, auf Rechtsträger aus der EU oder dem EWR.[518] Es wäre m.E. auch nicht nachvollziehbar, warum beim UmwStG nur auf die Übertragung des zivilrechtlichen Eigentums abzustellen ist, während sonst im Steuerrecht über § 39 AO immer auf das wirtschaftliche Eigentum abgestellt wird. Dies auch vor dem Hintergrund, dass bei einem Teilbetrieb aufgrund der schwierigen Zuordnung der Wirtschaftsgüter eine Übertragung des wirtschaftlichen Eigentums ausreicht.[519] Es ist dem Gesetz nicht zu entnehmen, warum dies bei einem Betrieb anders sein soll.

Fraglich ist, wie zu verfahren ist, wenn dem auszugliedernden Betrieb eine Beteiligung an einer Kapitalgesellschaft zuzuordnen ist. Die Kapitalbeteiligung könnte dem Betrieb in der Weise zugerechnet werden, dass es sich insgesamt um einen Einbringungsvorgang i.S.d. § 20 UmwStG handelt oder aber in Bezug auf die Beteiligung ein Anteilstausch gem. § 21 UmwStG vorliegen könnte. Unzweifelhaft sollte § 20 UmwStG einheitlich zur Anwendung kommen, wenn es sich um eine Beteiligung handelt, die nicht 100 % beträgt. Dies ließ sich schon dem Gesetz entnehmen, das in §§ 20 Abs. 3 Satz 4, 22 Abs. 1 Satz 5 und 23 Abs. 2

---

514 *Patt* in: Dötsch/Patt/Pung/Möhlenbrock, UmwStG, § 20 Rn. 7.

515 Vgl. *Herlinghaus* in: Rödder/Herlinghaus/van Lishaut, UmwStG, § 20 Rn. 39b; *Schmitt* in: Schmitt/Hörtnagl/Stratz, UmwStG, § 20 Rn. 21.

516 Vgl. *Herlinghaus* in: Rödder/Herlinghaus/van Lishaut, UmwStG, § 20 Rn. 39b.

517 Vgl. *Herlinghaus* in: Rödder/Herlinghaus/van Lishaut, UmwStG, § 20 Rn. 39b.

518 Vgl. BT-Drucks. 16/2710, 35; *Herlinghaus* in: Rödder/Herlinghaus/van Lishaut, UmwStG, § 20 Rn. 39b; *Menner* in: Haritz/Menner, UmwStG, § 20 Rn. 73.

519 *Herlinghaus* in: Rödder/Herlinghaus/van Lishaut, UmwStG, § 20 Rn. 39b.

Satz 3 UmwStG klarstellt, dass die Anteile zur Sachgesamtheit „Betrieb" im Rahmen von § 20 UmwStG zählen.[520]

Unklar ist hingegen, wie eine 100 % Beteiligung zu qualifizieren ist. In der Gesetzesbegründung des SEStEG wird ohne nähere Begründung davon ausgegangen, dass eine solche Beteiligung *„nicht als Teilbetrieb i.S.d. § 20 Abs. 1 UmwStG gilt"*.[521] Diese Aussage ist insofern erstaunlich, als § 16 Abs. 1 Nr. 1 Satz 2 EStG und § 15 Abs. 1 Satz 3 UmwStG bei einer 100 % Beteiligung von einem Teilbetrieb ausgehen. Allerdings besagt m.E. die Aussage in der Gesetzesbegründung nichts über den Umgang mit einer solchen Beteiligung im Rahmen einer Betriebseinbringung, wenn die Beteiligung dem auszugliedernden Betrieb zuzuordnen ist. Die Verneinung der Teilbetriebseigenschaft bezieht sich m.E. darauf, dass lediglich die Beteiligung eingebracht wird und nicht ein gesamter Betrieb. Nach zutreffender Auffassung in der Literatur ist von einem einheitlichen Vorgang nach § 20 Abs. 1 UmwStG auszugehen, wenn die Beteiligung im Rahmen einer Einbringung eines Betriebs in die Kapitalgesellschaft eingebracht wird.[522] Dies ist m.E. schon deshalb zutreffend, weil eine solche Beteiligung eine wesentliche Betriebsgrundlage darstellen kann[523] und somit so eng mit dem einzubringenden Betrieb verbunden ist, dass eine Trennung nicht sachgerecht wäre. Letztendlich sollte es auf eine Gesamtbetrachtung der einzubringenden Wirtschaftsgüter ankommen, so dass in der Sachgesamtheit von einem Betrieb auszugehen ist, der in die aufnehmende Kapitalgesellschaft eingebracht wird. Wird lediglich die Beteiligung eingebracht, dann liegt ein Anteilstausch nach § 21 UmwStG vor. Bei den Vereinen der Fußballbundesliga stellt sich diese Problematik gerade dann, wenn das Stadion mittelbar vom Verein über eine Tochtergesellschaft gehalten wird. Diese Anteile sollten dann in die aufnehmende Kapitalgesellschaft eingebracht werden.

Welche Wirtschaftsgüter letztendlich zu den wesentlichen Betriebsgrundlagen gehören, muss im Einzelfall entschieden werden. In jeden Fall sollten dies die Spieler sein, deren Spielerlaubnisse in die Bilanz ausgewiesen werden. Ihre Verträge müssen auf die neuzugründende Kapitalgesellschaft übergehen.[524]

520 Vgl. *Patt* in: Dötsch/Patt/Pung/Möhlenbrock, UmwStG, § 20 Rn. 30.

521 BT-Drucks. 16/2710, 42; *Förster/Wendland*, BB 2007, 631, 632.

522 Vgl. *Herlingahus* in: Rödder/Herlinghaus/van Lishaut, UmwStG, § 20 Rn. 32b; *Schmitt* in: Schmitt/Hörtnagl/Stratz, UmwStG, § 20 Rn. 26; *Patt* in: Dötsch/Patt/Pung/Möhlenbrock, UmwStG, § 20 Rn. 32.

523 So auch die Finanzverwaltung, vgl. BMF v. 11.11.2011, BStBl. I 2011, 1314, Rn. 20.05.

524 Beim Übergang der Spielerverträge auf die Kapitalgesellschaft sind die arbeitsrechtlichen Vorgaben, etwa § 613a BGB, zu beachten.

Auch das Trainingsgelände oder sämtliche Wirtschaftsgüter, die direkt mit der Bundesligamannschaft im Zusammenhang stehen, etwa der Mannschaftsbus, sind auf die Kapitalgesellschaft zu übertragen. Dasselbe gilt auch für das Stadion, wenn es im Eigentum des Vereins steht. In den meisten Fällen wird das Stadion, neben dem Spielerkader, das wertvollste Wirtschaftsgut eines Vereins sein, so dass der Verein bei der Übertragung einen großen Substanzverlust erleidet. Allerdings ist dieses auch eine wesentliche Betriebsgrundlage der Lizenzspielerabteilung, da sie ihre Spiele in dem Stadion austrägt und es damit einem großen wirtschaftlichen Gewicht für den wirtschaftlichen Geschäftsbetrieb zukommt. Wie bereits oben erwähnt, würde es auch nicht ausreichen, dass das Stadion im Eigentum des Vereins verbleibt und für mehrere Jahre an die Kapitalgesellschaft verpachtet wird, da eine Nutzungsüberlassung nicht den Tatbestand des § 20 Abs. 1 UmwStG erfüllen könne. Ist das Stadion bereits auf eine Kapitalgesellschaft ausgegliedert worden, dann müssten die Anteile an der Gesellschaft ebenfalls übertragen werden. In den meisten Fällen wird das Stadion aufgrund des Wertes einen Hauptbestandteil der Wirtschaftsgüter des Vereins ausmachen. Dies könnte zu einer gewissen Gefahr im Hinblick auf die Gemeinnützigkeit führen, wenn durch die Ausgliederung wesentliches Vermögen dem Verein entzogen wird. Ob es tatsächlich zu einem solchen Substanzverlust bei dem Verein kommt, erscheint allerdings fraglich, da sich der Bilanzansatz des Stadions oder der Anteile an einer Stadiongesellschaft in der Beteiligung an der Kapitalgesellschaft wiederfinden würde. Im Endeffekt sollten sämtliche Wirtschaftsgüter, die bislang in der gesonderten Bilanz der Lizenzspielerabteilung aktiviert sind, auf die Kapitalgesellschaft übertragen werden.

Insbesondere ist es fraglich, wie mit dem Vereinsnamen und dem Vereinslogo umzugehen ist. Die Eigenschaft als wesentliche Betriebsgrundlage scheitert nicht schon daran, dass es sich um immaterielle Wirtschaftsgüter handelt, da auch diese nach ständiger Rechtsprechung des BFH wesentliche Betriebsgrundlagen sein können.[525]

Hinsichtlich des Vereinsnamens sollte es sich nicht um eine wesentliche Betriebsgrundlage handeln.[526] Der BFH verlangt für das Verneinen einer wesentlichen Betriebsgrundlage, dass die Kapitalgesellschaft den Vereinsnamen nicht

525 Vgl. etwa BFH v. 04.02. 1982 – IV R 150/78, BStBl. II 1982, 348; BFH v. 09.10.1996 – XI R 71/95, BStBl. II 1997, 236; BFH v. 16.12.2009 – I R 97/08, BStBl. II 2010, 808.

526 Vgl. *Heinz* in: Sigloch/Klimmer, Unternehmen Profifußball – Vom Sportverein zum Kapitalunternehmen -, S. 75; *Schauhoff* in: Schauhoff, § 7 Rn. 137; BFH v. 25.08.2010 – I R 97/09, BFH/NV 2011, 312, 313.

nur vorübergehend nutzen darf, sondern zeitlich unbestimmt.[527] Die Kapitalgesellschaft würde den Namen des Vereins aus eigenem Recht tragen und mit einem Rechtsformhinweis versehen. Durch die unbegrenzte Überlassung steht der Kapitalgesellschaft ein eigenes Namensrecht an der Firma zu. Der Verein kann der Kapitalgesellschaft das Auftreten unter der Firma nicht untersagen.[528]

Beim Vereinslogo sollte es sich allerdings um eine wesentliche Betriebsgrundlage handeln. Anders als beim Vereinsnamen folgt dies nicht schon aus der Gesetzeslage, da die Kapitalgesellschaft das Vereinslogo nicht aufgrund eines eigenen Rechts führen dürfte. Somit kommt es auf eine funktionale Betrachtungsweise an, also darauf, ob das Logo seiner Funktion im Betrieb nach für diesen wesentlich ist. Das Vereinslogo müsste somit zur Erreichung des Betriebszwecks erforderlich sein und ein besonderes wirtschaftliches Gewicht für die Betriebsfunktion haben.[529] Das erste Merkmal, die Erforderlichkeit zur Erreichung des Betriebszwecks, wird man auf jeden Fall verneinen können. Das erfolgreiche Abschneiden der Mannschaft in der Bundesliga, im Pokal oder auf internationaler Ebene hängt nicht mit dem Führen eines bestimmten Vereinslogos zusammen. Die Fans des eigenen Vereins und auch anderer Vereine werden sicherlich eine sofortige Verbindung zwischen einem Logo und einer Mannschaft bzw. Verein herstellen können, jedoch dient dies eher der Bekanntheit des Vereins bzw. der Lizenzspielerabteilung und nicht dem sportlichen Erfolg. Jedoch hat das Vereinslogo ein besonderes wirtschaftliches Gewicht für die Lizenzspielerabteilung. Dies zeigt sich insbesondere daran, dass fast alle Merchandisingartikel das Logo des Vereins tragen und somit erheblich zum finanziellen Erfolg des Verkaufs beiträgt. Aus diesem Grund muss das Recht an dem Logo mit ausgegliedert werden. Anschließend ist es aber möglich, dass die Tochtergesellschaft dem Verein ein Nutzungsrecht gegen Entgelt einräumt und somit auch der Verein das Logo weiterhin nutzen kann.

Keine Einschränkung im Hinblick auf die Einbringung nach § 20 UmwStG erfolgt durch die Tatsache, dass es sich bei dem auszugliedernden Betrieb um einen wirtschaftlichen Geschäftsbetrieb eines von der Körperschaftsteuer befreiten Vereins handelt. Der BFH ging bei einer Entscheidung zum alten UmwStG ausdrücklich davon aus, dass wirtschaftliche Geschäftsbetriebe einer steuerbefreiten

---

527 Vgl. BFH v. 25.08.2010 – I R 97/09, BFH/NV 2011, 312; Umkehrschluss aus dem BFH-Urteil v. 16.12.2009 – I R 97/08, BStBl. II 2010, 808.

528 BGH v. 27.09.1982 – II ZR 51/82, BGHZ 85, 221; BGH v. 14.12.1989 – I ZR 17/88, NJW 1990, 1605; BFH v. 25.08.2010 – I R 97/09, BFH/NV 2011, 312.

529 *Patt* in: Dötsch/Patt/Pung/Möhlenbrock, UmwStG, § 20 Rn. 49.

Körperschaft Gegenstand einer Betriebseinbringung sein können.[530] Hieran sollte sich durch die Neugestaltung des UmwStG durch das SEStEG im Jahre 2007 nichts geändert haben. Der Betriebsbegriff erfährt in § 20 Abs. 1 UmwStG keine Einschränkung, so dass ein wirtschaftlicher Geschäftsbetrieb weiterhin Gegenstand einer Einbringung sein kann.[531] Darüber hinaus bestimmt § 22 Abs. 4 Nr. 2 UmwStG die Folgen der Veräußerung der erhaltenen Anteile durch eine von der Körperschaftsteuer befreite juristische Person. Hieraus lässt sich der Rückschluss ziehen, dass der Gesetzgeber die Einbringung eines wirtschaftlichen Geschäftsbetriebs im Rahmen von § 20 UmwStG als zulässig ansieht.

dd) Erhalt neuer Anteile

Die letzte Voraussetzung des § 20 Abs. 1 UmwStG ist, dass die übergebende Körperschaft neue Anteile an der neuzugründenden Gesellschaft erhält. Dies ist deshalb notwendig, weil eine steuerneutrale Übertragung des Betriebsvermögens nur dann möglich ist, wenn eine Gegenleistung der übernehmenden Kapitalgesellschaft erfolgt.[532] Die Anteile sind neu, wenn sie durch Sachgründung oder durch Sachkapitalerhöhung der übernehmenden Kapitalgesellschaft entstehen.[533] Dies sichert die Darstellung der stillen Reserven im eingebrachten Betriebsvermögen.

Erfolgt die Ausgliederung zur Neugründung, § 123 Abs. 3 Nr. 2 UmwG, dann erhält der einbringende Verein neue Anteile an der Kapitalgesellschaft. Erfolgt sie zur Aufnahme, § 123 Abs. 3 Nr. 1 UmwG, dann muss eine Kapitalerhöhung bei der Kapitalgesellschaft durchgeführt werden. Werden hingegen keine neuen Anteile ausgegeben, dann kommen die Regelungen des § 20 UmwStG nicht zur Anwendung, die Einbringung wäre dann eine entgeltliche Veräußerung und die stillen Reserven müssten aufgedeckt werden.[534]

b) Bewertung des eingebrachten Vermögens, § 20 Abs. 2, Abs. 3 UmwStG

Eine der wesentlichsten Fragen, die in § 20 UmwStG geregelt sind, ist die nach der Bewertung des eingebrachten Vermögens. Grundsätzlich handelt es sich bei einer Einbringung eines Betriebs gegen Gewährung von Anteilen steuerlich um

---

530 BFH v. 07.08.2002 – I R 84/01, BFH/NV 2003, 277, 278.

531 So im Ergebnis auch *Herlinghaus* in: Rödder/Herlinghaus/van Lishaut, UmwStG, § 20 Rn. 28; *Patt* in: Dötsch/Patt/Pung/Möhlenbrock, UmwStG, § 20 Rn. 29.

532 Vgl. *Brähler*, S. 472.

533 *Heß/Schnitger* in: PwC, Reform der Umwandlungssteuerrechts, Rn. 1523.

534 *Schneider* in: Schneider/Ruoff/Sistermann, Einl. §§ 20 ff. Rn. E 20.15.

eine Veräußerung, die zur Anwendung von § 16 EStG führen würde. Die Regelungen von § 20 UmwStG stellen hierzu eine Ausnahme dar, die eine Besteuerung des Veräußerungsgewinn nicht verhindern möchte, sondern nur auf einen späteren Zeitpunkt verlagert.[535] Die Umwandlung soll nicht daran scheitern, dass die übertragende oder aufnehmende Gesellschaft zu hohe Steuern abführen müssen. Nach Änderung des UmwStG durch das SEStEG hat die aufnehmende Körperschaft die Wirtschaftsgüter grundsätzlich mit dem gemeinen Wert anzusetzen, § 20 Abs. 2 Satz 1 UmwStG, also den Wert, der für das Wirtschaftsgut im gewöhnlichen Geschäftsverkehr bei einer Veräußerung zu erzielen wäre, § 9 Abs. 2 BewG. Allerdings kann die übernehmende Gesellschaft auf Antrag auch den Buchwert ansetzen, § 20 Abs. 2 Satz 2 UmwStG. Voraussetzung ist dafür aber, dass die übernehmende Gesellschaft körpersteuerpflichtig ist, § 20 Abs. 2 Satz 2 Nr. 1 UmwStG, die Passivposten ohne das Eigenkapital die Aktivposten nicht übersteigen, § 20 Abs. 2 Satz 2 Nr. 2 UmwStG, und das Recht Deutschlands zur Besteuerung nicht ausgeschlossen oder beschränkt wird, § 20 Abs. 2 Satz 2 Nr. 3 UmwStG. Sind diese Voraussetzungen eingehalten, kann die übernehmende Kapitalgesellschaft[536] den Antrag beim zuständigen Finanzamt stellen und die Buchwerte ansetzen.

aa) Folge des Wahlrechts

Dieses Wahlrecht hat mehrere Konsequenzen. Für die übernehmende Gesellschaft werden die Grundlagen für die Gewinnermittlung gelegt, da etwa bei Übernahme der Wirtschaftsgüter zum Buchwert die stillen Reserven bei der Veräußerung aufgedeckt werden. Daneben wird durch diese Entscheidung schon geregelt, ob die Kapitalgesellschaft Bewertungswahlrechte oder Abschreibungsmethoden fortführen kann, § 23 Abs. 1, Abs. 2, Abs. 4 UmwStG.

Aber auch für die einbringende Körperschaft ist das Wahlrecht von Bedeutung, da der konkrete Ansatz der Sacheinlagen den Veräußerungspreis für das eingebrachte Vermögen bestimmt und auch die steuerlichen Anschaffungskosten für die neuen Anteile so ermittelt werden.

bb) Gemeinnützigkeit

Für die vorliegende Untersuchung spielt die Gemeinnützigkeit des einbringenden Vereins wiederum eine gewichtige Rolle. Durch die strengen Regelungen

---

535 *Heß/Schnitger* in: PwC, Reform des Umwandlungssteuerrechts, Rn. 1535; *Reiß* in: Kirchhof, EStG, § 16 Rn. 16.

536 Aus dem Gesetz geht nicht hervor, welches der richtige Antragsteller ist. Vgl. dazu und noch weitere Kritik am Gesetzeswortlaut *Rode/Teufel* in: Schneider/Ruoff/Sistermann, § 20 Rn. 20.32.

zur Vermögensbindung könnte den Kapitalgesellschaften der Ansatz zum Buchwert verwehrt bleiben, nämlich dann, wenn eine Übertragung zu Buchwerten zur unzulässigen Begünstigung eines Dritten führen sollte, § 55 Abs. 1 Nr. 3 AO. Nach *Tönnes/Wewel*[537] führt die Übertragung zu Buchwerten nur dann nicht zu einem Verstoß nach § 55 Abs. 1 Nr. 3 AO, wenn das eingebrachte Vermögen auch bei der Tochtergesellschaft für gemeinnützige Zwecke eingesetzt wird. Allerdings verkennt dieser Ansatz, dass die stillen Reserven auch noch bei der gemeinnützigen Körperschaft verbleiben, da die angesetzten Buchwerte der Kapitalgesellschaft dem Veräußerungspreis des Vereins entsprechen. Die Besteuerung der stillen Reserven ist nicht aufgehoben worden, sondern nur auf einen späteren Zeitpunkt verschoben.[538] Somit sollte die übernehmende Kapitalgesellschaft auch dann die Wahl zwischen dem gemeinen Wert, dem Buchwert und einem dazwischenliegenden Zwischenwert haben, wenn die übertragende Körperschaft eine wegen gemeinnütziger Zweckverfolgung steuerbefreite ist. Keine Rolle spielt bei der Ausübung des Wahlrechts das Handelsrecht, da § 20 UmwStG n.F. keinen Verweis mehr auf den Maßgeblichkeitsgrundsatz enthält. Es war also schon vor Abschaffung der in § 5 Abs. 1 Satz 2 EStG a.F. verankerten umgekehrten Maßgeblichkeit die strikte Anknüpfung der Umwandlungsvorgänge an die Maßgeblichkeit der Handelsbilanz für die Steuerbilanz aufgegeben.[539]

Welche Auswirkungen die Wahl der verschiedenen Werte hat, soll anhand des Beispiels der Bilanzierung der Spieler verdeutlicht werden.

cc) Die Wahl der verschiedenen Werte in der Bilanz am Beispiel der Bilanzierung von Fußballprofis

Die Aktivierung des Wertes eines Fußballspielers in der Bilanz der Vereine bzw. der Kapitalgesellschaften war und ist zwischen dem BFH und Teilen der Literatur umstritten. Während der BFH[540] davon ausgeht, dass die Spielerwerte in der Bilanz zu aktivieren sind, geht ein Teil der Literatur[541] davon aus, dass dies mangels eines aktivierungsfähigen Wirtschaftsguts nicht denkbar ist. In seinem ersten

537 *Tönnes/Wewel*, DStR 1998, 274, 279.

538 So auch *Heermann/Schießl*, Fn. 437, S. 35; *Heß/Schnitger* in: PwC, Reform des Umwandlungssteuerrechts, Rn. 1535; *Reiß* in: Kirchhof, EStG, § 16 Rn. 16.

539 *Rode/Teufel* in: Schneider/Ruoff/Sistermann, § 20 Rn. 20.30.

540 Vgl. BFH v. 26.08.1992 – I R 24/91, BStBl. II 1992, 977 ff.; BFH v. 14.12.2011 – I R 108/10, BStBl. II 2012, 238; zustimmend *Fross*, FR 2012, 193 ff; im Ergebnis auch *Schülke*, DStR 2012, 45, 50.

541 Vgl. etwa *Jansen*, FR 2007, 837 ff.; *Koether*, FR 2012, 631 ff.; *Littkemann/Schaarschmidt*, StuB 2002, 372 ff.

Beschluss zu Spielertransfers und der Bilanzierung der Spieler zweifelte auch der BFH noch daran, ob mit der Zahlung einer Transferentschädigung ein immaterielles Wirtschaftsgut entgeltlich erworben wird.[542] Es gab wohl eine gewisse Abneigung dagegen einen Menschen als Sache in die Bilanz aufzunehmen.[543] Erst 1992 entschied der BFH, dass bei Zahlung einer Ablösesumme der Spielerwert zu aktivieren ist.[544] Die Begründung des BFH, dass es sich bei Transferentschädigungen um Anschaffungskosten der Spielerlaubnis handelt,[545] wird in der Literatur auch heute noch kritisiert.[546] Konsequenz der BFH-Rechtsprechung ist, dass nicht der Spieler selbst in die Bilanz aufgenommen wird, sondern die Spielerlaubnis. Durch die Aktivierung der Spielerlaubnis wird ein immaterielles Wirtschaftsgut geschaffen, was bilanziell abgebildet werden kann.[547] In der Literatur kam an der Entscheidung des BFH erneute Kritik auf, als sich das Transfersystem durch das sog. „Bosmann-Urteil"[548] grundlegend geändert hatte. War vor dem „Bosmann-Urteil" für jeden Transfer eine Entschädigung zu zahlen, fällt eine solche nun nach Vertragsende des Spielers weg.

Der BFH bestätigte seine Rechtsprechung allerdings in einem neueren Urteil und wies daraufhin, dass sich an der Bilanzierungsfähigkeit der Spielerlaubnis nichts geändert habe.[549]

In seiner Entscheidung von 1992 ging der BFH noch von einem unzutreffenden Verständnis der Spielerlizenz aus. Er nahm an, dass dem Verein selbst die Lizenz erteilt wird und nicht dem Spieler.[550] Nach § 13 Nr. 6 der DFL Lizenzspielerordnung ist die Spielerlizenz streng akzessorisch an den befristeten Arbeitsvertrag zwischen dem Spieler und dem Verein geknüpft. Die Erteilung der Spielerlizenz erhält der Spieler selbst, jedoch nur dann, wenn er einen gültigen Arbeitsvertrag mit einem Verein bzw. einer Kapitalgesellschaft abschließt. Läuft der Vertrag am Vertragsende aus, dann erlischt automatisch die Spielberechtigung. Aus diesem Grund erscheint es fraglich, ob eine Bilanzierung beim Verein oder der

542 BFH-Beschluss v. 13.05.1987 – I B 179/86, BStBl. II 1987, 777. Die Haltung des BFH basierte auf den Statuten des DFB, nach denen die Zahlungspflicht keine Gegenleistungspflicht für eine von dem abgebenden Verein geschuldete Leistung darstellt.

543 So *Hoffmann*, BC 2006, 129.

544 BFH v. 26.08.1992 – I R 24/91, BStBl. II 1992, 977 ff.

545 BFH v. 26.08.1992 – I R 24/91, BStBl. II 1992, 977 ff.

546 Vgl. etwa *Jansen*, FR 2007, 837 ff.; *Koether*, FR 2012, 631 ff.

547 BFH v. 26.08.1992 – I R 24/91, BStBl. II 1992, 977 ff.

548 Vgl. EuGH v. 15.12.1995 – C-415/93, DB 1996, 98.

549 Vgl. BFH v. 14.12.2011 – I R 108/10, BStBl. II 2012, 238.

550 Vgl. BFH v. 26.08.1992 – I R 24/91, BStBl. II 1992, 977 ff., *Jansen*, FR 2007, 837 ff.

Kapitalgesellschaft tatsächlich möglich ist. Der BFH bejaht dies in seinem Urteil vom 14.12.2011[551] mit der Begründung, dass es sich bei der Spielerlaubnis um ein konzessionsähnliches Recht handelt und somit um einen immateriellen Vermögensgegenstand i.S.d. § 266 Abs. 2 Buchst. A I 1 HGB (i.d.F. vor Inkrafttreten des Bilanzrechtsmodernisierungs-gesetzes v. 25.5. 2009[552]) und gleichzeitig um ein immaterielles Wirtschaftsgut nach Maßgabe des § 5 Abs. 2 EStG.[553] Der BFH setzt sich auch mit dem Gegenargument auseinander, dass die Spielerlaubnis nur dem Spieler gegenüber erteilt wird. Diese sichert nämlich ein exklusives Einsatzrecht für den Verein (bzw. die Kapitalgesellschaft) mit dem der Spieler den Arbeitsvertrag geschlossen hat. Die Ablösezahlung trete an die Stelle dieses Exklusivrechts und könne dadurch als immaterielles Wirtschaftsgut bilanziert werden.[554] Somit entsteht durch die Verknüpfung des Entgelts mit dem Erwerb des immateriellen Wirtschaftsguts eine Aktivierungsfähigkeit in der Steuerbilanz.

Neben dem theoretischen Ansatz des BFH gibt es in der Praxis noch weiteres Interesse an der Bilanzierbarkeit der Spieler. Diese stellen in den meisten Fällen neben dem Stadion den größten Wert der Vereine dar.[555] Damit dient die Bilanzierbarkeit auch den Vereinen, um ihre Bilanzsituation zu verbessern. In vielen Fällen werden die Rechte an den Spielern auch verpfändet, um Kredite abzusichern. Allerdings ist hier zu beachten, dass es sich lediglich um sog. „Second-best-Lösungen"[556] handelt, also um eine Kreditsicherung, die einer Abstufung hinsichtlich ihrer Geeignetheit unterliegt, da durch Verletzungen und eventuellen Formschwankungen keine Wertbeständigkeit besteht. Die Bilanzierung der Spieler spielt auch im Lizenzvergabeverfahren der DFL eine wichtige Rolle. Die Lizensierungsbilanz muss das Spielervermögen ausweisen.[557] Auch die Finanzverwaltung geht von einer Bilanzierbarkeit aus. Ihr Interesse besteht vor allem in einem wirtschaftlichen Grund.[558]

---

551 BFH v. 14.12.2011 - I R 108/10, BStBl. II 2012, 238.

552 BGBl. I 2009, 1102.

553 Kritisch *Koether*, FR 2012, 631, 633.

554 BFH v. 14.12.2011 - I R 108/10, BStBl. II 2012, 238; *Lüdenbach/Anzinger*, DB 2004, 1442; *Anzinger* in: Herrmann/Heuer/Raupach, EStG, § 5 Rn. 1741.

555 *Schülke* spricht mit Verweis auf den Bundesligareport der DFL von 25 % der Aktiva, *Schülke*, DStR 2012, 45, 47.

556 KPMG, Der Fußballtransfermarkt, 2006, S. 5; *Schülke*, DStR 2012, 45, 48.

557 Anhang VII DFL Lizensierungsordnung, S. 8.

558 FinMin. NRW v. 26.07.1974, DB 1974, 2085; Die abgeführte Umsatzsteuer der Bundesligaklubs in der Spielzeit 20012/13 betrug ca. 352 Mio. €, vgl. Bundesligareport 2014 der DFL S. 21.

Eine Aktivierung in der Steuerbilanz ist aber eben nur dann möglich, wenn eine Ablösesumme an den abgebenden Verein bezahlt wurde. § 5 Abs. 2 EStG setzt einen entgeltlichen Erwerb für die Bilanzierung voraus. Die Ablösesumme wird inklusive bestimmter Provisionszahlungen an Berater[559] als Anschaffungskosten aktiviert und über die Vertragslaufzeit abgeschrieben. Wird der Vertrag in der Zwischenzeit verlängert, wird die Abschreibung über den neuen Zeitraum des Vertrages gestreckt.[560] Aus der Voraussetzung der Entgeltlichkeit des Erwerbs des Spielers folgt zugleich, dass Spieler, die ablösefrei verpflichtet wurden oder aus der eigenen Jugend stammen, nicht in der Bilanz zu aktivieren sind. Diesbezüglich besteht ein Aktivierungsverbot.[561] Allerdings hat dies auch zur Folge, dass große stille Reserven entstehen, die teilweise nötig sind, um finanzielle Schieflagen des Vereins zu überstehen.[562] Durch die Nichtbilanzierung der Werte von ablösefreien Spielern und Jugendspielern können gerade in den Werten dieser Spieler stille Reserven entstehen, da die Werte nicht bilanziell abgebildet werden. Allerdings können sich auch bei gegen Entgelt verpflichteten Spielern hohe stille Reserven bilden. Im Hinblick auf die Kreditsicherung wurde die erhebliche Gefahr der Wertminderung durch Verletzungen oder Formschwankungen angesprochen. Dies kann aber auch in das Gegenteil umschlagen und ein Spieler kann durch eine gute Saison seinen Marktwert erheblich steigern. Folglich besteht immer die Möglichkeit der Entstehung von stillen Reserven in den bilanzierten Spielern, da bei einem Transfer des Spielers ein weitaus höherer Transfererlös erzielt werden kann als es der Buchwert ausweist.

dd) Zwischenergebnis

Aufgrund der Gefahr der erheblichen Abweichung zwischen der bilanzierten Spielerlaubnis und dem tatsächlichen Marktwert der Spieler ist es für die Vereine ratsam die Umwandlung so zu gestalten, dass die stillen Reserven nicht aufgedeckt werden. Dies würde nur dazu führen, dass der ausgliedernde Verein einen hohen Veräußerungsgewinn zu versteuern hätte. Aus diesem Grund fällt der Ansatz zum gemeinen Wert oder zu Zwischenwerten bei der Bewertung des eingebrachten Vermögens schon aus Praktikabilitätserwägungen weg. Es bleibt für die Kapitalgesellschaften somit nur noch von der Möglichkeit des § 20 Abs. 2 Satz 2 UmwStG Gebrauch zu machen und einen Antrag

---

559 BFH v. 14.12.2011 – I R 108/10, BStBl. II 2012, 238.

560 Vgl. *Dippel*, SpuRt 2010, 137, 140.

561 *Knobbe-Keuk*, Bilanz- und Unternehmenssteuerrecht, S. 90.

562 Vgl. *Hoffmann*, BC 2006, 129, 131.

beim zuständigen Finanzamt zu stellen und das eingebrachte Vermögen zum Buchwert anzusetzen. So bleiben die stillen Reserven verstrickt und werden nicht aufgedeckt.

c) Rechtsfolgen für den Einbringenden, § 20 Abs. 3 UmwStG

Setzt die Kapitalgesellschaft den Buchwert des eingebrachten Vermögens an, dann gilt dieser für den einbringenden Verein als Veräußerungspreis und als Anschaffungskosten für die Gesellschaftsanteile (sog. doppelte Buchwertverknüpfung), § 20 Abs. 3 Satz 1 UmwStG. Dies führt dazu, dass der einbringende Verein keinen Einbringungsgewinn erzielt. Die stillen Reserven bleiben auch bei ihm durch die niedrige Bewertung der Gesellschaftsanteile verstrickt, es kommt letztendlich zu einer Verdoppelung der stillen Reserven, da sie nun sowohl beim einbringenden Verein als auch bei der übernehmenden Kapitalgesellschaft vorhanden sind.

2. Besteuerung des Anteilseigners bei Veräußerung der Anteile, § 22 UmwStG

Werden die eingebrachten Wirtschaftsgüter zum Buchwert angesetzt und entsteht dadurch bei dem einbringenden Verein kein Einbringungsgewinn, muss der Verein, um die Steuerneutralität der Umwandlung zu wahren, die Gesellschaftsanteile mindestens sieben Jahre lang in seinem Vermögen halten, § 22 Abs. 1 UmwStG. Kommt es innerhalb der sieben Jahre zur Veräußerung der Anteile, dann erfolgt eine rückwirkende Versteuerung des Einbringungsgewinns gem. § 22 UmwStG, sog. Einbringungsgewinn I. Nach den sieben Jahren besteht kein Bezug mehr zur Einbringung und die allgemeinen Regelungen zur Veräußerung von Kapitalanteilen kommen zur Anwendung.[563] Durch die Regelung des § 22 UmwStG kommt es nicht zu einer Besteuerung der stillen Reserven zum Zeitpunkt der Realisierung, sondern es wird rückwirkend auf den Einbringungsstichtag abgestellt und auf die Realisierung der zu diesem Zeitpunkt vorhandenen stillen Reserven. Vermindert wird der Einbringungsgewinn um 1/7 für jedes Jahr, das seit der Einbringung vergangen ist. Tatbestandsvoraussetzung des § 22 Abs. 1 UmwStG ist die Veräußerung der Anteile. Unter einer Veräußerung versteht man grundsätzlich die entgeltliche Übertragung des zivilrechtlichen oder wirtschaftlichen Eigentums an den Anteilen auf einen anderen Rechtsträger.[564] Die Finanzverwaltung hat den Veräußerungsbegriff im UmwStG durch den Umwandlungssteuererlass 2011

563 *Patt* in: Dötsch/Patt/Pung/Möhlenbrock, UmwStG, § 22 Rn. 1.
564 BFH v. 08.04.1992 – I R 128/88, BStBl. II 1992, 761.

sehr weit ausgedehnt und bezieht auch Umwandlungen in den Veräußerungsbegriff mit ein.[565]

Für die gemeinnützigen Vereine ist § 22 Abs. 4 UmwStG von zentraler Bedeutung. Im Hinblick auf den Einbringungsgewinn I trifft § 22 Abs. 4 UmwStG keine Sonderregelung für steuerbefreite Körperschaften. Die rückwirkende Besteuerung bemisst sich ausschließlich nach § 22 Abs. 1 UmwStG, es kommt zu einer Besteuerung innerhalb der steuerpflichtigen Sphäre des wirtschaftlichen Geschäftsbetriebes und nicht auf der ideellen Ebene.[566] In § 22 Abs. 4 Nr. 2 UmwStG wird ausschließlich die Rechtsfolge der Veräußerung selbst geregelt. Kommt es innerhalb der ersten sieben Jahre nach Einbringung des wirtschaftlichen Geschäftsbetriebes in die Kapitalgesellschaft zur Veräußerung der Anteile durch den Verein, so gilt die Veräußerung gem. § 22 Abs. 4 UmwStG als in der steuerverhafteten Sphäre entstanden, so dass es zu einer Versteuerung des Veräußerungsgewinns kommt. Nach Ablauf der sieben Jahre ist § 22 Abs. 4 UmwStG nicht mehr anwendbar.[567] Auf den Veräußerungsgewinn sind die Regelungen des § 8b KStG anwendbar, so dass effektiv 95 % des Gewinns steuerbefreit sind.[568] Anders als bei § 22 Abs. 1 UmwStG bezieht sich die Realisierung der stillen Reserven nicht auf die im Einbringungszeitpunkt, sondern auf die im Veräußerungszeitpunkt vorhandenen.[569] Der Gewinn ist ein solcher im Sinne des § 20 Abs. 1 Nr. 10 lit. b) Satz 1 EStG, so dass er der Kapitalertragsteuer unterliegt.[570]

Für einen gemeinnützigen Verein bedeutet dies somit, dass er grundsätzlich sieben Jahre lang warten muss, um eine rückwirkende Besteuerung des Einbringungsgewinns zu vermeiden. Wenn er diese Zeit nicht abwartet, dann kommt es nicht zu einer steuerneutralen Umwandlung, was grundsätzlich das Ziel der Vereine sein sollte. Wenn als Rechtsform der Kapitalgesellschaft eine AG gewählt

565 Vgl. BMF v. 11.11.2011, BStBl. I 2011, 1314, Rn. 00.02.

566 *Stangl* in: Rödder/Herlinghaus/van Lishaut, UmwStG, § 22 Rn. 197; *Heß/Schnitker* in: PwC, Reform des Umwandlungssteuerrechts, Rn. 1714.

567 *Orth*, DB 2007, 419, 426; *Stangl* in: Rödder/Herlinghaus/van Lishaut, UmwStG, § 22 Rn. 194 ff.

568 *Patt* in: /Dötsch/Patt/Pung/Möhlenbrock, UmwStG, § 22 Rn. 94; *Stangl* in: Rödder/Herlinghaus/van Lishaut, UmwStG, § 22 Rn. 198.

569 *Orth*, DB 2007, 419, 426; *Stangl* in: Rödder/Herlinghaus/van Lishaut, UmwStG, § 22 Rn. 198; *Schmitt* in: Schmitt/Hörtnagl/Stratz, UmwStG, § 22 Rn. 165.

570 BMF v. 11.11.2011, BStBl. II 2011, 1314, Rn. 22.37; *Schneider/Roderburg* in: Schneider/Ruoff/Sistermann, § 22 Rn. 22.101.

wird, dann muss der Verein vor einem möglichen Börsengang gut überlegen, ob er die sieben Jahre wartet und es nicht zu einer Versteuerung nach § 22 Abs. 1 UmwStG kommt oder ob die Vorteile eines Börsengangs so groß sind, dass die rückwirkende Besteuerung in Kauf genommen werden kann. In diesem Hinblick sind aber gerade die Ausführungen zur Bilanzierung der Spielerwerte zu beachten, da es sehr häufig dazu kommen wird, dass immense stille Reserven vorhanden sind, die dann zu einer nicht unbedeutenden Steuerpflicht führen würden. Da die Statuten der DFL ohnehin vorschreiben, dass der Verein mindestens 50 % +1 Stimme an der Kapitalgesellschaft halten muss, käme es nur zu einer Veräußerung eines bestimmten Anteils der Gesellschaftsanteile, so dass der Erlös hieraus eventuell nicht so hoch ist, dass es sich für den Verein lohnt die rückwirkende Besteuerung in Kauf zu nehmen. Folglich ist den Vereinen zu raten die Sperrfrist des § 22 Abs. 1 UmwStG abzuwarten und die Steuerneutralität der Umwandlung auf diese Weise zu wahren. Da bei einer anschließenden Veräußerung § 8b KStG und damit die 95 %-ige Steuerbefreiung zur Anwendung kommt, wird dieser Weg lukrativer für die Vereine sein.

3. Auswirkungen bei der übernehmenden Gesellschaft, § 23 UmwStG

§ 23 UmwStG enthält Bestimmungen für die übernehmende Gesellschaft, wie hinsichtlich des übernommenen Vermögens die weitere Gewinnermittlung nach der Einbringung zu erfolgen hat. In § 23 UmwStG werden spezialgesetzliche Regelungen geschaffen, die die allgemeinen Gewinnermittlungsvorschriften der §§ 8 Abs. 1 KStG i.V.m. 5–7k EStG und die Vorschriften über die Ermittlung des Gewerbeertrages gem. §§ 7–9 GewStG verdrängen. Durch die Verweisung auf § 4 Abs. 2 Satz 3 und § 12 Abs. 3 1. Halbsatz UmwStG in § 23 Abs. 1 UmwStG kommt es zum Eintritt der übernehmenden Gesellschaft in die Rechtsstellung des übertragenden Vereins, wenn die übernehmende Gesellschaft das eingebrachte Betriebsvermögen mit einem unter dem gemeinen Wert liegenden Wert ansetzt.[571] Die übernehmende Gesellschaft wird nicht nur Eigentümerin des Wirtschaftsgutes, sondern übernimmt auch sämtliche für die Besteuerung relevanten steuerrechtlichen Merkmale, die mit dem eingebrachten Wirtschaftsgut verbunden waren.[572] So hat die neuzugründende Kapitalgesellschaft etwa die Abschreibungsmethode, den Abschreibungssatz und die ursprünglich ermittelte

---

571 *Schmitt* in: Schmitt/Hörtnagl/Stratz, UmwStG, § 23 Rn. 17; *Widmann* in: Widmann/Mayer, UmwStG, § 23 Rn. 21; *Ritzer* in: Rödder/Herlinghaus/van Lishaut, UmwStG, § 23 Rn. 32 ff.

572 *Ritzer* in: Rödder/Herlinghaus/van Lishaut, UmwStG, § 23 Rn. 33.

betriebsgewöhnliche Nutzungsdauer des betreffenden Wirtschaftsgutes zu übernehmen.[573]

§ 23 Abs. 2 UmwStG bezieht sich explizit auf den Fall des rückwirkenden Einbringungsgewinns nach § 22 Abs. 1 UmwStG. Kommt es zu einem Einbringungsgewinn I gem. § 22 Abs. 1 UmwStG beim übertragenden Verein, dann regelt § 23 Abs. 2 UmwStG, dass unter bestimmten Voraussetzungen eine Verdoppelung der stillen Reserven vermieden werden kann. Die übernehmende Gesellschaft kann auf Antrag einen Erhöhungsbetrag ansetzen, wenn der einbringende Verein die auf den Einbringungsgewinn entfallende Steuer entrichtet hat, § 23 Abs. 2 Satz 1 UmwStG. Der Erhöhungsbetrag bezieht sich sowohl auf den Wertansatz in der Bilanz als auch auf die Anschaffungs- bzw. Herstellungskosten des betreffenden Wirtschaftsguts.[574] Durch die Möglichkeit der Erhöhung wird erreicht, dass sich das Abschreibungsvolumen bei der übernehmenden Gesellschaft erhöht bzw. sich ein Veräußerungsgewinn ermäßigt, der hinsichtlich der eingebrachten Sacheinlage bzw. der eingebrachten Anteile entsteht.[575] Auf diese Weise kann die übernehmende Gesellschaft den Wert des eingebrachten Betriebsvermögens anpassen, wenn sie sich vorher aus steuerlichen Gründen und im Hinblick auf die einbringende Körperschaft dazu entschieden hatte, lediglich die Buchwerte anzusetzen.

4. Zwischenergebnis

Aus steuerrechtlicher Sicht ist es möglich die Lizenzspielerabteilung steuerneutral in eine bestehende oder eine noch zu gründende Kapitalgesellschaft einzubringen. Hierfür muss der Verein die Voraussetzungen der §§ 20 ff. UmwStG beachten und erfüllen.

III. Ergebnis

Es bleibt somit festzuhalten, dass die gemeinnützigen Vereine die Möglichkeiten haben den wirtschaftlichen Geschäftsbetrieb „Lizenzspielerabteilung" aus dem Gesamtverein auszugliedern. Dies geschieht nach § 123 Abs. 3 UmwG durch eine Ausgliederung zur Aufnahme (Nr. 1) oder zur Neugründung (Nr. 2). Im Gegenzug erhält der Verein die Anteile an der Kapitalgesellschaft. Hierdurch kann ein tauschähnlicher Vorgang vorliegen. In steuerrechtlicher Hinsicht kann

573 *Ritzer* in: Rödder/Herlinghaus/van Lishaut, UmwStG, § 23 Rn. 33.
574 *Patt* in: Dötsch/Patt/Pung/Möhlenbrock, UmwStG, § 23 Rn. 107, 124.
575 *Widmann* in: Widmann/Mayer, UmwStG, § 23 Rn. 602.

die Umwandlung steuerneutral ausgestaltet werden. Es handelt sich um eine Einbringung nach § 20 Abs. 1 UmwStG, dessen Voraussetzungen sämtlich erfüllt sein sollten. Die übernehmende Kapitalgesellschaft muss aber nach § 20 Abs. 2 Satz 2 UmwStG einen Antrag beim zuständigen Finanzamt stellen, damit sie das eingebrachte Betriebsvermögen mit den Buchwerten ansetzen darf. Für den Verein ist dieser Vorgang deshalb vorteilhaft, weil kein Einbringungsgewinn erzielt wird und es daher nicht zu einer Besteuerung kommt. Die stillen Reserven sind nun im Betriebsvermögen der Kapitalgesellschaft und in den vom Verein gehaltenen Anteilen enthalten. Zu einer Aufdeckung kommt es erst dann, wenn die Anteile innerhalb der siebenjährigen Sperrfrist oder die Wirtschaftsgüter veräußert werden.

Kapitel 5 Rechtsfolgen der Ausgliederung

Es bleibt abschließend zu klären, ob die Rechtsverstöße durch die Ausgliederung geheilt werden können oder ob es weiterhin bei diesen bleibt und somit eine Lösung des Problems für die Vereine der Fußballbundesliga nicht auf dem Wege der Umwandlung gefunden werden kann. Durch die Ausgliederung bestehen zwei voneinander unabhängige Rechtsträger. Die vorher zivilrechtlich und steuerrechtlich problematische wirtschaftliche Betätigung wurde ausgelagert, so dass eigentlich die rechtlichen Probleme gelöst sein müssten. Jedoch ist zu bedenken, dass der Verein Alleingesellschafter der neugegründeten Kapitalgesellschaft ist und somit Einfluss auf diese ausüben kann.

I. Auswirkungen in zivilrechtlicher Hinsicht

Ziel der Ausgliederung ist in zivilrechtlicher Hinsicht, dass die in Kapitel 2 festgestellte Rechtsformverfehlung geheilt wird und dem Verein deshalb die Rechtsfähigkeit nicht mehr zu entziehen wäre.

1. Heilung der Rechtsformverfehlung

Eine Heilung der Rechtsformverfehlung kommt dann in Betracht, wenn die wirtschaftliche Betätigung der Tochtergesellschaft dem Verein wirtschaftlich nicht mehr zuzurechnen ist und die Gläubiger des Vereins nicht durch die Ausgliederung gefährdet werden.

a) Zurechnung der wirtschaftlichen Tätigkeit

Durch die Ausgliederung wurde die wirtschaftliche Betätigung des Vereins, welche nicht mehr vom Nebenzweckprivileg gedeckt ist, auf einen anderen Rechtsträger übertragen. Es bestehen nun zwei selbständige Rechtsträger, wobei die Kapitalgesellschaft eine hundertprozentige Tochter des Vereins ist. Der BGH hat in seinem ADAC-Urteil ausdrücklich bestätigt, dass die Ausgliederung eines wirtschaftlichen Geschäftsbetriebs dazu führen kann, dass die Grenzen des Nebenzweckprivilegs unter Beachtung bestimmter Vorgaben nicht mehr gelten.[576] Die Rechtformverfehlung des Vereins wäre danach dann geheilt, wenn die ausgegliederte wirtschaftliche Betätigung dem Verein wirtschaftlich nicht

576 BGH v. 29.09.1982 – I ZR 88/80, BGHZ 85, 84, 88 ff.

mehr zuzurechnen ist. Voraussetzung dafür war nach Ansicht des BGH u.a., dass der Verein die Tochtergesellschaft nur im Rahmen des Nebenzweckprivilegs hilfswirtschaftlich unterstützt. Dieses Kriterium des BGH trifft m.E. nicht den Kern des Problems. Misst man die lediglich hilfswirtschaftliche Tätigkeit wiederum am Nebenzweckprivileg, dann käme man erneut zu dem Problem, welche Kriterien anzusetzen sind. In der Literatur wird zutreffend darauf hingewiesen, dass man nicht die Relation zwischen ideeller und wirtschaftlicher Tätigkeit des Muttervereins zugrunde legen sollte, sondern auf die betriebswirtschaftlichen Ressourcen des Muttervereins und der Tochtergesellschaft abzustellen hat.[577] Das Abstellen auf die Relation zwischen Mutterverein und Tochtergesellschaft birgt gerade bei Fußballvereinen gewisse Schwierigkeiten und Risiken für den Verein. Wie erwähnt, stellen die Lizenzspielerabteilung und alle mit ihr im Zusammenhang stehenden Vermögenswerte den Hauptteil des Vereinsvermögens dar. Folglich dürfte sich der Verein nur in einem ganz engen wirtschaftlichen und finanziellen Rahmen bei der Tochtergesellschaft engagieren. Ob diese Ansicht auch heute noch so vom BGH vertreten werden würde, darf zwar durchaus bezweifelt werden, allerdings ist den Vereinen zu empfehlen, sich daran zu orientieren. Um die hilfswirtschaftliche Tätigkeit gegenüber der Tochtergesellschaft so gering wie möglich zu halten, sollte der Verein lediglich eine Holding-Funktion einnehmen und sich darüber hinaus nicht in die Belange der Tochtergesellschaft einmischen und diese nicht in größerem Umfang finanziell unterstützen. Zwar schreibt die DFL vor, dass der Verein 50+1 der stimmberechtigten Anteile halten muss, jedoch schreibt sie nicht vor, inwieweit der Verein aktiv in die Geschicke der Tochtergesellschaft eingreifen soll. Auch im Hinblick auf das Steuerrecht[578] sollte der Verein seine Gesellschafterrechte in der Hauptversammlung der Tochtergesellschaft geltend machen, aber keine darüber hinaus gehenden Beziehungen zur Tochtergesellschaft unterhalten.

Die Ausgliederung führt m.E. auch nicht zu einer Schlechterstellung oder gar Gefährdung der Gläubiger des Vereins. Somit sollte der Mutterverein rechtsfähig nach § 21 BGB sein und nicht als wirtschaftlicher Verein gem. § 22 BGB klassifiziert werden.

Grundsätzlich haftet jeder Rechtsträger nur für seine Verbindlichkeiten; eine unmittelbare Haftung des Anteilseigners einer Kapitalgesellschaft scheidet nach geltendem Recht aus. M. E. sollte es durch die Ausgliederung nicht zu

577 Vgl. *Reuter* in: MüKo, BGB, § 22 Rn. 51; *Henze*, Non Profit Law Yearbook 2004, 17, 28.

578 Siehe unten unter Kapitel 4 II. 2.

einer Schwächung der Gläubigerrechte kommen, wie es in der Literatur angenommen wird.[579] Es ist nicht nachzuvollziehen, warum zum einen die wirtschaftliche Betätigung eines rechtsfähigen Vereins ab einer bestimmten Größe den Verlust der Rechtsfähigkeit zur Folge haben soll, weil der Gläubigerschutz nicht gewährleistet sei, aber wenn die schädliche Betätigung ausgegliedert wird, dies ebenfalls unzulässig sei, weil wiederum der Schutz der Gläubiger des Vereins zu kurz käme. Richtigerweise ist davon auszugehen, dass das HGB, das AktG oder das GmbHG genügend Schutzfunktionen bieten, von denen auch die Gläubiger des Idealvereins profitieren. Dabei sollte es auch nicht von Bedeutung sein, ob der Gläubiger mit der Tochtergesellschaft in Vertragsbeziehungen steht oder mit dem Verein selbst. Im Hinblick auf die Tochtergesellschaft sind die Schutzmechanismen des AktG (bzw. HGB oder GmbHG) ausreichend. Aber auch die Rechte der Gläubiger des Vereins werden durch die Ausgliederung nicht geschwächt. Der Verein mag zwar durch die Ausgliederung Vermögenswerte verlieren, in die eine Zwangsvollstreckung möglich wäre, jedoch dient an deren Stelle auch die Beteiligung an der Kapitalgesellschaft als Schutz für die Gläubiger. Darüber hinaus ist zu bedenken, dass im freien Wirtschaftsverkehr ein gewisses Risiko einer Insolvenz des Schuldners immer besteht. Nach der Ausgliederung ist in rein praktischer Hinsicht davon auszugehen, dass der Verein keine Verträge mehr abschließen wird, die vom finanziellen Volumen den Verträgen der Lizenzspielerabteilung entsprechen. Aus diesem Grund reduziert sich das Risiko der Gläubiger schon durch die niedrigeren Beträge.

Eine Gefährdung der Gläubiger und damit auch eine Zurechnung der wirtschaftlichen Tätigkeit der Tochtergesellschaft sollten auch nicht durch das Entstehen eines Konzerns im aktienrechtlichen Sinne, mit dem Verein als Konzernspitze, in Betracht kommen. In seinem ADAC-Urteil hat der BGH zum Ausdruck gebracht, dass eine Zurechnung der wirtschaftlichen Geschäftstätigkeit der Tochtergesellschaft nicht durch die Entstehung eines faktischen Konzerns möglich sei.[580] Beim faktischen Konzern besteht keine rechtlich begründete Konzernleitungsmacht des herrschenden Unternehmens, sondern die auf der Mehrheitsbeteiligung beruhende Abhängigkeit führt dazu, dass sich der Vorstand und der Aufsichtsrat rein faktisch der Konzernleitung der Obergesellschaft unterordnet.[581] Diese Entscheidung wurde in der Literatur

579 So etwa *Reuter* in: MüKo, BGB, § 22 Rn. 20; *K. Schmidt*, AcP 182, 1, 29.
580 BGH v. 29.09.1982 – I ZR 88/80, BGHZ 85, 84, 88 ff.
581 *Bayer* in: MüKo AktG, § 18 Rn. 9.

häufig und zum Teil sehr heftig kritisiert.[582] Einigkeit besteht darüber, dass eine Zurechnung dann nicht möglich ist, wenn die Beteiligung des Vereins an der Tochtergesellschaft unterhalb eines Abhängigkeitsverhältnisses i.S.d. § 17 AktG liegt.[583] Ein Abhängigkeitsverhältnis ist dann gegeben, wenn ein anderes Unternehmen auf das Unternehmen beherrschenden Einfluss ausüben kann. Gemäß § 17 Abs. 2 AktG wird die Abhängigkeit bei einem Mehrheitsbesitz vermutet. Bei einem Fußballverein und seiner Tochtergesellschaft sollte die Vermutung des § 17 Abs. 2 AktG aufgrund der 50+1 Regel der DFL zur Anwendung kommen. Von daher scheidet eine Zurechnung nicht schon wegen einer geringen Beteiligungshöhe des Vereins aus.

Eine Zurechnung wäre nur dann denkbar, wenn der Verein für Verbindlichkeiten der Tochtergesellschaft haften würde oder wenn ein Direktzugriff der Gläubiger der Tochtergesellschaft auf den Verein möglich wäre. Eine solche Ausgleichspflicht könnte etwa dann bestehen, wenn der Verein und die Tochtergesellschaft einen Konzern bilden und der Verein deshalb zum Ausgleich von Verlusten verpflichtet ist.[584] Dies ist dann gegeben, wenn der Verein und die Tochtergesellschaft einen Beherrschungs- bzw. Gewinnabführungsvertrag, § 291 AktG, schließen würden. Folge eines solchen Vertrages ist gemäß § 302 AktG eine Verlustausgleichspflicht durch das herrschende Unternehmen. Nach h.M. kann auch ein eingetragener Verein als Obergesellschaft fingieren.[585] Durch diese Verlustausgleichspflicht käme es zu einer möglichen Gefährdung der Gläubiger des Vereins, da der Verein aufgrund der gemeinnützigkeitsrechtlichen Bindung des Vermögens die Einnahmen aus anderen Bereichen wohl nicht für den Verlustausgleich verwenden darf. Somit wäre er darauf angewiesen, dass die Tochtergesellschaft hohe Ausschüttungen getätigt hat, mit denen ein möglicher Verlust ausgeglichen werden kann. Eine solche Situation sollte ohne Zweifel zu einer Gläubigergefährdung führen, so dass die Ausgliederung der Lizenzspielerabteilung keine Heilung der Rechtsformverfehlung herbeiführen kann. Aus diesem Grund darf der Verein keinen solchen Beherrschungs- bzw. Gewinnabführungsvertrag mit der Tochtergesellschaft schließen.

---

582 Vgl. etwa *Reuter*, ZIP 1984, 1052, 1056; *Flume*, Allg. Teil des Bürgerlichen Rechts, Bd. 1, 2. Teil: Die juristische Person, 1983, S. 114; *Hopt*, BB 1991, 778, 784; *Schultz*, JZ 1984, 90, 92; *K. Schmidt*, NJW 1983, 543, 544.

583 Statt vieler BGH v. 29.09.1982 – I ZR 88/80, BGHZ 85, 84, 88 f, *K. Schmidt*, AcP 182, 1, 22 f.; *Hadding* in: Sorgel, §§ 21, 22 Rn. 40; *Ellenberger* in: Palandt, § 21 Rn. 3.

584 Ausführlich zur Haftung im Vertragskonzern *Stephan*, Der Konzern 2014, 1 ff.

585 Vgl. etwa *Langenbucher* in: K. Schmidt/Lutter, AktG, § 291 Rn. 22; BGH v. 13.10.1977 – II ZR 123/76, BGHZ 69, 334, 337; BGH v. 17.03.1997 – II ZB 3/96, AG 1997, 374, 376; *Altmeppen* in: MüKo AktG, § 291 Rn. 21.

Allerdings regelt das AktG in § 317 AktG auch bei Nichtvorliegen eines Beherrschungsvertrages eine mögliche Ausgleichspflicht eines herrschenden Unternehmens. § 317 AktG knüpft an den Tatbestand des § 311 AktG an. Danach besteht eine Ausgleichspflicht dann, wenn der Verein als herrschendes Unternehmen eine abhängige Gesellschaft veranlasst, ein für sie nachteiliges Rechtsgeschäft vorzunehmen oder zu ihrem Nachteil eine Maßnahme zu treffen oder zu unterlassen, ohne dass es den Nachteil bis zum Ende des Geschäftsjahres tatsächlich ausgleicht oder der abhängigen Gesellschaft einen Rechtsanspruch auf einen zum Ausgleich bestimmten Vorteil gewährt. Durch die Höhe der Beteiligung des Vereins an der Tochtergesellschaft (mindestens 50+1 der Stimmen) ist davon auszugehen, dass der Verein herrschendes Unternehmen ist (vgl. § 17 AktG). Die gesetzliche Möglichkeit der Nachteilsausgleichspflicht sollte m.E. jedoch nicht ausreichend sein, um eine Gläubigergefährdung zu bejahen. Um eine solche bejahen zu können, wäre eine so intensive Unternehmensverbindung zu fordern, dass wirtschaftlich nicht die Tochtergesellschaft, sondern der Verein nach außen auftritt und handelt.[586] Das Gesetz verlangt eine schädigende Einflussnahme des herrschenden Unternehmens, also eine aktive Einmischung in die Geschäfte der Tochtergesellschaft.[587] Dies bedeutet, dass das herrschende Unternehmen nicht automatisch für Verbindlichkeiten der Tochtergesellschaft einzustehen hat, wenn diese ein nachteiliges Geschäft eingegangen ist, sondern eben nur dann, wenn dies durch das herrschende Unternehmen veranlasst wurde. Hieraus lässt sich aber nicht ableiten, dass die Tätigkeit der Tochtergesellschaft automatisch zu einer Gefährdung des Vereinsvermögens uns somit der Gläubiger führen kann.[588] Somit kann es m.E. nicht zu einer Zurechnung der wirtschaftlichen Tätigkeit allein aus der Möglichkeit einer Ausgleichspflicht nach § 317 AktG kommen.[589]

Etwas anderes könnte sich nur durch die tatsächliche Einflussnahme durch den Verein ergeben. Auch aus diesem Grund bedarf es einer eindeutigen Trennung zwischen dem Vorstand des Vereins und dem Vorstand der Tochtergesellschaft.[590] In der Literatur wird teilweise versucht als Anknüpfungspunkt für

586 Vgl. *Heermann/Schießl*, Fn. 437, S. 26; *Hadding* in Soergel: BGB, §§ 21, 22 Rn. 40 ff.

587 Vgl. *Habersack* in: Emmerich/Habersack, § 317 AktG Rn. 5; *J. Vetter* in. K. Schmidt/Lutter, AktG, § 311 Rn. 23; *Hüffer*, AktG, § 311 Rn. 16 ff.

588 So auch der BGH im ADAC-Urteil, BGH v. 29.09.1982 – I ZR 88/80, BGHZ 85, 84, 88 ff.

589 So auch *Heermann/Schießl*, Fn. 437, S. 27.

590 Da § 317 AktG bei einer GmbH als Tochtergesellschaft analog zur Anwendung kommen sollte, ist dies ein weiterer Grund dafür, warum in dieser Arbeit die AG als einzig denkbare Rechtsform der Tochtergesellschaft angesehen wird.

eine Zurechnung die Ausübung der Leitungsmacht im Sinne des § 18 Abs. 1 AktG zu wählen.[591] So sind etwa *Heerman/Schießl* der Ansicht, dass sich eine Zurechnung der wirtschaftlichen Betätigung nicht allein über §§ 311, 317 AktG begründen lässt, diese aber Folge der einheitlichen Leitung im Sinne des § 18 Abs. 1 AktG sei. Der Verein sei durch die tatsächliche Ausübung der Leitungsmacht der Gefahr einer Haftung nach § 317 Abs. 1 AktG ausgesetzt. Mit der Wahrnehmung der durch die Beherrschung vorhandenen Möglichkeit schädigender Einflussnahme würde der Rechtsboden für eine Schadensersatzpflicht gelegt.[592] M. E. ist diesem Ansatz nicht zu folgen. Die bloße Möglichkeit der Einflussnahme sollte nicht ausreichen, um die wirtschaftliche Betätigung der Tochtergesellschaft dem Verein in der Weise zuzurechnen, dass er nicht mehr als nichtwirtschaftlicher Verein im Sinne des § 21 BGB zu qualifizieren wäre. Die Ausgleichspflicht im Konzern soll in erster Linie dem Schutz der Tochtergesellschaft und deren Gläubiger dienen, wenn die Muttergesellschaft Einfluss auf die Geschäfte der Tochtergesellschaft ausübt. § 18 Abs. 1 Satz 3 AktG beinhaltet lediglich eine Vermutungsregel. Besteht kein Beherrschungsvertrag oder ist die Tochtergesellschaft nicht eingegliedert (§ 319 AktG), dann wird bei einem abhängigen Unternehmen vermutet, dass es mit dem herrschenden Unternehmen einen Konzern bildet. Das Gesetz sieht somit kein automatisches Entstehen eines Konzerns vor, sondern verlangt die Erfüllung von weiteren Merkmalen. Damit hat die gesellschaftsrechtliche Mehrheit an einer AG nicht qua lege zur Folge, dass ein Konzern entsteht. Die Entstehung eines Konzerns zieht auch nicht die Folge nach sich, dass die Muttergesellschaft für Verbindlichkeiten der Tochtergesellschaft haftet oder einstehen muss. Dies kann zwar eine Folge eines Konzerns sein, bedarf aber noch weiterer Schritte als die Erlangung der Stimmmehrheit in der Hauptversammlung. Durch die Vermutungsregel in § 18 Abs. 1 Satz 3 AktG bleibt es der Muttergesellschaft vorbehalten diese zu widerlegen. Indizien für das Vorliegen eines Konzerns sollen etwa sein die enge personelle Verflechtung der Unternehmen,[593] ein zentrales Cashmanagement,[594] die Erstellung eines Konzernabschlusses[595] oder das

---

591 Vgl. etwa *Hadding* in: Sorgel, BGB, §§ 21, 22 Rn. 42.

592 Vgl. *Heermann/Schießl,* Fn. 437, S. 27.

593 Vgl. OLG Dresden v. 15.04.2010 – 2 W 1174/09, AG 2011, 88.

594 BGH v. 20.02.1989 – II ZR 167/88, BGHZ 107, 7, 20; BGH v. 23.09.1991 – II ZR 135/90, BGHZ 115, 187, 191; OLG Stuttgart v. 03.05.1989 – 8 W 38/89, AG 1990, 168, 169.

595 *Raiser/Veil*, Kapitalgesellschaften, § 51 Rn. 40; OLG München v. 19.11.2008 – 8 Wx 99/07, NZG 2009, 112, 114.

einheitliche Auftreten am Markt.[596] Den Vereinen wäre somit zu raten, dass sie u.a. kautelarjuristisch verhindern sollten, dass ein Konzern entsteht. Dies ist zum einen durch den schon oben erwähnten Verzicht des Beherrschungsvertrages möglich und zum anderen sollten sie den Einfluss des Vereins auf die Tochtergesellschaft so gering wie möglich halten und die anderen Indizien, die für einen Konzern sprechen, vermeiden. Allerdings sollte m.E. auch dann keine Zurechnung stattfinden, wenn man einen Konzern aufgrund einer einheitlichen Leitungsmacht annimmt. § 317 AktG knüpft gerade an die tatsächliche Einflussnahme an und nicht bloß an die Möglichkeit der Einflussnahme. Aus diesem Grund sollte die Zurechnung nur im Einzelfall zu bejahen sein, nämlich dann, wenn es zu einer solchen Einflussnahme kommt und dadurch den Verein eine Ausgleichspflicht trifft.[597]

Eine Haftung des Vereins wäre über die oben angesprochenen gesetzlichen Fälle nur noch im Rahmen der sog. Existenzvernichtungshaftung denkbar. Der BGH hat die Existenzvernichtungshaftung zunächst für den GmbH-Konzern entwickelt und durch diese die Grundsätze zum qualifizierten faktischen Konzern ersetzt.[598] Diese Rechtsprechung soll auch auf die AG zu erstrecken sein.[599] Hierbei handelt es sich um eine Innenhaftung, die auf § 826 BGB gestützt wird und somit einen Schadensersatzanspruch der Tochtergesellschaft gegenüber dem Aktionär begründen kann.[600] Ursprünglich hatte der BGH die Existenzvernichtungshaftung als Durchgriffshaftung und somit Außenhaftung unmittelbar gegenüber den Gläubigern aufgefasst.[601] Allerdings sollte auch die Existenzvernichtungshaftung nicht zu einer Zurechnung der wirtschaftlichen Tätigkeit der Tochtergesellschaft führen, da bei dieser, wie bei der Ausgleichspflicht nach §§ 311, 317 AktG, lediglich auf eine einzelne geschäftsschädigende Handlung abgestellt wird. Betätigt sich der Verein ausschließlich im Rahmen seiner Aktionärsrechte und übt keinen

---

596 *Emmerich* in: Emmerich/Habersack, Aktien- und GmbH-Konzernrecht, § 18 AktG Rn. 14a m.w.N.

597 Ähnlich wie hier *Hadding* in: Soergel, BGB, §§ 21, 22 Rn. 42; a.A. *K. Schmidt*, Verbandszweck und Rechtsfähigkeit im Vereinsrecht, S. 127 f.

598 Vgl. etwa BGH v. 17.09.2001 – II ZR 178/99, BGHZ 149, 10, 16 f.; BGH v. 13.12.2004 – II ZR 256/02, ZIP 2005, 250; BGH v. 16.07.2007 – II ZR 3/04, BGHZ 173, 246; BGH v. 28.04.2008 – II ZR 264/06, BGHZ 176, 204.

599 Vgl. *J. Vetter* in: K. Schmidt/Lutter, AktG, § 317 Rn. 51.

600 BGH v. 16.07.2007 – II ZR 3/04, BGHZ 173, 246; BGH v. 28.04.2008 – II ZR 264/06, BGHZ 176, 204.

601 Vgl. etwa BGH v. 17.09.2001 – II ZR 178/99, BGHZ 149, 10, 16 f.; BGH v. 13.12.2004 – II ZR 256/02, ZIP 2005, 250.

Einfluss auf die tatsächliche Geschäftsführung der Tochtergesellschaft aus, dann sollte ein existenzvernichtender Eingriff nicht möglich sein. Wie bereits zuvor erwähnt ist nicht ersichtlich, wieso eine mögliche Haftung für eine einzelne Handlung eine Zurechnung der gesamten Tätigkeit der Tochtergesellschaft begründen kann.

Auch die Mitgliederrechte werden durch die Ausgliederung nicht negativ berührt. Durch die Mitgliedschaft erwerben die Mitglieder keine Anteile an dem Verein oder dem Vereinsvermögen, sondern lediglich das Recht gewisse Einrichtungen zu benutzen. Da es bei der Ausgliederung nur zu einer Vermögensumschichtung kommt, verliert der Verein bilanziell kein Vermögen, so dass selbst dann nicht davon ausgegangen werden kann, dass der Mitgliederschutz betroffen ist, wenn die Mitglieder an diesem beteiligt wären. Sie können auch weiterhin die Einrichtungen des Vereins nutzen und sind demnach nicht unmittelbar von der Ausgliederung betroffen.

b) Zwischenergebnis

In zivilrechtlicher Hinsicht sollte keine Zurechnung der wirtschaftlichen Betätigung der Tochtergesellschaft auf den Verein stattfinden. Dies schon deshalb nicht, weil es sich um zwei selbständige Rechtssubjekte handelt.

2. Ergebnis

Mangels einer Zurechnung der wirtschaftlichen Tätigkeit liegt nach der Ausgliederung keine Rechtsformverfehlung mehr vor und der Restverein kann als eingetragener Verein gem. § 21 BGB weiterhin existieren.

II. Die Gemeinnützigkeitsschädlichkeit im Steuerrecht

Primäres Ziel der Ausgliederung des wirtschaftlichen Geschäftsbetriebes ist für den Verein, die Steuervergünstigungen des Gemeinnützigkeitsrechts zu behalten und eine Nachversteuerung zu verhindern. Wie oben festgestellt wurde, sind die Vereine der Fußballbundesliga nicht gemeinnützig, so dass sie sämtliche Steuerprivilegien verlieren müssten und es zu einer Nachversteuerung kommen sollte, vgl. § 61 Abs. 3 AO.

Die Gemeinnützigkeit des Idealvereins kann nur dann gewahrt werden, wenn die Ausgliederung des wirtschaftlichen Geschäftsbetriebs nicht gegen Vorschriften des Gemeinnützigkeitsrecht verstößt. Darüber hinaus muss das Halten der Anteile der Kapitalgesellschaft bei dem Verein zur steuerbefreiten Vermögensverwaltung gehören und nicht ebenfalls einen wirtschaftlichen Geschäftsbetrieb darstellen.

Anders dürfte keine Änderung der tatsächlichen und rechtlichen Situation des Vereins eintreten. Die Ausgliederung hätte dann lediglich zur Folge, dass die Lizenzspielerabteilung ein eigenständiger Rechtsträger ist. Durch die Begründung des wirtschaftlichen Geschäftsbetriebes beim Verein bliebe m.E. jedoch dessen Gemeinnützigkeitsstatus gefährdet.

1. Verstoß gegen das Mittelverwendungsgebot, § 55 Abs. 1 Nr. 1 AO

Durch die Ausgliederung des wirtschaftlichen Geschäftsbetriebes könnte gegen das Mittelverwendungsverbot verstoßen werden, wenn es sich um gebundene Mittel handelt. Dies sollte nach allgemeiner Auffassung allerdings nicht der Fall sein.[602] Die im Rahmen des wirtschaftlichen Geschäftsbetriebs verwendeten Mittel sind schon vor der Ausgliederung nicht im gemeinnützigkeitsrechtlichen Sinne gebunden. Sie unterliegen, wie bereits oben erwähnt, der „normalen" Besteuerung und fallen daher auch nicht unter das Mittelverwendungsverbot. Es handelt sich bei der Ausgliederung vielmehr um einen Tausch gegen eine Beteiligung und damit um eine gemeinnützgkeitsunschädliche Vermögensumschichtung.

Um die Gefahr eines Verstoßes gegen das Mittelverwendungsverbot auszuschließen, darf der Verein keinen Gewinnabführungsvertrag i.S.d. §§ 291 ff. AktG mit der Tochtergesellschaft schließen. Diese Voraussetzung wurde soeben auch schon bei den gesellschaftsrechtlichen Vorgaben erwähnt. Nach § 55 Abs. 1 Nr. 1 AO sollte ein Verstoß dann gegeben sein, wenn der Verein eine Verlustausgleichspflicht eingeht. Dieser Ausgleich wäre lediglich zulässig, wenn allein Mittel eingesetzt werden, die durch den nichtsteuerbegünstigten Bereich eingenommen wurden.[603] Besteht kein Gewinnabführungsvertrag und übt der Verein keinen schädlichen Einfluss auf die Geschäftsführung der Tochtergesellschaft aus, dann ist eine Verlustausgleichspflicht grundsätzlich ausgeschlossen.[604]

Ebenfalls kein Verstoß gegen § 55 Abs. 1 Nr. 1 AO sollte die Veräußerung von Anteilen an der Kapitalgesellschaft darstellen. Die Vereine versuchen durch die Veräußerung von Anteilen an der Tochtergesellschaft Investoren zu gewinnen,

---

602 *Jachmann/Unger* in: Beermann/Gosch, AO, § 55 Rn. 134; OFD Frankfurt am Main v. 09.09.2003, DStR 2003, 2071 f.; OFD Rostock v. 12.07.2002, DStR 2002, 1484; FinMin Brandenburg v. 07.03.1996, DB 1996, 1161, 1162 und v. 22.12.2004, DStR 2005, 290; *Schröder*, DStR 2001, 1415, 1419; *derselbe*, DStR 2008, 1069, 1074; *Kirchhain* in: Schauhoff, § 19 Rn. 70; *Hüttemann*, § 5 Rn. 167.

603 Vgl. *Leisner-Egensperger* in: Hübschmann/Hepp/Spitaler, AO, § 55 Rn. 83 ff., 94 ff.

604 Im Rahmen der Vermögensverwaltung wäre evtl. die Wiederauffüllung von Grundkapital denkbar, jedoch sollte dies als allgemeines Risiko bei Beteiligungen an Kapitalgesellschaften nicht schädlich sein.

um entweder Investitionen tätigen zu können[605] oder Verbindlichkeiten zu reduzieren[606]. Handelt es sich bei der Ausgliederung um einen Tausch von nichtgebundenen Mitteln gegen eine Beteiligung, dann ist auch die Beteiligung als nicht gebunden anzusehen und ein Verstoß gegen das Mittelverwendungsverbot wäre nicht denkbar.

2. Verstoß gegen den Grundsatz der Unmittelbarkeit, § 57 AO

Ein Verstoß gegen § 57 AO wäre nur dann möglich, wenn ein Teil der steuerbegünstigten Tätigkeit ausgegliedert würde und der Verein nach der Ausgliederung selbst nicht mehr steuerbegünstigten Tätigkeiten nachgehen würde. Eine solche Konstellation ist aber im Falle der Ausgliederung eines wirtschaftlichen Geschäftsbetriebes nicht denkbar, da dieser keine steuerbegünstigte Tätigkeit ausübt. Der Verein wird nach der Ausgliederung weiterhin unmittelbar den Amateursport fördern und dies nicht nur durch einen Dritten tun.

3. Halten der Anteile als Vermögensverwaltung oder wirtschaftlicher Geschäftsbetrieb

Durch die Einbringung des wirtschaftlichen Geschäftsbetriebes in die Kapitalgesellschaft ist der Verein nur noch Anteilsinhaber der Gesellschaft. Nach Ansicht der Finanzverwaltung und herrschender Meinung in Rspr. und Literatur ist das Halten von Anteilen an Kapitalgesellschaften grundsätzlich als steuerbefreite Vermögensverwaltung zu qualifizieren.[607] Die Beteiligung stellt aber dann ebenfalls einen wirtschaftlichen Geschäftsbetrieb dar, wenn mit ihr tatsächlich ein entscheidender Einfluss auf die laufende Geschäftsführung der Kapitalgesellschaft ausgeübt wird oder ein Fall der Betriebsaufspaltung vorliegt.[608] Damit die Gemeinnützigkeitsschädlichkeit geheilt wird, sollte das Halten der Beteiligung der steuerbefreiten Vermögensverwaltung zugeordnet

---

605 So etwa bei Bayern München, die den Erlös aus der Veräußerung der Anteile an die Allianz SE in die Abbezahlung des Stadions und ein neues Jugendzentrum investieren wollen.

606 So etwa der Gedanke beim HSV.

607 AEAO zu § 64 Nr. 3 Satz 3; BFH v. 30.06.1971 – I R 57/70, BStBl. II 1971, 753; BFH v. 27.03.2001 – I R 78/99, BStBl. II 2001, 449; BFH v. 25.08.2010 – I R 97/09, BFH/NV 2011, 312; FG Köln v. 15.07.2009 – 13 K 4468/05, EFG 2010, 350; *Bott/Woitschell* in ERNST & YOUNG, KStG, § 5 Rn. 316; Krebbers, AO-StB 2012, 242 ff.; Heermann, ZIP 1998, 1249, 1259; *Kirchhain* in: Schauhoff, § 19 Rn. 62; *Schauhoff* in: Schauhoff, § 7 Rn. 68.

608 AEAO zu § 64 Nr. 3 Satz 4; BFH v. 30.06.1971 – I R 57/70, BStBl. II 1971, 753.

werden. Wird die Beteiligung hingegen in einem wirtschaftlichen Geschäftsbetrieb gehalten, dann kann es bei nachhaltigen Verlusten der Tochtergesellschaft zwingend zu einer Wertberichtigung auf die Beteiligung kommen. Eine solche würde die Gemeinnützigkeit des Vereins gefährden.[609]

a) Tatsächlicher entscheidender Einfluss

Das Merkmal des „*tatsächlichen entscheidenden Einflusses*" ist zu vergleichen mit der in diesem Kapitel unter I. 1. behandelten Thematik der Zurechnung der wirtschaftlichen Tätigkeit im zivilrechtlichen Sinne. In beiden Fällen geht es darum, inwieweit der Mutterverein Einfluss auf die Tochtergesellschaft ausübt. Im Rahmen der Gemeinnützigkeit stellt sich insbesondere die Frage, ob die Möglichkeit der Einflussnahme aufgrund der Gesellschafterrechte schon ausreichend ist[610] oder ob es eine tatsächliche Einflussnahme geben muss[611]. Dies ist auch für die Wahl der Rechtsform der Tochtergesellschaft von Bedeutung.

Welche Voraussetzungen erfüllt sein müssen, um eine tatsächlich entscheidende Einflussnahme annehmen zu können, ist nicht eindeutig geklärt.[612] Dabei ist zu beachten, dass die Einflussnahme der Gesellschafter bei einer GmbH, einer KGaA und einer AG grundsätzlich unterschiedlich ist. So sind die Gesellschafter einer GmbH weisungsbefugt gegenüber den Geschäftsführern, während die Aktionäre einer AG auch durch ihre Mehrheit bei der Hauptversammlung keinen weitreichenden Einfluss haben. Der BFH hat in einer Entscheidung im Jahre 1971[613] ausgeführt, dass die Ausübung der gesetzlich verankerten Einflussmöglichkeiten nicht ausreichend sein soll, um einen tatsächlich entscheidenden Einfluss anzunehmen. Auf diese Entscheidung verweist auch die Finanzverwaltung in AEAO zu § 64 Nr. 3 Satz 4, so dass davon ausgegangen werden kann, dass dies die vorherrschende Meinung der Finanzverwaltung darstellt. Nach anderer Ansicht soll eine reine Mehrheitsbeteiligung schon ausreichen, um einen tatsächlichen entscheidenden Einfluss annehmen zu können.[614] M. E. kann nicht nur auf die Höhe der Beteiligung abgestellt werden, da ansonsten eine Beteiligung einer gemeinnützigen Körperschaft von

---

609 Vgl. *Schauhoff* in: Schauhoff, § 7 Rn. 5 ff., 68.

610 Vgl. etwa *Arnold*, DStR 2005, 581, 583; *Roolf*, DB 1985, 1156, 1157.

611 *Kümpel*, DStR 1999, 1505, 1508; *Schießl*, DStZ 2007, 494, 499 f.; *Eversberg* in: FS Spiegelberger, 1272, 1282.

612 Vgl. *Jachmann/Unger* in: Beermann/Gosch, AO, § 64 Rn. 56.

613 BFH v. 30.06.1971 – I R 57/70, BStBl. II 1971, 753.

614 So etwa *Arnold*, DStR 2005, 581, 583; *Roolf*, DB 1985, 1156, 1157.

mehr als 50 % automatisch zu einem wirtschaftlichen Geschäftsbetrieb führen würde.[615] Vielmehr sollte auf die Unterschiede der Einflussnahmemöglichkeiten der Gesellschafter bei den einzelnen Gesellschaftsformen abgestellt werden und danach differenziert werden, inwieweit der einzelne Gesellschafter auf die Geschäftsführung einwirken kann. Erst dadurch sollte es m.E. möglich sein, die Tätigkeit der Tochtergesellschafter dem Mutterverein zuzuordnen. Aus diesem Grund ist es von großer Bedeutung, welche Rechtsform die Tochtergesellschaft hat, da das Gesellschaftsrecht unterschiedliche Möglichkeiten der Einflussnahme vorsieht.

Die Rechtsprechung und die h.M. in der Literatur lassen die reine Mehrheitsbeteiligung nicht ausreichen, sondern verlangen darüber hinaus noch weitere Tätigkeiten des Vereins, um eine tatsächlich entscheidende Einflussnahme anzunehmen. Das FG Köln sah die Ausübung der Gesellschafterrechte im Rahmen einer GmbH als nicht ausreichend an, vielmehr müssten noch darüber hinausgehende Einwirkungsmöglichkeiten gegeben sein.[616] Der BFH nimmt eine tatsächliche entscheidende Einflussnahme etwa dann an, wenn die gemeinnützige Körperschaft über eine Zusammenfassung mehrerer Beteiligungen ein einer Holding planmäßig Unternehmenspolitik betreibt oder in anderer Weise entscheidenden Einfluss auf die Geschäftsführung der Kapitalgesellschaft ausübt und damit durch sie unmittelbar selbst am allgemeinen Wirtschaftsverkehr teilnimmt.[617]

Durch die Ausgliederung des wirtschaftlichen Geschäftsbetriebes des Profifußballs sollte keine Holding auf Ebene des Vereins entstehen, wenn der Verein nur diese Beteiligung hält. Aus diesem Grund hat der Verein darauf zu achten, dass er seine wirtschaftliche Tätigkeit in einer Tochtergesellschaft bündelt. Unschädlich sollte es sein, wenn die Tochtergesellschaft selbst weitere Beteiligungen innehat und es nicht zu einer Zurechnung der Betätigung der Tochtergesellschaft zum Verein kommt. Der BFH führt nicht aus, wann *„in anderer Weise“* entscheidender Einfluss genommen wird.[618] Dies soll nach Ansicht der Literatur etwa

---

615 Vgl. BFH v. 30.06.1971 – I R 57/70, BStBl. II 1971, 753; BFH v. 25.08.2010 – I R 97/09, BFH/NV 2011, 312; *Bott/Woitschell* in Ernst & Young, KStG, § 5 Rn. 316; *Krebbers*, AO-StB 2012, 242.

616 Vgl. FG Köln v. 15.07.2009 – 13 K 4468/05, EFG 2010, 350, 352.

617 BFH v. 30.06.1971 – I R 57/70, BStBl. II 1971, 753; BFH v. 25.08.2010 – I R 97/09, BFH/NV 2011, 312.

618 Vgl. BFH v. 30.06.1971 – I R 57/70, BStBl. II 1971, 753; BFH v. 25.08.2010 – I R 97/09, BFH/NV 2011, 312.

dann der Fall sein, wenn Personenidentität zwischen den Organen des Vereins und der Tochtergesellschaft besteht.[619]

Die Vermeidung von Personenidentität in den Organen ist in der Praxis sehr einfach durchzuführen, wenn man einen externen Dritten zum Geschäftsführer bzw. Vorstand der Tochtergesellschaft beruft.

M. E. muss hinsichtlich des Merkmals *„in anderer Weise"* auf die Rechtsform der Tochtergesellschaft abgestellt werden, da etwa der Gesellschafter einer GmbH (durch § 37 Abs. 1, § 46 Nr. 6 GmbHG) weitreichendere Möglichkeiten der Einflussnahme hat als ein Aktionär bei der AG.[620] Durch das Weisungsrecht ist eine Einflussnahme jederzeit, nicht nur theoretisch, möglich, sondern vom Gesetz auch gewollt. Würde man nur auf den Einzelfall abstellen, dann wäre jede Rechtsform der Tochtergesellschaft geeignet oder aber auch ungeeignet, da es dann bloß auf das tatsächliche Verhalten der Gesellschafter ankommt. M. E. müsste schon ein Schritt früher angesetzt werden und die Einwirkungsmöglichkeit durch die zwingende Vorgabe einer Rechtsform für die Tochtergesellschaft auf ein Minimum reduziert werden.

In diesem Zusammenhang zeigt sich, dass die AG die einzige Rechtsform sein sollte, die allein nach den gesetzlichen Bestimmungen dem Idealverein seine steuerlichen Privilegien erhalten kann. Achtet man nach der m.E. richtigen Ansicht nicht bloß auf die Höhe der Beteiligung und nicht nur auf die tatsächliche Einflussnahme im Einzelfall, sondern auf die Möglichkeiten der Einflussnahme, die das Gesetz vorsieht, dann scheidet die GmbH als denkbare Rechtsform aus, da hier eine personelle Verflechtung auf jeden Fall gegeben ist.

aa) GmbH

Die Gesellschafter einer GmbH sind schon dem Gesetz nach, §§ 37 Abs. 1, 45 Abs. 1 GmbHG, weisungsberechtigt und können diese Befugnis sogar durch den Gesellschaftsvertrag noch ausweiten.[621] Zwar können die Rechte auch verkürzt werden, jedoch kann das Weisungsrecht der Gesellschafter nicht gänzlich abbedungen werden.[622] Insbesondere solche Geschäfte, die den Kernbereich der Gesellschaft betreffen, verbleiben bei den Gesellschaftern. Da der Verein zumindest am Anfang 100 % der Anteile hält und Mehrheitsgesellschafter bleiben wird,

---

619 So etwa *Lex*, DB 1997, 349; *Alber* in: Dötsch/Pung/Möhlenbrock, KStG, § 5 Abs. 1 Nr. 9 Rn. 208; *Mueller-Thuns/Jehke*, DStR 2010, 905, 909.

620 So auch *Mueller-Thuns/Jehke*, DStR 2010, 905, 909.

621 *Roth* in: Roth/Altmeppen, GmbHG, § 45 Rn. 10; *Wilhelm*, Kapitalgesellschaftsrecht, Rn. 1236.

622 Vgl. *Roth* in: Roth/Altmeppen, GmbHG, § 45 Rn. 3.

sollte dauerhaft eine Einflussnahme auf die tatsächliche Geschäftsführung vorliegen, so dass die GmbH als geeignete Rechtsform ausscheidet.

bb) KGaA

Etwas Ähnliches gilt für die Kommanditgesellschaft auf Aktien, wobei sich hier die personelle Verflechtung nicht aus dem Gesetz, sondern der Satzung des Ligaverbandes ergibt. In § 8 Nr. 2 Sätze 3–5 der Satzung des Ligaverbandes heißt es:

> *„Bei der Kommanditgesellschaft auf Aktien muss der Mutterverein oder eine von ihm zu 100 % beherrschte Tochter die Stellung des Komplementärs haben. In diesem Fall genügt ein Stimmenanteil des Muttervereins von weniger als 50 %, wenn auf andere Weise sichergestellt ist, dass er eine vergleichbare Stellung hat wie ein an der Kapitalgesellschaft mehrheitlich beteiligter Gesellschafter. Dies setzt insbesondere voraus, dass dem Komplementär die kraft Gesetzes eingeräumte Vertretungs- und Geschäftsführungsbefugnis uneingeschränkt zusteht.“*

Diese Regelung hat zur Folge, dass der Vorstand des Vereins automatisch auch die Vertretungs- und Geschäftsführungsbefugnisse bei der Tochtergesellschaft innehat und somit tatsächlich Einfluss auf die laufende Geschäftsführung ausüben kann. Daran ändert sich auch nichts, wenn die Rechtsform der GmbH & Co. KGaA gewählt wird, da der Verein dann über die GmbH die Geschäfte der KGaA führen wird. Folglich scheidet auch die KGaA als denkbare Rechtsform für die Tochtergesellschaft aus, da eine Betriebsaufspaltung nicht verhindert werden kann und der Verein weiterhin tatsächlichen Einfluss auf die laufende Geschäftsführung nimmt.[623]

cc) AG

Bei der AG stellen sich diese Probleme der tatsächlichen Einflussnahme auf die laufende Geschäftsführung des Vorstands nicht. Voraussetzung dafür ist selbstverständlich, dass keine Personenidentität beim Vorstand des Vereins und der

---

623 Möglich wäre es eventuell durch kautelarjuristische Ausgestaltung des Gesellschaftsvertrages die Einflussnahme des Vereins zu reduzieren und so dafür zu sorgen, dass die Rechtsformen der GmbH und KGaA doch nicht zur Begründung eines wirtschaftlichen Geschäftsbetriebes führen, vgl. dazu ausführlich *Schießl*, DStZ 2007, 494, 500. Jedoch erscheint es aufgrund der Regelung des § 8 Nr. 2 S. 3–5 der Satzung des Ligaverbandes im Hinblick auf die KGaA als äußerst fraglich, ob der Gesellschaftsvertrag so ausgestaltet werden kann, dass keine tatsächliche Einflussnahme mehr vorliegt, da die Satzung gerade vorschreibt, dass der Komplementär und somit unmittelbar oder mittelbar der Verein die uneingeschränkte Geschäftsführungs- und Vertretungsbefugnis innehat.

Tochter-AG besteht. Durch die Entsendung von Aufsichtsratsmitgliedern und durch die Mehrheit in der Hauptversammlung kann der Verein keinen Einfluss auf die laufende Geschäftsführung nehmen.

Der Aufsichtsrat dient im Aktienrecht zur Überwachung des Vorstands, er hat keine operativen Aufgaben und kann dementsprechend nicht Einfluss auf die laufende Geschäftsführung nehmen, § 111 Abs. 1 AktG.[624] In § 111 Abs. 4 Satz 1 AktG ist ausdrücklich geregelt, dass dem Aufsichtsrat keine Maßnahmen der Geschäftsführung übertragen werden können. Dies hat zur Folge, dass der Aufsichtsrat gerade kein Weisungsrecht gegenüber dem Vorstand hat und somit keinen Einfluss auf ihn ausüben kann.[625] Allerdings sieht § 111 Abs. 4 Satz 2 AktG zwingende Zustimmungsvorbehalte für den Aufsichtsrat vor, die der vorbeugenden Überwachung des Vorstands dienen sollen. Sinn und Zweck der Regelung ist also ebenfalls keine Einflussnahme auf die laufende Tätigkeit des Vorstands, sondern sie dient der Konkretisierung der Überwachungspflichten des Aufsichtsrats nach § 111 Abs. 1 AktG. Das Gesetz trifft keine konkrete Aussage dazu, welche Geschäfte dem Zustimmungsvorbehalt unterliegen sollen. Es ist aber davon auszugehen, dass dies nicht die laufenden Geschäfte betrifft, da sonst der Vorstand kaum handlungsfähig wäre. Der Zustimmungsvorbehalt wird sich zumeist auf Geschäfte beziehen, die für die AG von gewisser Bedeutung sind, aber nur selten vorkommen.[626]

Auch die Hauptversammlung hat nach geltendem Recht keine Möglichkeit der Einflussnahme auf die laufende Geschäftsführung des Vorstandes. Die Rechte der Hauptversammlung sind in § 119 AktG normiert. Es ist unstrittig, dass die Hauptversammlung keinerlei originäre Geschäftsführungskompetenz besitzt und diese auch nicht durch einen Beschluss herbeiführen kann.[627] Diese liegt alleine beim Vorstand, § 76 Abs. 1 AktG. Nur auf Verlangen des Vorstandes kann es dazu kommen, dass die Hauptversammlung eine Entscheidung über bestimmte Fragen der Geschäftsführung trifft, § 119 Abs. 2 AktG. Eine solche Entscheidung ist dann bindend für den Vorstand.[628] Allerdings kann man auch hier nicht davon sprechen, dass die Hauptversammlung Einfluss auf die laufende

624 *Schick* in: Wachter, AktG, § 111 Rn. 1.

625 *Habersack* in: MüKo AktG, § 111 Rn. 97; *Schick* in: Wachter, AktG, § 111 Rn. 11.

626 So ist es etwa üblich, dass bei den als AG organisierten Kapitalgesellschaften der Fußballbundesliga der Aufsichtsrat einem Transfer ab einer bestimmten Höhe zustimmen muss.

627 *Kubis* in: MüKo, AktG, § 119 Rn. 18 m.w.N.

628 Spindler in: K. Schmidt/Lutter, AktG, § 119 Rn. 25; Kubis in: MüKo, AktG, § 119 Rn. 27.

Geschäftsführung nehmen kann. Wenn der Vorstand nicht die Entscheidung trifft, die Hauptversammlung über eine Frage der Geschäftsführung abstimmen zu lassen, dann kann die Hauptversammlung dies nicht erzwingen und wird gar nicht zu den Fragen der Geschäftsführung befragt. Es verbleibt dann bei den Rechten aus § 119 Abs. 1 AktG, die aber nicht die laufende Geschäftsführung des Vorstands betreffen.

Folglich existiert bei einer AG weder für den Aufsichtsrat noch für die Hauptversammlung die Möglichkeit Einfluss auf die laufende Geschäftsführung zu nehmen. Dies hat zur Folge, dass eine personelle Verflechtung und eine Beherrschung der Tochtergesellschaft durch den Verein ausscheiden, so dass kein wirtschaftlicher Geschäftsbetrieb begründet wird.

Hinsichtlich der Einflussnahmemöglichkeit durch die Begründung eines Konzerns (vertraglich oder faktisch) wird auf die obigen Ausführungen unter I.1. dieses Kapitels verwiesen. Es ist den Vereinen unter diesen Gesichtspunkten unbedingt zu raten, dass sie nur eine Tochtergesellschaft haben und mit dieser keinen Beherrschungsvertrag nach § 297 AktG schließen, da sonst ein Konzern oder eine tatsächliche Einflussnahme begründet würden.

b) Grundsätze der Betriebsaufspaltung

Eine steuerbefreite Vermögensverwaltung würde auch dann nicht gegeben sein, wenn die Grundsätze der Betriebsaufspaltung zur Anwendung kämen.[629] Es dürfte somit keine personelle und sachliche Verflechtung zwischen dem Idealverein und der Tochtergesellschaft geben.

aa) Personelle Verflechtung

Eine personelle Verflechtung ist schon dann gegeben, wenn der Verein die Mehrheit der Stimmrechte in der Gesellschafter- bzw. Hauptversammlung der Tochterkapitalgesellschaft innehat.[630] Diese Voraussetzung ist im Falle des Idealvereins, der seine Lizenzspielerabteilung ausgliedert immer gegeben, da die Statuten der DFL (§ 8 Nr. 2 der Satzung des Ligaverbandes) diese Mehrheitsbeteiligung als zwingend ansehen.

---

629 AEAO zu § 64 Nr. 3 Satz 4; BFH v. 05.06.1985 – I S 2/85, I S 3/85, BFH/NV 1986, 433; BFH v. 21.05.1997 – I R 164/94, BFH/NV 1997, 825; OFD Frankfurt am Main v. 22.02.1999, DStR 1999, 1111.

630 H 15. Absatz 4 EStR; BFH v. 08.11.1971 – GrS 2/71, BStBl. II 1972, 63; BFH v. 24.02.1994 – IV R 8-9/93, BStBl. II 1994, 466; *Schauhoff* in: Schauhoff, § 7 Rn. 137;

bb) Sachliche Verflechtung

Eine sachliche Verflechtung liegt nach ganz h.M. dann vor, wenn das Besitzunternehmen (hier der Verein) eine wesentliche Betriebsgrundlage an das Betriebsunternehmen (hier die Tochtergesellschaft) zur Nutzung überlässt.[631] Ob eine Betriebsgrundlage wesentlich ist, ist aus Sicht der nutzenden Betriebsgesellschaft zu beurteilen. Der Begriff der wesentlichen Betriebsgrundlage im Rahmen der Betriebsaufspaltung sollte daher dem Begriff der wesentlichen Betriebsgrundlage bei der Frage steuerneutralen Einbringung nach § 20 UmwStG entsprechen, so dass auf die Ausführungen unter Kapitel 4 II. 1. a) cc) verwiesen werden kann. Wie bereits im Rahmen der Ausführung zur Einbringung erwähnt, muss der Verein auch das Recht am Vereinslogo auf die Tochtergesellschaft ausgliedern, um eine steuerneutrale Einbringung durchführen zu können. Würde das Recht nicht ausgegliedert werden, sondern lediglich lizensiert, dann sollte dies auch eine sachliche Verflechtung im Sinne der Grundsätze zur Betriebsaufspaltung zur Folge haben. Die Konsequenz daraus wäre, dass die Beteiligung nicht in der steuerfreien Vermögensverwaltung gehalten würde, sondern einen wirtschaftlichen Geschäftsbetrieb begründen würde. Damit käme es aber auch nicht zur Heilung der Gemeinnützigkeitsschädlichkeit.

4. Zwischenergebnis

Es kann somit festgehalten werden, dass aus steuerrechtlicher Sicht die Ausgliederung des wirtschaftlichen Geschäftsbetriebs auf eine Tochter-AG zu dem gewünschten Ergebnis führt, dass der Idealverein seinen Gemeinnützigkeitsstatus nicht verlieren wird. Das Halten der Anteile an der AG stellt sich mangels tatsächlicher Möglichkeit der Einflussnahme auf die laufende Geschäftsführung der AG und mangels Betriebsaufspaltung als Vermögensverwaltung dar, so dass keine Verstöße gegen die Vorschriften des Gemeinnützigkeitsrechts mehr vorliegen sollten.

III. Ergebnis

Durch die Ausgliederung der Lizenzspielerabteilung auf eine AG werden sowohl die vereinsrechtlichen als auch die steuerrechtlichen Probleme des Idealvereins gelöst. Wichtig ist dabei, dass der Verein darauf achtet keinen Einfluss auf die

631 Vgl. H 15.7 Absatz 4 EStR; BFH v. 05.06.1985 - I S 2/85, I S 3/85, BFH/NV 1986, 433; BFH v. 21.05.1997 - I R 164/94, BFH/NV 1997, 825; FG Köln v. 15.07.2009 - 13 K 4468/05, EFG 2010, 350; *Schauhoff* in: Schauhoff, § 7 Rn. 68.

Tochtergesellschaft auszuüben und nicht noch an anderen Gesellschaften beteiligt ist, da anderweitig ein Konzern entstehen könnte. Das würde dazu führen, dass die wirtschaftliche Betätigung der Tochtergesellschaft dem Verein doch zugerechnet würde und ein wirtschaftlicher Geschäftsbetrieb entsteht. In diesem Fall hätte die Ausgliederung nicht den gewünschten Erfolg gehabt.

Kapitel 6 Die wesentlichen Ergebnisse der Arbeit

I. Vereinsrecht

In vereinsrechtlicher Hinsicht handelt es sich bei den Bundesligavereinen, die den Lizenzspielerbetrieb noch nicht ausgegliedert haben, nicht mehr um Idealvereine i.S.d. § 21 BGB. Der Lizenzspielerbetrieb stellt einen wirtschaftlichen Geschäftsbetrieb dar, der aufgrund seiner Größe und Bedeutung innerhalb des Vereins nicht mehr unter das Nebenzweckprivileg fallen sollte. Aus diesem Grund liegt eine Rechtsformverfehlung vor, die für den Verein zur Folge haben sollte, dass ein Amtslöschungsverfahren durchgeführt werden müsste (§ 395 FamFG) und der Verein dadurch seine Rechtsfähigkeit verlieren würde.

II. Steuerrecht

In steuerrechtlicher Sicht handelt es sich bei der Lizenzspielerabteilung um einen wirtschaftlichen Geschäftsbetrieb nach § 64 AO, der allerdings bei den derzeitigen Strukturen der Verein zum Selbstzweck geworden ist und daher gegen § 56 AO verstößt. Aufgrund des wirtschaftlichen Ausmaßes der Lizenzspielerabteilung und der dadurch bedingten Konsequenzen für den Idealverein kann nicht mehr davon ausgegangen werden, dass der Verein die Kriterien der Gemeinnützigkeit erfüllt. Vielmehr liegt eine Gemeinnützigkeitsschädlichkeit vor, die erhebliche Konsequenzen, gerade auch finanzielle, für den Verein selbst haben kann. So kann es etwa zu einer Nachversteuerung der letzten zehn Kalenderjahre kommen, § 61 Abs. 3 AO.

III. Umwandlungsmöglichkeiten

Die gemeinnützigen Vereine haben in zivilrechtlicher Hinsicht die Möglichkeit, den wirtschaftlichen Geschäftsbetrieb „Lizenzspielerabteilung“ aus dem Gesamtverein auszugliedern. Dies geschieht nach § 123 Abs. 3 UmwG durch eine Ausgliederung zur Aufnahme (Nr. 1) oder zur Neugründung (Nr. 2). Eine solche Ausgliederung kann unter Beachtung der aufgezeigten Voraussetzungen eine Einbringung nach § 20 UmwStG darstellen, die steuerneutral möglich ist.

IV. Folgen der Umwandlung

Durch die Ausgliederung der Lizenzspielerabteilung auf eine AG werden sowohl die vereinsrechtlichen als auch die steuerrechtlichen Probleme des Idealvereins gelöst. Bei Beachtung der Voraussetzungen kommt es nicht zu einer Zurechnung der wirtschaftlichen Tätigkeit der Tochtergesellschaft. Dies gilt allerdings nur bei der Rechtsform der AG. Der Verein selbst wäre wieder als Idealverein nach § 21 BGB zu qualifizieren und sollte die Voraussetzungen der Gemeinnützigkeit der §§ 51 ff. AO erfüllen. Durch die Ausgliederung auf eine Tochter-AG käme es nicht zu einer Nachversteuerung der letzten 10 Veranlagungszeiträume nach § 61 Abs. 3 AO.